주도성과 진로교육

주도성과 진로교육

초판 1쇄 발행 2025년 6월 10일

지은이	김덕년, 양세미, 조두연, 김효성, 정현주, 박선희, 이영춘
발행인	최윤서
편집	정지현
디자인	최수정
펴낸 곳	(주)교육과실천
저자 강의·도서 구입	02-2264-7775
인쇄	031-945-6554 두성 P&L
일원화 구입처	031-407-6368 (주)태양서적
등록	2020년 2월 3일 제2020-000024호
주소	서울특별시 중구 창경궁로 18-1 동림비즈센터 505호
ISBN	979-11-91724-87-5 (13370)

정가   20,000원

저작권법에 따라 한국 내에서 보호를 받는 저작물이므로 무단 전재 및 복제를 금합니다.
저자 강의 및 도서 구입 문의는 교육과실천 02-2264-7775로 연락 주십시오.

Well-being 2030

주도성이 아이의 삶과 연계되는

주도성과 Agency 진로교육

김덕년, 양세미, 조두연, 김효성, 정현주, 박선희, 이영춘 지음

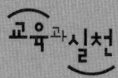

들어가는 말

> **모든 교육은 진로교육이고,
> 모든 교사는 진로교사이다**

이 책의 저자들은 오랜 기간 진로교육 현장에서 교육 경험을 쌓아 왔다. 누구보다도 현실적인 고민을 했다. 때로는 혼자라는 외로움에 몸을 떨기도 했다. 의도를 이해하지 못하고 기존의 관습대로 돌아가려는 학생들을 바라보며 안타까워했고, 학교 관리자의 몰이해에 좌절하기도 했다. 그럼에도 자신의 길을 찾고자 애쓰는 학생들에게서 희망을 보았다. 이 책은 그 성과물이다.

물론 현재진행형이다. 정답이라고는 말하지 않는다. 우리 자신도 끊임없이 답을 찾고 있다. 다만 우리 청소년이 자신의 진로를 찾아가는 데 도움이 될 수 있도록 주도성을 끌어내는 작업을 했듯이, 우리 교육에서 진로교육을 바라보는 관점이 바뀌기를 염원하는 마음으로 작은 돌 하나를 호수에 던지고 있을 뿐이다. 그 돌이 파문을 일으켜 호수에 가득하기를 바란다.

우리는 이런 질문으로 시작하였다.

1. 상급학교 진학 위주인 현 진로교육, 이대로 괜찮은가?
2. 반복되는 진로직업체험과 직업적성검사만으로 진로 역량을 키울

수 있을까?
3. 학습자가 주도적으로 진로 역량을 키울 수 있는 방법은 무엇일까?
4. 학교교육과정 안에서 교과 연계, 전환기 진로 연계는 어떻게 해야 할까?
5. 마을의 진로 인프라는 어떻게 활용할 수 있을까?
6. 학교 안과 밖 학습자를 위해 공동으로 할 수 있는 진로교육은 무엇일까?

진로는 삶의 과정이고, 진로교육은 청소년이 주도적으로 진로 역량을 키우도록 설계되어야 한다. 2022 개정 교육과정은 모든 교과에서 진로교육을 해야 한다고 강조한다. 전환기에 상급학교 정보를 제공하여 학습자가 폭넓은 선택을 할 수 있도록 하였다.

교사는 기본적으로 진로 지도 역량을 갖추고 있다. 그러나 이제는 더 적극적인 역할을 요구한다. 여전히 아쉬움도 있다. 학교 현장에서는 관행대로 돌아가려는 관성과 여전히 교사 개인의 역량에 기대려는 측면이 많다.

이 책의 저자들은 전문 연구자가 아니다. 그러나 늘 학생들 곁에 있었다. 그리고 진로교사로서 평생 학생 개인에게 적합한 진로교육을 찾기 위해 애쓴 전문 실천가이다. 그들의 목소리는 살아 있다. 그들의 실천 사례에는 학생 개인이 주도적으로 진로를 설계하도록 디자인하고, 이를 적용하여 얻은 결과가 담겨 있다. 그래서 더 구체적이고 힘이 있다. 한마디로 생생하다.

이제 모든 교과에서 진로교육을 하고, 모든 교사가 진로교사여야 한다는 것은 당연한 명제이다. 더 나아가 온 마을이 한 아이가 성장하는 데 관심을 갖고 도움을 주어야 한다. 진로가 오직 상급학교 진학으로 치부되고, 성적이 좋은 학생에게만 집중하는 시기는 지났다. 우리의 시선은 학교 안에 있는 소외 학생은 물론, 학교 밖 학습자에게도 향해야 한다. 아직은 학교 안과 밖에 보이지 않는 벽이 존재한다. '학교 안과 밖'이라는 용어를 버리자. 공교육은 학습자가 어디에 있든 도움을 줄 수 있어야 한다. 따라서 우리는 모든 학습자를, 그들이 학교 안에 있든 밖에 있든 상관없이 '길 위의 학습자'로 부르자고 제안한다. 길은 다양하게 나 있다. 학습자는 자신이 성공이라고 생각하는 길을 찾아 자신의 삶을 살아간다. 이 '길'이 진로이다.

이는 이미 OECD 학습나침반에서도 읽어낼 수 있다. 행위주체성을 지닌 학습자가 여러 길을 따라 학습을 하면서 자신의 삶의 목표인 '웰빙'을 찾아간다. 우리는 웰빙에 도달한 학습자보다 개별 학습자 앞에 놓인 여러 갈래의 길에 주목해야 한다. 물론 그 길을 대신 걸어갈 수는 없다. 학습자 본인이 걸어가야 한다.

이 책에는 현장에서 학습자가 자신이 설정한 성공 기준을 찾아갈 수 있도록 여러 갈래 길을 제시하는 사례가 풍부하다. 이를 통해 독자들이 주도성(agency)과 협력적 주도성(co-agency)을 잘 발휘해 새로운 진로교육을 펼치길 바란다.

목차

들어가는 말
모든 교육은 진로교육이고, 모든 교사는 진로교사이다   4

1장
주도성과 진로교육   김덕년

1. 2022 개정 교육과정과 진로교육   12
2. 달려도 달려도 제자리, 붉은 여왕 효과   20
3. 수저 계급론 사회, 벌레들의 탑 쌓기   24
4. 성공의 기준이 바뀐다   28
5. 오로지 자기 혼자   32
6. 열정적 준비가 선택을 낳는다   38
7. 협력적 주도성이 더 필요한 진로교육   42

2장
초등 진로교육, 주도성의 렌즈로 바라보기　　　　　　양세미

1. 초등학교 교육과정 속 진로교육 살펴보기　　　　48
2. 초등학교의 진로연계교육　　　　55
3. 진로교육을 주도성의 렌즈로 바라보자　　　　57
4. 주도성의 렌즈를 통해 보이는 4가지 특성　　　　60
5. 주도성이 싹트는 초등 진로교육 사례　　　　63

3장
중학교 진로교육, 주도성 깨우기　　　　　　조두연

1. 사춘기는 학생들의 변화 기폭제　　　　92
2. 주도적으로 기획하고 참여한 것은 기억에 남는다　　　　98
3. 흥미로 시작한 것이 진로와 연결되다　　　　102
4. 적성은 동아리를 타고 진로 선택으로 이어지다　　　　107
5. 방과후 교육 및 행사에서 만난 진로 가치관　　　　112
6. 자유학기제로 꿈과 주도성을 찾다　　　　117
7. 개별 맞춤형 진로 탐색 활동으로 학생 주도성을 깨우다　　　　121

4장

중학교 진로교육, 나만의 학습나침반 갖기　　　　　　김효성

1. 시간표에 등장한 진로 수업　　　　　　　　　　　　128
2. 새로운 아비투스의 장(場)　　　　　　　　　　　　　131
3. 꿈 자본을 키워 주는 진로교육　　　　　　　　　　　134
4. 학습자 주도성과 진로개발역　　　　　　　　　　　141
5. 나만의 학습나침반 갖기 : 창업교육이 아닌 창업가정신 교육　152
6. 행복한 평생학습자 되기　　　　　　　　　　　　　164

5장

중학교 진로교육, 자기 경험에서 배우고 성장하기　　　정현주

1. 진로교사, 활동 중심
  '맞춤형 학교 진로교육과정'을 기획하다　　　　　　168
2. 참여와 신뢰를 높이는 오리엔테이션,
  교사와 학생의 자기소개하기　　　　　　　　　　　180
3. 자기조절의 힘을 키우는 건강한 습관 만들기 프로젝트　183
4. 5단계 스토리텔링, 자기 경험에서 배우고 성장하기　　193
5. 자기 경험과 성장 과정을 통합하는 진로활동 갈무리　　201

6장
고등학교 진로교육, 주도성에 포커스를 맞추다 박선희

1. 진로 결정 유형은 다양하다 206
2. 학생 주도적 진로 설계를 향하여 219
3. 티칭에 코칭을 더하다 238

7장
학교 밖 청소년과 진로교육 이영춘

1. 학교 밖 청소년은 누구인가 252
2. 학교 밖 청소년 상담 사례 262
3. 학교 밖 청소년을 위한 지원 273
4. 학교 밖 청소년의 진로교육 277

맺음말 페다고지에서 안드라고지로 282

1장

주도성과 진로교육

김덕년

1
2022 개정 교육과정과 진로교육

2022 개정 교육과정에서 진로교육은 어떻게 언급되고 있을까? 하나는 '진로연계교육'이고, 또 하나는 '진로와 직업'이라는 교과를 제시하고 있다. 먼저 '진로연계교육'을 살펴보자.

> 학교는 학교급 간 전환기의 학생들이 상급학교의 생활 및 학습을 준비하는 데 필요한 교육을 지원하기 위해 진로연계교육을 운영할 수 있다.
>
> 2022 개정 교육과정 총론

총론 해설서는 "진로연계교육은 학생이 상급학교나 학년으로 진학하기 전에 학교생활 적응, 교과 학습의 연계, 다양한 진로 탐색 활동 등을 통해 연속적인 학습과 성장을 이루도록 지원하는 교육을 의미한다. 창의적 체험활동의 진로활동이 자기 및 직업 세계에 대한 이해를 바탕으로 진로를 탐색하고 설계하는 데 중점을 두는 것과 달리, 2022 개정 교육과정에 도입된 진로연계교육은 진로 탐색이나 진로 설계에 국한하지 않고, 상급학교나 학년 진학 전 학교생활 및 학습 준비, 교과 학습 연계,

진학 준비 등에 중점을 두어 진로교육의 개념을 확장하였다."로 풀이하고 있다.

이는 연속적인 학습과 성장을 이루도록 지원하는 교육을 의미한다. 즉, 창의적 체험활동의 진로활동과는 구별하여 상급학교나 학년 진학 전 학교생활 및 학습 준비, 교과 학습 연계, 진학 준비 등에 중점을 둔다.

교육부는 「진로교육 활성화 방안(2023~2027)」에서 학교교육과정 내 진로교육 확대를 위해 학교 진로교육을 강화한다고 하였다. 상급학교 진학, 진로 결정 시기에 맞추어 진로집중학년제 운영 및 학생 맞춤형 진로교육을 실시하며, 학교 밖 진로체험 프로그램 확대를 위해서 진로체험 지원센터를 중심으로 체험처 확보와 진로교육 역량을 강화한다는 것이다.

사회 변화에 따라 전 생애에 걸쳐 진로교육이 필요하다는 점과 진로 취약계층 학생(다문화, 탈북민 학생, 저소득층, 학교 밖 청소년 등)을 대상으로 한 맞춤형 진로교육의 필요성을 반영한 결과이다.

그동안 진로교육은 중등학교 위주로 실시되었다. 이를 초등 단계부터 진로 탐색·설계를 지원하고, 초등 진로교사 인증제 실시와 모든 교사의 진로교육 역량을 강화하여 일반 교과와 연계한 진로교육을 추진하기로 한 것은 진로교육이야말로 전 생애에 걸쳐 필요하다는 점을 분명하게 한다.

이러한 인식 전환은 학교 안에서도 나타난다. 커리어넷 홈페이지(www.career.go.kr/cnet/front/eduInfo/eduInfo.do)에는 진로연계교육을 교과 연계 진로교육으로 정리하였다.

교과 연계 진로교육이란 각 교과의 성취기준에 '학교 진로교육 목표와 성취기준'을 융합하여 운영하는 것으로, 진로교육 요소가 반영된 교과수업을 의미한다.

교과 연계 진로교육 유형은 교과와 진로에 대한 비중에 따라 ①교과 중심 연계 ②진로 중심 연계 ③교과&진로 균형 연계로 구분할 수 있다.

교과 연계 진로교육 성취기준은 '교과, 학생, 학교 특성을 분석하고, 교과와 진로교육 성취 목표 간의 연계성을 판단하여 교과 연계 진로교육 성취기준을 설정한다.

우리가 눈여겨보아야 할 대목은 '진로교육 요소가 반영된 교과수업' 이다. 그동안 지식 위주의 교과수업에서 진로교육적 요소를 반영하여 수업을 해야 한다. 어떻게 해야 할까? 그 방법은 삶과 연계한 수업을 설계하는 것이다.

다음 '진로와 직업' 교과이다. '진로와 직업'은 2022 개정 교육과정에 이르러서야 비로소 개설된 교과가 아니다. 또한 초·중·고에 다 개설되어 있지도 않다. 초등학교에는 '진로와 직업'이라는 교과가 없다. 대신 초등학교의 진로는 창의적 체험활동의 하위 영역인 '진로활동'으로 배정되어 있다. 3~6학년의 창의적 체험활동 시간이 학년별 102시간 정도임을 고려할 때, 자율활동과 동아리활동 시간을 확보하고 나면 초등학교에서 진로활동으로 배정하는 시수는 4~10시간 내외이다. 「초중등 진로교육 현황조사」(문찬주 외, 2023)에 따르면 2023년 기준 초등학교 진로활동 시수는 1~6학년 평균 7.98시간으로, 이는 중학교 23.33%, 고등학교 28.84%에 비교하면 아주 적은 편이다.

많은 초등학교에서는 8시간 정도의 진로교육은 행사와 연계하여 운영한다. 꿈끼 주간에 배정하여 진로 특강, 진로 관련 검사를 하거나, 학예회나 과학의 날 행사와 연계하여 운영한다. 적은 시수의 진로활동을 행사 일에 맞춰 1년에 펼쳐져 배정하다 보니 하나의 주제를 집중적으로 다루기에는 한계가 있다.

그나마 진로교육을 직접 다루는 '실과' 교과는 5학년에 1개 단원으로 진로를 다루고 있으며, 해당 단원의 배정 시수는 8차시 정도이다. 이 단원의 성취기준은 일과 직업의 중요성 이해, 자신의 적성·흥미·성격에 맞는 직업 탐색이다. 즉, 5학년에서는 실과 교과 속 진로 단원과 창의적 체험활동의 목표가 중복되어 있는 셈이다. 진로교육에 대한 깊은 이해나 방향성이 없는 경우, 늘어난 시간은 오히려 무엇으로 채워야 하는지 고민거리가 된다.

초등학교에는 '진로전담교사'가 있지만 없다. 이 이상한 문장이 성립하는 이유는 중·고등학교의 진로전담교사와 달리 초등학교 진로전담교사는 '진로 업무를 담당하고 있는 부서의 보직교사'가 자동으로 겸하기 때문이다. 이 경우 진로 업무가 독립적인 부서인 경우는 소수이고, 대부분 다른 업무 부서를 겸하는 부장인 경우가 많다.

이로 인해 초등학교 진로전담교사는 진로교육을 바라볼 때, 직접 진로활동을 운영하거나 교과 연계 진로교육을 수행하는 교육적 인식보다 전교생 혹은 학년을 대상으로 진로 관련 행사를 실시하는 업무의 관점으로 바라보게 된다.

초등학교와 달리 중·고등학교에는 '진로와 직업' 교과가 존재한다. 중학교는 선택 교과로, 고등학교는 교양 교과로 편성되어 있다. 중학교는 폭넓은 진로 탐색을 통해 한 개인이 자신을 이해하고, 일과 직업에서 전문성을 개발하기 위해 스스로 진로 목표와 계획을 수립 및 실천할 수

있는 진로개발역량을 함양하는 데 중점을 둔다.[1]

교육과정 영역은 '진로와 나의 이해', '직업 세계와 진로 탐색', '진로 설계와 실천'으로 구성되어 있다. 각 영역의 핵심 아이디어는 다음과 같이 나타난다.

'진로와 나의 이해' 영역의 핵심 아이디어는 직업인의 삶에서 드러나는 진로 특성과 학생 개인의 진로 특성 사이의 관련성, 긍정적인 자아 개념의 형성, 함께 일하고 싶은 직업인의 자세와 태도 함양을 중심으로 설계되었다.

'직업 세계와 진로 탐색' 영역의 핵심 아이디어는 사회 환경 변화, 폭넓은 진로 정보의 주도적인 수집, 다양한 진로활동과 진로 탐색의 주도성, 창업가정신의 의미를 중심으로 구성되었다.

'진로 설계와 실천' 영역의 핵심 아이디어는 진로의사결정의 개념과 특징, 진로 목표와 학습, 진로 준비를 위한 실천을 중심으로 설계되었다.
(중학교)

고등학교 '진로와 직업' 교과는 심층적인 진로 탐색을 통해 한 개인이 자신을 이해하고, 일과 직업에서 전문성을 개발하기 위해 스스로 진로 목표와 계획을 수립 및 실천할 수 있는 진로개발역량을 함양하는 데 중점을 둔다.[2] 내용 체계는 학생의 주도적인 진로개발역량을 함양하는 데 필요한 영역별 핵심 아이디어, 지식·이해, 과정·기능, 가치·태도를 추출

---

1 2022 공통 교육과정 – '진로와 직업' p.45.
2 2022 개정 교육과정 [별책 19] 고등학교 교양 교과 교육과정

하여 제시하였다.

교육과정 영역은 '진로와 나의 이해', '직업 세계와 진로 탐색', '진로 설계와 실천'으로 구성되어 있으며, 각 영역의 핵심 아이디어는 아래와 같이 제시하였다.

'진로와 나의 이해' 영역의 핵심 아이디어는 성공한 직업인의 진로 특성, 자신의 진로 특성에 대한 통합적 이해와 계발, 진로에 대한 유연하고 긍정적인 마음가짐, 직업윤리와 사회적 책임을 중심으로 구성되었다.

'직업 세계와 진로 탐색' 영역의 핵심 아이디어는 사회 환경과 직업 세계의 변화, 심층적인 진로 탐색과 진로 설계의 관계, 진로 탐색과 평생 학습 및 진로 기회의 관계, 창업의 개인적·사회적 가치 창출, 미래 지향적인 고용 관계를 중심으로 설계되었다.

'진로 설계와 실천' 영역의 핵심 아이디어는 개인적·환경적 변화에 따라 진로의사결정의 변화 가능성, 진로 목표 성취를 위한 학업 계획 및 실천의 중요성, 진로 준비의 유연성과 순환성을 중심으로 설계되었다.
(고등학교)

2022 개정 교육과정에서 '진로와 직업'은 학생들에게 장단기적인 진로 목표를 설정하고, 이를 성취하기 위한 실천적인 행동을 구체적으로 준비할 수 있도록 돕는다. 평생에 걸쳐 자신의 가능성과 기회를 탐색하는 데 있어서 학업 및 학습의 가치와 의미를 인식하게 하고, 이를 성취할 수 있는 역량 함양의 기제로 기능한다.

2022 개정 교육과정에서 눈여겨보아야 할 대목은 '생애주기별 진로

교육'이다. 진로는 삶의 과정이라고 하였다. 진로교육은 삶의 과정에 따라 적절하게 제공되어야 한다. 교육부는 사회 변화에 따라 전 생애에 걸친 진로교육이 필요하다고 보고, 이를 위해 진로교육 대상을 전 생애로 확대한다고 하였다. 이에 따라 생애주기별 진로교육을 다음과 같이 제시하였다.

• 생애주기별 진로교육 목표(예시) •

초등	중등	고등	대학	성인
진로 인식	진로 탐색	진로 설계	진로 선택	경력 관리, 재교육
진로 개발 역량의 기초 함양	다양한 직업 세계를 탐색하여 진로 설계 준비	미래 직업 세계에 대한 이해를 바탕으로 진로 목표 수립 및 진로 설계	인턴십 등 실제 직업 세계 경험과 전문적인 지식과 이론 학습을 통한 진로 선택	자신의 진로에 맞게 경력을 관리하고, 심화된 실무 지식 습득

　위 표를 보면 초등은 진로 인식 단계, 중등은 진로 탐색, 고등은 진로 설계, 대학은 진로 선택, 마지막으로 성인은 경력 관리 및 재교육으로 설정하고 있다. 일반적으로 '고등'은 고등교육, 즉 대학을 의미하지만 중등, 고등, 대학이 나란히 있는 것으로 보아 중등은 중학교 단계를, 고등은 고등학교 단계를 의미한다고 추측할 수 있다. 이 과정에서 대학과 성인이 포함된 것은 바람직하나 아쉬운 점은 모든 청소년이 대학에 진학하지는 않는다는 점이다.

최근 학교 밖 학습자가 늘어나고 있다. 뿐만 아니다. 학교 안과 밖을 오가는 학습자도 많다. 이런 점을 고려한다면 '학교 진로교육 내실화'와 함께 '학교 밖 학습자를 위한 진로교육'도 촘촘하게 짜여 있어야 한다. 전 생애에 걸쳐 진로교육을 확대하기 위해서는 각 세대의 일반적인 특성과 함께 각 개인의 특성과 각 개인이 필요로 하는 내용을 파악하여 지원할 수 있어야 한다.

진로교육은 사회적 인식도 무시할 수 없다. 사회 전체가 진로를 어떻게 인식하고 있으며, 학습자에게 무엇을 요구하는가에 따라 아무리 좋은 계획이 투입되더라도 효과를 볼 수 없기 때문이다.

2
달려도 달려도 제자리, 붉은 여왕 효과

"이상해요. 제가 있던 세상에서는 이렇게 빨리 뛰면 보통 어딘가 다른 곳에 도착하게 되거든요. 그런데 여기서는 왜 주위 풍경들이 그대로죠?"

거울 나라에 도착한 앨리스는 붉은 여왕 손을 잡고 숲속으로 달려간다. 그러나 앨리스는 아무리 달려도 주변 풍경이 변하지 않아 이상하게 여겨 여왕에게 묻는다. 여왕은 이렇게 대답한다.

"거기는 느려 터진 세상인가 보군. 여기서는 네가 할 수 있는 만큼 힘껏 뛰어야 겨우 제자리에 머무를 수 있단다. 만일 어딘가로 가고 싶다면 두 배로 빨리 뛰어야만 해."

붉은 여왕이 있는 곳은 제자리에 멈추면 금방 뒤처진다. 그나마 그 자리를 유지하기 위해서라도 끊임없이 달려야 한다. 루이스 캐럴(Lewis Carrol)이 쓴 『거울 나라의 앨리스』에 나오는 이야기다. 진화학자인 밴 베일른(Leigh Van Valen)은 이 이야기로 생태계의 쫓고 쫓기는 평형 관계를 설명하였다. 그리고 '붉은 여왕 효과(Red Queen Effect)'라고 불렀다.

지금까지 지구상에 존재했던 생명체 중 90% 이상이 멸종하였다. 그 이유는 진화하지 못한 생명체뿐만 아니라, 상대적으로 진화가 느린 생명체도 함께 멸종했기 때문이다. 더 빨리 진화하는 상위 10%의 생명체만 살아남고, 상대적으로 느린 하위 90%는 도태한다는 가설이다.

숲속에 사는 토끼와 여우를 예로 들어 보자. 여우가 토끼를 잡아먹으려면 토끼보다 빨리 달려야 한다. 다른 여우와의 경쟁에서도 이겨야 한다. 결국 가장 빠른 여우만 살아남아 자손을 남긴다. 토끼는 어떤가? 다른 토끼보다 빨리 달리는 토끼는 살아남아 자손을 남길 수 있다. 이렇게 살아남은 여우나 토끼는 선조가 습득한 우월한 유전자를 이어 받아 태어난다. 그러나 전 세대보다 더 빨라진 토끼를 잡아먹고 살아남으려면 여우도 이전 세대보다 더 빨라야 한다. 토끼와 여우는 대대손손 살아남기 위해 끊임없이 빠른 유전자를 후손에 남긴다. 그렇지 못한 토끼와 여우는 죽게 된다. 결국 여우보다 빠르지 못한 토끼나, 토끼보다 빠르지 못한 여우는 멸종할 수밖에 없다는 것이다.

밴 베일른은 이 가설을 『새로운 진화 법칙(A New Evolutionary Law)』(1973)에서 발표하였다.

윌리엄 바넷(William P. Barnet)은 이를 경영학에 도입하였다. 경쟁에서 성공한 기업이 시장의 승자가 된다는 것이다. 하지만 새로운 경쟁 기업은 언제든 나타나기 때문에 늘 새롭게 변화를 도모해야 한다. 발전하는 경쟁 상대에 맞서 끊임없이 진화하지 못하면 도태된다.

2000년대 초반, '도토리' 신드롬을 불러일으켰던 '싸이월드'는 가입자 3,200만 명을 자랑하는 국내 소셜 네트워크계의 절대 강자였다. 미니홈피는 인맥 구축과 소통이라는 측면에서 선풍적인 인기를 누렸다. 그러나 스마트폰의 위력을 간과한 탓에 급격히 몰락했다. 별다른 기술 혁신 없이 일부 콘텐츠의 유료화에 매달린 결과 페이스북, 트위터 등에 밀리게 된 것이다. 현실에 안주한 결과라고 할 수 있다.

인도양 모리셔스 섬에는 도도새가 살고 있었다. 이 새의 몸길이는 약 1m, 부리는 검은색이었고 깃털은 청회색이었으며, 몸무게는 11~21kg 정도였다. 모리셔스 섬에 무성하게 자생하고 있던 칼바리아 나무의 열매를 먹고 살았다. 천적이 없는 평화로운 환경과 풍부한 먹이 덕분에 날아다닐 필요가 없어 날개가 퇴화해 버렸다. 빨리 뛰어 달아날 필요도 없었기 때문에 다리도 짧았다.

1505년 포르투갈 인은 이 섬을 향료 무역을 위한 중간 경유지로 삼았다. 22kg 가까이 되는 도도새는 신선한 고기를 원하는 선원들에게 매우 좋은 사냥감이었다. 이로 인해 많은 수의 도도새가 죽어 갔다. 이후 이 섬은 네델란드 인이 죄수들의 유형지로 사용하였다. 죄수들과 함께 유입된 생쥐, 돼지 그리고 원숭이들은 바닥에 둥지를 트는 도도새의 알을 쉽게 잡아먹었다. 인간의 남획과 외부에서 유입된 종으로 인해 도도새의 개체 수는 급격히 줄어들었다. 모리셔스 섬에 인간이 발을 들여놓은 지 100년 만에 한때 많은 수를 자랑하던 도도새는 희귀종이 되었고, 1681년 벤저민 해리(Benjamin Harry)의 목격을 끝으로 사라지고 말았다.[3]

싸이월드나 도도새의 경우는 기술이나 환경의 변화를 이겨내지 못하고 멸망해 버렸다. 이를 '도도새의 법칙'이라 한다.[4]

'붉은 여왕 효과'나 '도도새의 법칙'은 살아남기 위해 부단히 노력해

---

3 https://www.hani.co.kr/arti/science/science_general/289214.html

4 NEXT ECONOMY(http://www.nexteconomy.co.kr)

야 한다는 점을 시사하고 있다. 새로운 변화에 적응하거나 이를 극복하려면 남들보다 더 노력해야 한다. 똑같은 조건이라면 몇 배의 노력을 투자해야 한다.

자원이 부족한 상황에서 넘치는 인력을 활용하기 위해 강조했던 과거의 우리나라 경쟁 교육의 비극은 여전히 남아 있다. 다 네가 잘되기 위함이라며, 좋은 대학 가야 한다며, 고생하지 않고 살아야 한다며 이 땅의 진로교육은 '붉은 여왕 효과'나 '도도새의 법칙'을 역설한다. 여우, 토끼 그리고 도도새처럼 생존을 위해 끊임없이 변화하거나 아니면 도태의 운명을 맞이할 수밖에 없다는 위협 속에 풍경과 나란히 죽어라고 달려야 한다고 말한다.

3
수저 계급론 사회, 벌레들의 탑 쌓기

아침 교정이 소란스럽다. 3학년 학생들이 대학수학능력시험 성적표를 받고 있다. 시험이 어려웠다고 했는데도 학생들은 성적 결과에는 큰 관심을 보이지 않는다. 오랜만에 만난 친구들과 이야기하느라 정신 없다.

"선생님, 저 최저 맞췄어요."

"그래, 잘했네."

"야, 너희들도 빨리 말씀 드려."

"나는 최저가 없거든."

해마다 수능 성적이 발표되고 나면 최저기준이 있는 대학에서는 합격자 발표가 이어진다. 수시 전형을 지원하고 수능 최저기준 결과를 기다리는 수험생이든, 정시를 지원하기 위해 자신의 성적표를 받아든 수험생이든 수능 시험은 여러 의미가 있다.

트리나 폴러스(Trina Paulus)의 『꽃들에게 희망을』을 보면 인상적인 그림이 있다. '벌레들의 탑'인데, 동료를 짓밟고 꼭대기로만 올라가는 벌레들이 모여 만들어 낸 탑이다. 바깥에서 보니 탑이지 그 안에서는 치열한 각축과 숨 막히는 경쟁이 진행 중이다. 그런데 막상 벌레들은 왜 모여

악다구니를 치는지 모른다. 그냥 길이라고 생각해서 무작정 모인 것이다. 그게 성공이라고 생각하기에 그냥 올라간다. 가장 꼭대기에 올라가야 겨우 숨이라도 제대로 쉴 수 있을 텐데 여전히 자기들끼리 경쟁하면서 이게 옳다고, 우리 사회 모든 게 다 이렇게 되어야 한다고, 왜 너희들은 우리들의 세계 속으로 들어오지 않느냐고 와글거린다.

벌레들의 탑은 누가 만들었을까? 어떻게 생겨났을까?

수많은 벌레들은 태어나자마자 영문도 모르고 탑으로 기어든다. 그렇게 살아야 한다고 생각하기 때문이다. 이 탑을 지탱하는 힘은 '불안'이다. 이 대열에서 탈락하면 회복할 수 없을 것 같고, 또 다른 방법을 찾지 못하는 아득함, 그리고 영문조차 알 수 없는 불안감이 탑 속에서 함께 꿈틀거리게 만든다.

무작정 위로만 올라가는 벌레들의 모습에서 우리 교육의 현실을 본다. 4세 고시, 7세 고시, 영어유치원… 우리 아이들은 태어나자마자 경쟁 속으로 뛰어든다. 국제중, 특목고, 의대로 이어진 탑의 상층부로 조금이라도 더 빨리, 더 높이 올라가야 한다는 생각만 한다. 옆에 있는 벌레들은 모두 내가 넘어야 할 경쟁 상대일 뿐이다.

벌레는 나비가 되기 위해 탑으로 기어오른다. 그런데 나비가 되는 다른 방법은 없을까? 이 책에는 탑으로 들어가지 않고 다른 길을 선택한 벌레가 나비가 된다. 그래서 훨훨 날아 탑 꼭대기를 본다. 거기에는 나비가 되지 못한 벌레들이 참혹한 모습으로 우글거린다.

'붉은 여왕 효과', '도도새의 법칙'은 살아남기 위해서는 상대적으로 우월해야 한다는 점을 강조한다. 다른 여우보다 더 빠른 여우가 살아남았고, 더 많은 토끼를 잡았다. 약자인 토끼도 비슷하다. 다른 토끼보다 더 빠른 토끼가 살아남는 사회에서 태어날 때부터 우월한 유전자를 지녔거나 환경이 탁월하다면 경쟁에서 유리하다. 이른바 '넘사벽'[5]이 존재한다.

그렇다면 경쟁 사회에서 '넘사벽'은 무엇일까? 2030 청년 사이에서는 자조적으로 '수저 계급론'[6]이라는 말을 쓴다. 부모님의 연소득과 가정환경 등 출신 배경을 '수저'로 빗대 표현하는 방식이다. 태어나 보니 벌레들의 탑 최상층부에 있거나, 굳이 벌레들의 탑에서 위로 올라가기 위해 애쓰지 않아도 되는 이들이 바로 '금수저'이다. 금수저가 쉽게 얻을 수 있는 성취를 '흙수저'는 매우 어렵게 노력해야 한다. 아니면 불가능하다.

'붉은 여왕 효과', '도도새의 법칙'에 따르면 금수저가 살아남을 확률은 상대적으로 높다. 이런 상태에서 청소년에게 열심히 노력하라고 강요하는 것은 공염불에 불과하다. 여기에 진로교육은 딜레마에 빠진다. '해야 하나 말아야 하나.'

벌레들의 탑이나 수저 계급론에는 교사들도 일조를 한다. 너무나도 쉽게 진로교육이라는 명분으로 아이들에게 공포를 심어 주었다. 고등학교 3년 기간 모든 교육활동을 오직 대학 진학에만 초점을 맞췄다. "놀면 안

---

[5] '넘을 수 없는 사차원의 벽'이라는 뜻으로, 매우 뛰어나서 아무리 노력해도 따라잡을 수 없거나 대적할 만한 상대가 없음을 이르는 말로 국립국어원 우리말샘 풀이를 가져왔다.

[6] '은수저를 물고 태어나다(born with a silver spoon in one's mouth)'라는 영어식 표현에서 비롯됐다. 과거 유럽 귀족층에서 은식기를 사용하고, 태어나자마자 어머니 대신 유모가 젖을 은수저로 먹이던 풍습을 빗댄 말이다. 이 말에 빗대 인터넷 커뮤니티엔 집안의 재산 정도에 따라 금수저, 은수저, 동수저, 흙수저 등으로 분류된 표가 확산되고 있다.

돼.” “대학, 꼭 가야 해.” '안 돼'와 '~해'를 섞어 가며 공부만 강요했다. 아이들이 조금이라도 흐트러진다 싶으면 바로 대학 입시와 연결했다. 아이들 마음에는 공포와 불안이 자리했을 것이다.

'대학 떨어지면 어떻게 하지?'

'아무것도 할 일이 없다는데 어떻게 살아가지?'

교사의 무기는 알량한 대입 지식이었다. 그래서 조·종례 시간에는 으레 대입 이야기에서 시작해 대입에서 끝났다. 학부모를 만나도 갖가지 사례를 들며 대입의 성공과 실패만 이야기했다. 그게 일반고의 모습이고, 특성화고나 특목고도 별반 다를 바 없다. 교사가 가르친 것이 왜 공포여야 했는지 안타깝다. 그게 왜 문제가 되는지, 공포인 줄 몰랐더라도 용서가 되는 것은 아니다.

그런데 벌레들의 탑 속에 이런 아이들도 있다. 건물만 덩그러니 있는 도심의 학교에 아이들은 농사 동아리를 만들었다. 한쪽 귀퉁이에서 조그마한 땅을 찾아내고 씨를 뿌렸다. 아침저녁으로 아이들의 발걸음이 잦아졌다. 방울토마토가 달리고 무와 배추도 제법 모양새를 갖추었다. 방학에도 누군가 밭에 물을 주고 풀을 뽑기도 했다.

"선생님, 저희들 첫 수확물이에요. 이거 선생님 드리려고 가져왔어요."

아이들의 얼굴에는 기쁨이 가득했다. 학교 화단에 텃밭을 마련한 아이들은 수확물을 들고 교무실 여기저기로 달렸다. 자신들의 수고로 얻은 수확물을 좋아하는 선생님께 드리기 위해서다. 이 아이들은 벌레들의 탑 어디쯤 있는 것일까. 이 아이들에게 교사의 진로교육은 어떤 의미인가.

4
성공의 기준이 바뀐다

일본 리크르투 사에서 만든 '인생은 마라톤이 아니다' 라는 광고[7]가 있다.

"오늘도 달린다. 모두가 주자이다. 시계는 멈출 수는 없다."

광고 카피는 묵직하게 시작한다. 2분 정도 길이인 이 광고는 "결승점은 하나가 아니다. 그것은 인간의 수만큼 존재한다."로 끝맺는다. 그동안 성공이라는 하나의 결승점을 향해서 치닫는 것이 당연하다는 인식에 균열을 만들었다. 성공의 기준이 하나가 아니라는 의미다. 인간의 수만큼 존재한다. 시대가 그만큼 달라지고 성공을 바라보는 젊은이들의 관점도 바뀌고 있다.

동시에 교육 환경도 바뀌고 있다. 이미 김덕년(2021)은 『포노 사피엔스를 위한 진로교육』[8]에서 시대의 변화를 진단하고 진로교육의 변화를 언급하였다. 그 방향은 벌레들이 만든 탑에서 가장 위로만 올라가는 방법에서 '살아가는 방법'을 알려 주는 방식으로 전환되고 있다.

---

7 https://www.youtube.com/watch?v=kaKQHsUM3Po

8 김덕년, 유미라, 허은숙(2021). 포노 사피엔스를 위한 진로교육. 교육과실천.

고등학생이 되면 대학 입시라는 큰 장벽을 만난다. 이 장벽은 지나치게 견고하다. 신인류는 주춤거린다. 부모든 학생이든 대입이 운명을 건 진로의 모든 것이라고 합의하는 것처럼 보인다. 학교는 더더욱 포노 사피엔스들에게 과거 체제로 들어오기를 강력하게 권고한다. 진학이 곧 진로이며, 국어, 영어, 수학 등 주지 교과 중심인 학교 공부와 대학수학능력시험에서 상대 우위의 점수와 등급을 받으면 취업과 경제력 등에서 유리하고 윤택한 삶을 보장받을 것이라 말한다. (37쪽)

포노 사피엔스를 대상으로 하는 진로교육은 어떠해야 하는가? 과거에는 사다리 위로 올라가는 방법을 추구했다면 이제는 우리 사회를 유지하고 안전하고 건강하게 만들 수 있도록 방향을 바꾸어야 한다. '잘' 살아야 한다가 아니다. 말 그대로 생존의 의미인 '살아야 한다'가 지상과제이다. 즉, 이 시대에 진로교육이란 '살아가는 방법'을 알려 주는 것이어야 한다. (43쪽)

진로교육은 모든 학생들의 삶이 관심 대상이다. 그동안 우리 교육이 최상위권 학생들에게 집중되었다면 이제는 모든 학생들에게 시선을 돌려야 한다. 사실 학교에서 관심과 지도가 가장 필요한 학생은 최상위권 학생이 아니다. 오히려 가장 많은 층을 형성하고 있는 중·하위권 학생들이다. '모든' 학생을 위한 교육을 해야 한다는 공교육의 당위성에서 바라보더라도 중·하위권 학생들에 대한 적극적인 배려와 지원 정책이 필요하다.

그럼 어떻게 해야 하는가? 단순하게 성공이 인간의 수만큼 존재한다는 인식만으로 가능할까? 그것은 우리 교육이 모든 생명을 존중하고 더

붙어 살아가는 '새로운 삶의 교육'으로 바뀔 때라야 가능하다.

'A의 손길이 닿는 곳에는 늘 식물이 생생하다. 이번에도 시들어 가는 식물을 가져다가 예쁘게 꽃을 피워 놓았다. 참 이상하다. A의 손이 닿으면 시름시름 앓던 식물이 다 살아난다.'

우리 주위에는 A와 같은 사람들이 참 많다. 화훼를 업으로 하는 사람이 아니더라도 늘 식물과 대화하며 함께 있는 공간을 공감으로 풍성하게 채워 가는 사람들이 있다. 이들이 하는 일이 바로 '살림'[9]이다.

청소년이 식물 같다면 이들을 어르고 일어서게 하는 A 같은 사람이 바로 '살림교육'[10], 진로교육에서 특히 필요하다.

동학(東學)에서는 '인간을 포괄하는 모든 반생명적 현상을 직시하고, 이 반생명적 상황을 야기한 정신적·물질적·구조적 원인을 개혁할 뿐만 아니라 죽어 가는 인간 생명을 살리는 차원에서 생태교육적 의미'(노상우, 2015)라고 말한다. 하지만 말이 어렵다. 확 다가오지 않는다. 그래서 이렇게 써 본다. '생명살림 교육', 더 줄여서 '살림교육'.

크게는 우리 교육이 나아가야 할 길이기도 하고, 진로교육의 방향을 바투 잡기에 적절한 용어이다. 학교에 있는 모든 구성원이 서로를 '살리는' 일에서, 넓게는 우리 교육이, 더 넓게는 우주 삼라만상이 긍정적 상

---

[9] '살림'은 경제 규모, 형편 등의 뜻으로 많이 쓰지만 여기서는 '살리다'로 사용한다.

[10] '살림교육'이라는 말은 아직 개념화된 것은 아니다. 함양에는 생태적 삶을 꿈꾸는 이들이 학문적 공동체인 '온배움터'를 세우고 운영한다. 여기에서는 생태교육, 생태건축은 물론이고 살림교육의 기본이 되는 농살림연구소를 운영하고 있다. 이들의 생활 모습에서 '생명살림 교육'을 가져왔다. 문맥상 '살림교육'이라는 하나의 단어로 쓰고 생명을 살리는 교육이라는 뜻으로 사용한다. 즉, 새로운 생명 문명의 창조를 위해 교육이 해야 할 역할로 '살리는 교육', 줄여서 '살림교육'이라고 했다.

호작용으로 서로 살리는 세상이 되길 바라는 의미이다. 앞에서 말한 A가 다 죽어 가는 식물을 살리고, 가족을 살리고, 나아가 모든 생명을 가진 존재를 살리듯 모든 청소년이 A와 같은 존재가 될 수 있도록 보살펴야 한다.

성공이 인간의 수만큼 있다는 이야기는 성공이라고 판명하는 기준이 다 다르다는 의미이다. 이를 위해 이런 질문을 덧붙이자.

"바람직한가?"

'바람직한가?' 라는 질문은 개인을 위한 이익이 아니라 공동체 삶에 합당한가를 묻는다. 청소년의 진로를 돕기 위한 교사의 질문에는 몇 가지가 있다. 그중 가장 핵심이 되는 것은 다음 4가지다.

1. 나는 누구인가?
2. 나는 무엇을 원하는가?
3. 나는 무엇을 잘하는가?
4. 내가 원하는 것이 바람직한가?

1~3 질문이 자아 본질과 욕구, 강점을 살펴보는 거라면 4는 도덕적 가치를 확인하는 질문이다. 지금까지 우리의 진로교육은 1~3에 치중되어 있었다. 아니 어쩌면 그것조차도 소용없었을 수 있다. 경쟁에서 승리한 사람이 모든 것을 갖는 사회에서 이런 질문은 그야말로 낭비에 불과했다.

이제는 달라져야 한다. 1~3 질문을 되살려내야 한다. 거기에 바람직함을 묻는 질문이 꼭 필요하다. 그리고 이 질문에 '그렇다' 라고 대답할 때 비로소 각자가 생각하는 성공의 의미는 완성된다.

5
오로지 자기 혼자

마음속에서 두 힘이 싸우고 있었다.

잠시 동안 그는 양쪽의 예리한 칼끝 사이 한가운데서 몸을 뒤틀며 고통스러워했다.

갑자기 그는 자기 자신의 존재를 다시 깨달았다.

그 목소리도 아니고 눈동자도 아닌 자유로운 선택권을 가진 자신의 모습이었다.

그리고 그 선택의 순간도 이젠 마지막이었다.

그는 손가락에서 반지를 빼냈다.

_ 톨킨(J.R.R. Tolkien)의 『반지의 제왕』[11]

---

[11] 『반지의 제왕』은 톨킨이 1954~55년에 영국에서 출판한 판타지 소설이다. 전작인 『호빗』에 이어 나온 소설로 호빗족인 프로도를 포함한 반지원정대가 절대반지를 운반하는 과정에 겪은 모험담이다. 인용한 번역서의 제목은 『반지전쟁』(1998. 예문)이다. 그러나 원 제목이 'The Lord Of The Rings'이며, 익숙한 영상물 제목도 '반지의 제왕'으로 사용하고 있어 이 글에서도 '반지의 제왕'으로 제시하였다. 인용한 부분은 제2권 276쪽에 있다.

파스 갈렌 초원에 도착한 프로도 일행은 중요한 결정을 해야 했다. 임무를 계속 수행할 것인가, 그만둘 것인가. 결정은 일행 중 어느 누구도 아닌 프로도 자신이 해야 했다. 프로도는 잠시 생각할 시간이 필요했다. 일행과 떨어져 생각에 잠긴 프로도 등 뒤에 보로미르가 나타났다. 보로미르는 프로도가 지니고 있는 반지에 욕심이 생겼다. 그가 프로도를 공격하는 순간, 위기를 벗어나기 위해 프로도는 반지를 손가락에 꼈다. 반지를 끼면 다른 사람이 볼 수 없다. 위기를 벗어난 프로도는 언덕 꼭대기로 몸을 피했다.

　그러나 곧 손에 낀 반지로 말미암아 프로도는 갈등을 겪게 된다. 갈등 속에서 프로도는 자유로운 선택권을 가진 자신의 모습을 본다. 어느 쪽을 선택하든 자신이 결정해야 한다는 사실을 깨달은 것이다. 그에 따른 결과도 자신의 몫이다. 마침내 그는 손가락에서 절대반지를 뺀다. 이후 작가는 이렇게 기술한다.

　언덕에서 내려오는 프로도의 의지는 확고했고 마음은 훨씬 가벼웠다.

　반지 운반자로서의 운명을 지닌 프로도는 이런 선택 과정을 거쳐 본격적인 여행을 시작한다. 지금까지 함께했던 일행을 떠나 혼자 여행하기로 결심하고 몰래 배를 띄운다. 물론 샘에게 들켜 어쩔 수 없이 그와 함께 떠나지만, 뛰어난 역량이 있는 반지원정대 다른 일행에 의지하던 마음을 버리고 온전히 자신이 주체가 되는 여정을 시작한 것이다.

　『반지의 제왕』 전체 스토리 전개 과정에서도 이 장면은 매우 의미가 있다. 영웅적인 등장인물들 속에서 가장 나약한 존재일 수 있는 호빗족 프로도가 주인공으로 거듭나는 순간이기 때문이다. 인용문 속에 나타난 프로도는 짧은 순간에 급격한 변화가 있다. 깨달음의 과정과 감정 상태 변화가 동시에 나타난다.

[행동 변화] 두 힘이 싸우고 있음. → 존재를 깨달음. → 반지를 빼 냄.
[감정 상태] 갈등(고통) → 깨달음 → 자유로움

자유로운 선택권을 가진 자신을 깨달았고, 이를 인지하면서 프로도는 손가락에서 반지를 뺄 수 있었다. 자신의 선택권을 행동으로 옮겼다. 그래서 오히려 확고함과 홀가분함으로 가볍게 언덕을 내려간다.
몸을 뒤틀며 고통스러워하던 프로도는 어떻게 확고함과 홀가분함을 얻었을까?

그 목소리도 아니고 눈동자도 아닌, 자유로운 선택권을 가진 자신의 모습이었다.

프로도를 괴롭히던 '그 목소리나 눈동자'는 절대반지가 지닌 강력한 능력이고, 이를 이용해 자신의 욕망을 채우려는 이기심이다. 사루만, 보로미르, 골룸 등은 반지의 권능을 빌어 자신의 욕심을 채우고 싶어 반지를 탐냈다. 그러나 반지를 가진 이는 결국 반지의 노예가 된다. 프로도 역시 자신의 욕망과 절대반지를 파괴해야 한다는 사명감 속에서 번민했다. 내면의 갈등을 벗어나게 하는 이는 누구인가? 그것은 결국 자기 자신이다. 번민하던 프로도가 '자유로운 선택권'을 가지고 있는 자신을 발견하면서 반지의 부당한 간섭이나 명령에서 벗어날 수 있었다.
누구에게나 선택의 순간은 있다. '그 목소리나 눈동자'를 따를 수도 있고, 반지를 뺄 수도 있다. 선택은 본인의 몫이다. 프로도는 반지를 빼는 쪽으로 선택했다. 그러자 비로소 제 삶의 주인공이 된 것이다.

　장황하게 프로도의 행동을 설명한 이유는 바로 이 책의 주제와 관련 있기 때문이다. 우리는 프로도의 행동에서 '진로'에서 '주도성'이 갖는 의미와 '진로교육'의 역할을 고찰할 수 있다.

　진로는 한 인간이 살아가는 전 생애 과정이다. 살아가는 매 순간이 선택의 연속이고, 어떻게 살 것인가 방향을 정한다. 우리는 살아가면서 끊임없이 새로운 세계를 만난다. 그때마다 익숙함과 낯섦 사이에서 갈등한다. 어떤 선택을 하느냐에 따라 관계를 맺는 이와 발휘해야 할 역량이 달라진다.

　어렸을 때는 비교적 좁은 세계(가정, 마을 등)에서 생활한다. 주로 만나는 이들은 가족과 친지 등으로 우호적인 사람들이 대부분이다. 청소년 시기는 좀 더 넓은 세계를 만난다. 공교육 시스템에 들어간다. 막연하게나마 자신의 진로를 설계하고 탐구한다. 성인이 되면 생계를 해결할 일을 찾는다. 물론 어린 시절이나 청소년기에 비해서 일과 관련된 사람들을 더 많이 만나게 된다. 선택과 새로운 세계와의 만남은 삶이 끝날 때까지 이어진다. 그럴 때마다 겪을 심적 갈등은 앞에서 인용한 프로도의 심적 갈등을 겪는 모습과 유사하다.

　반지를 빼면서 프로도는 왜 자유로움을 느꼈을까? 그것은 프로도가 자신을 자유로운 선택권을 가진 존재로 인식한 것과 반지를 손가락에서 빼야겠다는 결심과 동시에 했던 '행동' 때문이다. 이를 김덕년(2023)은

'주도성'[12] 이라고 말한다. 그는 주도성을 판단하는 기준으로 2가지를 제시하고 있다.

- 중심에 있는가?
- 변화를 가져오는가?

이 기준에 따라 프로도의 행위를 살펴보자.

먼저 '중심에 있는가?' 라는 질문이다. 프로도는 '목소리나 눈동자' 와 '자유로운 선택권을 가진 자신의 모습' 사이에서 고통스러워했다. 그 목소리나 눈동자는 타인의 간섭이나 명령이다. 프로도는 타인의 충고나 결정에 따르지 않고 자신에게 선택권이 있음을 발견하고 자유로움을 느꼈다. 어느 누구의 강요가 아닌 온전히 본인의 의지에 따른 자유로운 선택권이다. 즉, 어떠한 선택을 하든 상관없다는 의미로 행위의 주체가 '나' 에 있음을 말한다.

다음 '변화를 가져오는가?' 라는 기준으로 살펴보자.

프로도는 손가락에서 반지를 뺀다. 자신의 의지로 반지를 뺀 이후에 프로도의 변화는 극적이다. 이전에는 9명의 반지원정대 중 한 사람이었을 뿐이다. 오히려 탁월한 역량을 지닌 다른 이들에게 도움을 받는 존재

---

12 주도성 개념의 출발은 『주도성』(2023, 교육과실천)에서 규정한 정의에 따른다. 이 책에서 주도성은 '어떤 일에 주체가 되어 이끌거나 부추기는 행위' 라고 말하고 있다. 공저자들은 '행위의 양상' 에 주목하고 있다. 그 기준으로 '중심에 있는가? 변화를 가져오는가?' 를 삼고 있다. 마찬가지로 이 글에서 사용하는 주도성의 의미도 유사하다.

였다. 하지만 자신의 의지로 반지를 빼면서 프로도의 강점은 이후 여정에 크게 작용한다. 결국 프로도는 혼자 모르도르로 떠나기로 결정하고 행동으로 옮긴다.

용기 있는 결정이기도 하지. 나는 프로도가 굉장히 사려 깊은 친구라고 생각하네. 프로도는 어느 누구도 모르도르에서 맞게 될지도 모를 죽음의 늪으로 끌고 가길 원치 않았던 거야. 오로지 자기 혼자 떠나야 함을 알았던 거지.

프로도가 샘과 함께 떠난 후 아라곤이 남은 일행에게 한 말을 보면 프로도의 행위가 가져올 변화를 짐작하게 한다. 반지원정대의 대장격인 아라곤과 요정인 레골라스, 난장이 김리 등은 프로도보다 역량이 뛰어나다. 함께 떠나면 어려움을 더 쉽게 극복할 수 있었을 것이다. 그러나 프로도가 자유로운 선택권을 발견하고, 스스로 반지를 빼면서 반지 운반에 주도성을 갖는다. 그리고 '오로지 자기 혼자' 떠난다.

6
열정적 준비가 선택을 낳는다

'도움받지 않는 항해'란 기록에 도전한 오스트레일리아 퀸즐랜드 주 선샤인코스트에 사는 제시카 왓슨(Jessica Watson, 당시 나이 16세). 그는 선체 길이 10m에 불과한 개인 요트 '엘라스 핑크레이디' 호를 타고 피지와 사모아를 거쳐 남아메리카와 아프리카까지 총 45,000km를 도는 대장정을 떠났다. 16세는 부모의 보호가 필요한 나이라는 지적과 함께 무모한 도전이며, 경험이 한참 부족하다는 주위의 우려도 있었다. 그러나 아버지 로저는 '평생의 꿈을 꺾는 게 더 잔인한 일'이라며 딸의 도전을 지지했다.

제시카는 2010년 5월 15일, 210일 만에 출발지인 시드니 항으로 무사히 돌아왔다. 오스트레일리아 총리는 '오스트레일리아의 새로운 영웅'이라고 극찬했다.

항해가 끝난 후에 "나는 세계 일주 항해를 통해 간절한 꿈이 사람을 얼마나 강하게 만드는지를 깨달았고, 이 도전이 단지 끝이 아니라 더 큰 꿈의 시작이라는 것도 알게 되었다. 그리고 무엇보다도 더 넓은 세상에서 더 많은 사람들과 함께하며 꿈을 나누는 법을 배웠다."[13]고 제시카는 말했다.

우리가 주목해야 할 점은 그가 이루어 낸 성과보다는 준비 과정이다. 제시카는 엄마가 읽어 준 제시 마틴의 『라이온 하트(Lion Heart)』를 듣고 모험을 결심한다. 평범한 제시 마틴이 자신의 꿈을 실천에 옮겼다는 사실에 영감을 받아 세계 일주의 꿈을 품었다. 이후 그는 철저하게 자신의 꿈을 이루기 위한 준비를 한다.

나는 항해에 관한 자료들을 샅샅이 뒤지기 시작했다. 필요한 물품과 준비 사항을 작성하고 관련 기사들을 모았다. 조슈아 슬로컴, 케이 코티, 엘린 맥아더 등 세계 일주에 성공한 인물들과 그들의 항해 기록도 닥치는 대로 찾아 읽었다. 아무에게도 말하지 않았지만, 엄마는 내가 침대 옆에 폭풍이 몰아치는 남대양의 사진을 붙여둔 것을 보고 어렴풋이 내 마음을 눈치채고 있었다고 한다. 그때부터 나는 홀로 거친 파도와 바람을 이겨 내는 내 모습을 상상하곤 했다.[14]

그는 부모님에게 자신의 꿈을 털어놓기 전에 엔진에 대해 꼬치꼬치 캐묻고, 조언을 얻을 만한 전문가에게 연락하고, 기사를 스크랩하고 요트까지 알아보았다. 스스로 모든 계획을 세웠고 철저하게 준비했다.

제시카는 학교교육보다는 홈스쿨링이나 원거리교육(학교에 나가지 않고 통신 수단을 이용해 학업을 하는 것)을 주로 선택했다. 그리고 자신의 목표를

---

13 제시카 왓슨(2011). 16살, 나는 세계 일주로 꿈을 배웠다. 김한결 역. 다산에듀. p.7.
14 같은 책, p.40.

이루기 위해 선착장, 정비소, 조선소 등을 다니며 질문 공세를 하거나 편지를 썼다. 주정부 보조금이나 후원자를 물색하기도 하고, 자신의 계획을 기자와 편집자들에게 이메일로 알리기도 했다.

그는 어떤 일이든 아주 소소한 것에서부터 시작해야 한다고 믿었다. 부모님을 설득하기 위해 얼마나 절실하게 원하는지, 얼마나 진지하게 준비하고 있는지를 보여 주려고 노력했다. 또한 제시카는 자신의 목표에 도달하기 위해 다양한 교육제도를 활용했다. 꿈을 품고 절실함과 진지함을 담아 주도적으로 준비를 했다.

앞에서 진로는 전 생애 과정이라고 했다. 살아가면서 만나는 모든 순간에 선택을 해야 한다. 이 모든 순간은 일이다. 제시카가 세계 일주를 하기로 결심하고 열정적인 준비를 했던 그 모든 과정이 그에게는 일이었다. 칙센트미하이(Mihaly Csikszentmihalyi)[15]는 사람들이 일에서 찾는 가치는 세월이 흐르면서 변한다고 말하며, "일의 가치를 논한다는 것 자체가 어불성설이었다. 일과 삶은 하나로 녹아들어 있었다."고 말한다. 곧 '일=삶'이라는 것이다.

일을 선택하는 심리는 여러 가지다. 흥미, 가치관, 역량, 적성 등을 고려하거나 일을 통해 얻을 수 있는 보상과 발전 가능성, 보람 등도 영향을 미친다. 제시카 역시 자신이 하고 싶은 일을 품었다. 우리가 주목해야 할 것은 바로 그다음에 보여지는 제시카의 행동이다. 무엇보다도 절실함과 진지함으로 부모와 주위의 어른들을 설득하거나 후원을 받았다. 도전에 필요한 모든 정보를 직접 찾았다.

---

[15] 미하이 칙센트미하이, 바버라 슈나이더(2018). 몰입과 진로. 이희재 역. 해냄. p.29.

어른들은 청소년이 큰 꿈을 품기를 바란다. 그리고 그 꿈을 이루기 위해 열심히 공부하라고 말한다. 모든 걸 다 지원해 줄 테니 공부만 하라고 한다. 청소년이 조심스럽게 자신이 하고 싶은 일을 말하면 나중에 대학 가서 하라고 한다. 심한 경우는 부모가 콕 집어서 무엇이 되라고 말하기도 한다.

교육 당국도 마찬가지다. AI를 도입해서 학습자 맞춤형 교육을 하겠다면서도 교육을 바라보는 기본적인 시선은 과거와 다를 바 없다. 학습자를 수동적으로 본다(권정민, 2021).

2022 개정 교육과정 도입 이후 학교에서 진로교육은 모든 과목으로 확대되었다. 삶과 연계하여 설계한다. 그럼에도 기본적인 교육 관점은 여전히 학습자를 수동적으로 보고 있다. 그러나 제시카가 자신의 일(세계 일주의 꿈과 이를 이루기 위한 준비 과정)을 어떻게 하고 있는가를 살펴보면 우리 교육에서 진로교육의 방향을 세우는 데 도움이 될 것이다.

제시카는 주도적으로 준비했다. 절실함과 진지함으로 준비했고, 필요한 정보를 얻기 위해 끊임없이 사람들을 만나고 질문을 했다. 이메일을 썼고 편지를 보냈다. 진로교육은 당사자가 어떤 꿈을 품을 수 있는가와 이를 이루기 위한 열정적인 노력을 동반할 수 있도록 설계되어야 한다.

7
협력적 주도성이 더 필요한 진로교육

의문이 생긴다. 하고 싶은 일을 선택하고, 이를 이루기 위해 열정적으로 준비한다. 이 과정을 스스로 진행해야 한다고 했다. 그럼에도 주도성은 '상호작용'이 매우 중요하다고 말한다.

학생들은 사회적 맥락에서 그들의 주도성을 배우고 성장하며 실천하게 되는데, 이것이 바로 협력적 주도성이 중요한 이유이다. 학생들은 더 큰 학습 생태계에서 유기적인 방식으로 동료, 교사, 학부모, 지역사회와 상호 지원하여 단단한 관계 속에서 협력적 주도성을 개발해 나간다.[16]

주도성(Agency)은 사회적 맥락 속에서 나타난다. 사회적 맥락은 동료, 교사, 학부모, 지역사회와의 상호작용이다. 주도성을 지나치게 강조하다 보면 독불장군(獨不將軍)으로 여겨질 수 있고, 혼자서 다 하는 사람은 복잡한 사회에서 살아가기 어렵다.

진로교육은 청소년이 진로 선택에서 주도성을 발휘하기 위해 협력적

---

[16] OECD(2018). OECD 미래교육과 역량 2030. 미래학교자치연구소 역. p.32.

주도성(Co-Agency)이 해야 할 역할을 찾는 것이다.

이제 협력적 주도성이 해야 할 역할을 살펴보자.

청소년에게 학교는 상당히 중요한 활동 공간이다. 청소년이 주도성을 발휘하기 위해서 학교와 교사는 어떤 역할을 해야 하는지, 학부모와의 관계는 어떻게 설정해야 하는지 고민할 필요가 있다. 학교교육과정은 바로 이런 고민이 낳은 것이다. 2022 개정 교육과정에서 진로교육 연계, '진로와 직업' 교과목 운영, 진로체험활동 등은 이런 맥락에서 수립되어야 한다.

앞에서 제시카 왓슨은 세계 일주를 하기로 결심하고 그 준비를 본인이 다 했다. 그러면 우리는 이런 생각을 하게 된다.

"그렇다면 어른들이 해야 할 일은 없는가?"

"아무것도 하지 않기에는 부모로서, 교사로서 책임이 있지 않나?"

그래서 다시 한번 제시카 왓슨이 어떻게 세계 일주 모험을 준비했는지 살펴보자.

전국 각지의 사람들이 연락을 해왔다. 그렇게 해서 샌딩, 그라인딩, 페인팅 작업을 담당할 열두 명의 봉사자들이 모였다. 브루스 아저씨도 예외는 아니었다. 아저씨 부부도 작업에 적극적으로 참여하였다. 브루스 아저씨는 프로젝트 총괄을 맡아 정비 작업뿐 아니라 내 항해의 처음부터 끝까지 모든 과정에 도움을 아끼지 않았다. 부모님은 자원봉사자들에게 숙식을 제공했다. 모두가 십시일반으로 나를 도왔다.

저녁 식사 시간에 식탁에 둘러앉아 들었던 그들의 소중한 경험담 또한 나에게는 무척 값진 선물이었다. 그렇게 얻은 지식은 항해 계획을 세우는 데 큰 도움이 되었다.

제시카 왓슨이 세계 일주 모험을 할 수 있도록 도와주기 위해 어른들은 각자의 방식을 택했다. 분명한 것은 이래라저래라가 아니라 수평적 관계를 형성했다는 점이다. 그렇다면 부모는 어떻게 했을까?

가끔 우리를 너무 내버려두는 것 아니냐고 부모님을 곱지 않은 시선으로 바라보는 사람들도 있었다. 하지만 우리가 캠핑을 갈 때마다 부모님은 늘 비상약이나 응급상자 등 필요한 장비를 모두 챙겼는지 꼭 확인하셨고, 안전하다고 생각될 때에만 보내주셨다.

부모는 준비 과정을 직접 챙기지 않았다. 그러나 필요한 장비와 안전 등 제시카가 놓치기 쉬운 부분을 챙겼다. 각종 정보와 경험을 제공했다. 위험에 따른 대처법도 알려 주고, 경제적인 부담을 해결하기 위한 노력에도 동참했다.

학교에서는 진로교육을 어떻게 해야 하는가? 진로가 학생이 스스로 걸어가야 할 길임은 분명하다. 진로는 삶의 모든 과정이다. 진로의 범위는 매우 넓고 답이 없다. 길을 찾고, 그 길을 따라가면서 만나는 새로운 정보를 내 것으로 만들어야 한다. 진로는 길을 걸어가는 사람의 몫이다. 대신 걸을 수 없다. 걷고, 듣고, 보고, 말하는 가운데 내가 접하는 모든 정보를 분석하여 유용하게 만들고, 이를 바탕으로 내가 나아갈 길로 간다. 그렇다고 혼자만 하게 내버려둘 수는 없다. 체계화하고 효율을 높여 각종 정보를 제공해야 한다. 이를 진로교육이라고 할 수 있다.

진로교육이 특정 교과목에 한정되는 것은 아니다. '진로와 직업'이라는 교과목은 삶의 과정에서 만나는 수많은 일 중 일부분을 모아 제공할 뿐이다. 학교에 개설된 수많은 교과목을 다 합쳐도 '삶의 모든 과정'은 아니다. 일부일 뿐이다.

'교자채신(敎子採薪)'이라는 말이 있다. '자식에게 땔나무를 해 오는 법을 가르치다.'라는 의미이다. 유대인의 격언인 '물고기 한 마리를 잡아 주면 하루를 살 수 있지만, 물고기를 잡는 방법을 가르쳐 주면 일생 동안 먹고살 수 있다.'라는 말과 유사하다. 다시 말해 지식을 얻는 방법과 지식을 창조하는 능력인 지혜를 주는 것이 중요하다는 의미이다.

슈마허(Ernst Friedrich Schumacher)[17]는 "교육의 본질은 '어떻게 살아야 할 것인가?'에 대한 관념, 곧 가치를 전달하는 것"이라고 말하고 있다. 그는 '욕구와 필요를 구별하는 법, 소비의 양과 삶의 질을 구별하는 법, 지식과 지혜를 구별하는 법, 대량생산과 대중에 의한 생산을 구별하는 법 같은 것을 가르쳐 주는 교육'이 참된 교육이라고 했다. 모든 것은 '인간이란 무엇인가?', '어떻게 살아야 하는가?', '이를 위해 무엇을 해야 하는가?'라는 관념에 따라 결정된다고 말한다. 그가 던진 질문 중 '어떻게 살아야 하는가?', '이를 위해 무엇을 해야 하는가?'야말로 진로교육에서 핵심이다.

진로는 삶의 문제이다. 그렇다면 진로교육은 우리가 살아가는 동안 '무엇'을 '어떻게' 할 것인가를 고심하는 것이다. 「진로교육법」 제2조1에는 진로교육을 이렇게 정의하고 있다.

"진로교육"이란 국가 및 지방자치단체 등이 학생에게 자신의 소질과 적성을 바탕으로 직업 세계를 이해하고 자신의 진로를 탐색·설계할 수

---

17 E. F. 슈마허(2022). 작은 것이 아름답다. 이상호 역. 문예출판사.

있도록 학교와 지역사회의 협력을 통하여 진로수업, 진로심리검사, 진로상담, 진로정보 제공, 진로체험, 취업지원 등을 제공하는 활동을 말한다.

이 정의에 따르면 진로교육의 주체는 국가 및 지방자치단체이다. 방법은 진로수업, 진로심리검사, 진로상담, 진로정보 제공, 진로체험, 취업 지원 등이다. 주로 학교 안에서 이루어지는 진로교육 활동을 말하고 있다. 결국 진로를 선택하고 결정하는 주체는 누구인가? 조금 더 읽어 보자.

제4조(진로교육의 기본방향)
① 진로교육은 변화하는 직업 세계와 평생학습사회에 적극적으로 대응할 수 있도록 스스로 진로를 개척하고 지속적으로 개발해 나갈 수 있는 진로개발역량의 함양을 목표로 한다.
② 모든 학생은 발달단계 및 개인의 소질과 적성에 맞는 진로교육을 받을 권리를 가진다.
③ 진로교육은 학생의 참여와 직업에 대한 체험을 바탕으로 이루어져야 한다.
④ 진로교육은 국가 및 지역사회의 협력과 참여 속에 다양한 사회적 기반을 활용하여 이루어져야 한다.

진로교육은 진로개발역량 함양이 목표이다. 스스로 진로를 개척하고 지속적으로 개발해 나가는 역량이다. 즉, 학습자 스스로 진로를 개척하고 개발할 수 있는 역량을 키워야 한다. 이를 위해 국가 및 지방자치단체는 학생의 참여와 직업에 대한 체험을 할 수 있도록 다양한 사회적 기반을 활용해야 한다.

2장

초등 진로교육, 주도성의 렌즈로 바라보기

양세미

1
초등학교 교육과정 속 진로교육 살펴보기

초등교사 A는 올해 학년 교육과정 업무를 맡았다. 2월 새 학년 준비 기간에 A는 교육과정부장이 준 학년 교육과정 작성 자료를 보며 작업을 시작한다. 국가 교육과정에 따른 과목별 시수를 맞추고, 학년에서 협의한 증감 시수를 맞추고, 이제 창의적 체험활동 작업을 시작한다.

학년별 대략 102시간 정도인 창의적 체험활동 시간 중 학년별로 고정된 동아리활동 시간을 먼저 제외한다. 자율활동에 필수로 반영해야 하는 안전교육, 학교 행사 등을 먼저 넣고 나니 진로활동 시수는 대략 연간 8차시 정도 남는다. 교육과정부장이 준 자료에는 연간 4차시는 진로 체험의 날(꿈·끼 주간) 활동이 학교 행사로 고정되어 있다. 학년에 남은 진로활동 시수는 4차시이다. 초등교사 A는 4차시로 뭘 할까 고민을 하다, 진로적성검사와 적성검사 사후 활동으로 채워 넣고 고민에 빠진다.

'1년 중 띄엄띄엄 있는 8차시의 진로활동 시간으로 학생에게 유의미한 진로교육이 될까?'

위 내용은 초등학교에서 진로교육 시수를 설정하다 보면 발생하는 일반적인 상황이다. 2022 개정 교육과정에서 학교자율시간 활동 주제로 진로를 선택하는 학교가 늘어나며 진로교육 시수는 증가할 것으로 보이지만, 그럼에도 진로교육이 가지는 인생사적인 무게에 비하면 턱없이 부족해 보이는 시수이다.

1장에서 언급한 대로 진로가 교과가 아니고, 진로전담교사의 배치가 불완전한 초등학교의 상황은 얼핏 보기에는 초등학교에서의 진로교육은 목적이 흐릿한 것 같은 착각을 일으킬 수 있다. 그러나 초등학교에서도 진로교육은 교육과정에 명시된 중요한 교육 분야이다. 2022 개정 교육과정에서 초등학교 진로교육에 대한 내용을 찾아보자.

가. 2022 개정 교육과정 총론 – 학교급별 교육목표

초등학교 교육은 학생의 일상생활과 학습에 필요한 기본 습관 및 기초 능력을 기르고 바른 인성을 함양하는 데 중점을 둔다.

① 자신의 소중함을 알고 건강한 생활 습관을 기르며, 풍부한 학습 경험을 통해 자신의 꿈을 키운다.
② 학습과 생활에서 문제를 발견하고 해결하는 기초 능력을 기르고, 이를 새롭게 경험할 수 있는 상상력을 키운다.
③ 다양한 문화 활동을 즐기며 자연과 생활 속에서 아름다움과 행복을 느낄 수 있는 심성을 기른다.
④ 일상생활과 학습에 필요한 규칙과 질서를 지키고 서로 돕고 배려하는 태도를 기른다.

초등학교 교육의 목표는 기본 습관 및 기초 능력, 바른 인성 함양이다. 세부 목표 4가지 모두 기본과 관련된 내용이지만, 좁은 의미로 진로교육과 관련된 목표를 짚자면 진로교육은 1번 목표에 주로 반영되어 있다고 볼 수 있다. 1번 목표를 도식화하면 다음과 같이 표현된다.

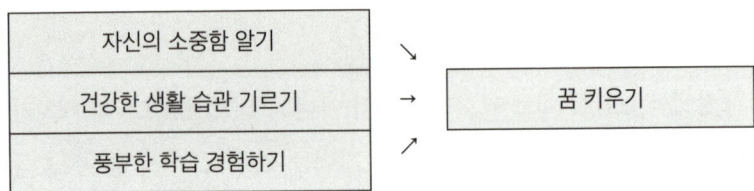

국어사전에서 '꿈'은 '실현하고 싶은 희망이나 이상'으로 설명한다. 중학교의 목표가 '삶의 방향과 진로 탐색하기'이고, 고등학교의 목표가 '진로에 맞는 지식과 기능을 익히기'라고 표현된 것과 비교하면 초등학교급의 목표인 '꿈 키우기'는 꿈, 방향, 기능 중 가장 포괄적인 용어이다. 따라서 이 목표를 달성하기 위한 세부 요소 또한 포괄적인 용어인 자신의 소중함, 건강한 생활 습관, 풍부한 학습 경험으로 제시되어있다.

나. 2022 개정 창의적 체험활동 교육과정 – 진로활동 영역

• **목표**

초등학교에서는 자신의 개성과 소질을 탐색하고 발견하여 공동체 생활에 필요한 기본 생활습관과 시민의식을 기른다.

• **영역 활동 운영**

초등학교 진로활동은 긍정적 자아 개념 형성, 일의 중요성 이해를 위한 진로 체험, 다양한 직업 세계의 탐색, 진로 기초 소양 함양 등을 위한 활동을 계획하여 운영할 수 있다. 학생들이 자신에 대해 이해할 수 있는 기회와 자신에게 맞는 진로를 찾아가는 과정을 제공하는 데 중점을 두어 지도한다. (후략)

창의적 체험활동의 진로활동 영역은 초등학교 교육과정에서 시간표에 '진로'가 명시적으로 드러나는 시수이다. 진로활동의 초등학교급 목표는 '자기 이해'이다. 교육과정은 '자기 이해'란 학생이 자신의 정체성을 확립하기보다 '자신에 대해 이해할 수 있는 기회'를 경험하게 하는 것을 의미한다고 정의한다. 초등학교의 진로교육은 학생이 개성과 소질을 발견할 수 있도록 하는 다양한 활동과 맥락을 경험하는 것에 중점을 두어야 한다. 이때의 활동은 교과 내용과 중복되지 않을수록 양적으로 다양해진다.

만약 교과 연계형 진로교육이 아닌 창의적 체험활동으로서 진로활동의 고유 영역을 정의해야 한다면 '교과 외의 체험 및 경험을 어떻게 제공하는가?'에 대한 고민이 필수적이라 할 수 있다.

다. 2022 개정 실과 교육과정 성취기준
(1) 인간 발달과 주도적 삶

[6실01-07] 직업의 필요성을 이해하고 적성, 흥미, 성격에 따라 진로 발달 계획을 세우고 주도적으로 탐색한다.

→ 성취기준 해설: 이 성취기준은 가정일 뿐 아니라 직업으로서 일에 대한 필요성을 알고 다양한 직업 중에서 적성, 흥미, 성격 등의 특성을 고려하여 진로 발달 계획을 주도적으로 탐색하도록 한다.

→ 성취기준 적용 시 고려 사항: 학습자가 진로에 관해 고정관념이나 편견이 있지 않은지 주의 깊게 관찰하여 이에 영향을 받지 않고 자신의 진로를 탐색할 수 있도록 지도한다.

(4) 지속 가능한 기술과 융합

[6실04-11] 농업과 농촌의 다원적인 역할과 가치를 이해하고 미래 농업과 관련된 다양한 직업 세계를 탐색한다.

→ 성취기준 해설: 이 성취기준은 농업과 농촌은 농산물 생산뿐 아닌 그 외에도 다원적인 역할을 하고 있음을 이해하고 이에 대한 인식과 이해를 바탕으로 농업과 농촌에 대한 올바른 진로 역량을 기르기 위해서 설정하였다. 특히, 다원적인 농업과 농촌의 가치를 환경, 생태, 사회, 문화적인 가치로 분류하여 이와 관련된 진로를 탐색하고 건전한 진로 역량을 기르도록 한다.

(5) 디지털 사회와 인공지능

[6실05-05] 인공지능이 만들어지는 과정을 체험하고, 인공지능이 사회에 미치는 영향을 탐색한다.

→ 성취기준 해설: 이 성취기준은 기계 학습이 적용된 간단한 인공지능 도구의 체험을 통해 기계 학습의 기본 원리를 이해하고, 인공지능으로 인한 사회의 발전과 직업의 변화를 이해하여 인공지능이 사회에 미치는 영향을 탐색할 수 있어야 한다.

5-6학년군에 적용되는 실과 교과는 중등의 '진로와 직업' 교과와 연계되는 교과이다. 2022 개정 실과 교육과정에서 진로나 직업이 직접적으로 등장한 성취기준은 위 3가지이지만, 실과 교과는 교과 전 영역에 걸쳐 '주도적인 삶을 영위'하기 위한 생활 역량을 함양하는 데 교과의 목표가 있다. 따라서 다른 성취기준에서도 학생이 주도적으로 미래 사회에 대비할 수 있는 역량을 익히는 것을 강조한다.

그럼에도 진로 관련 성취기준을 제외하고 직접적으로 '직업'이라는 단어가 등장한 2개의 성취기준은 주목할 만하다. 농업 영역에서 강조하는 진로 역량은 '농업의 다원적 역할 이해'로, 농업기술 이외에도 농촌의 사회적 의미, 농업의 경제적 가치, 농촌의 문화적 특성 등을 포괄하여 사회 등 다른 교과와 연계되는 내용이다. 다른 성취기준은 인공지능 관련 내용으로, 인공지능이 불러오는 직업 세계의 변화에 대해 다룬다. 즉 인공지능을 중심으로 다양한 삶의 영역과 맥락으로 뻗어 가는 내용이다.

위 내용을 종합하면 결국 초등학교의 모든 교육은 진로교육이다. 2022 개정 교육과정의 목표에서 제시된 '풍부한 학습 경험'이라는 세부 요소는 초등학교급의 학생에게는 진로교육이 하나의 영역에 국한되는 것이 아니라 모든 학습 경험이 진로와 연결된다는 의미이다. 장현진(2019)[18]은 초등학교 시기의 진로교육이 몇몇 직업의 세계를 구체적으로 이해하는 것에 중점을 둘 것이 아니라, 미래 아동이 선택할 수 있는 모든 방향의 가능성을 다루는 데 초점을 두어야 함을 강조하였다. 이를 위해 초등학교 시기의 진로교육은 소수의 직업을 구체적으로 경험하는 '무리한 진로직업체험'보다 교과 학습과 비교과 활동 전반에 스며들어야 한다고 주장하였다.

그러나 이는 다른 교과 내용으로 진로활동이 대체되거나 진로활동 시수가 축소되어도 진로교육의 목표가 성취된다는 의미는 아니다. 2022

---

[18] 장현진(2019). 미래 직업 변화와 현장 요구에 따른 초등학교 진로교육의 방향 및 실과 교과에서의 전개 방안 탐색 연구. 실과교육연구 25(3). pp.165-189.

개정 창의적 체험활동 교육과정에서 보듯 진로활동 시간은 '다양한 경험'의 양을 보장하는 시간이다. 진로활동 시간을 통해 교과에서 다루지 못하거나 학생의 삶과 연결된 프로젝트 등을 진행할 수 있다. 학생들이 학교의 교과 교육과정 이상의 경험을 하고, 이를 통해 '자신을 발견한다'라는 고유의 목적을 잊어서는 안 된다.

마지막으로 실과 교육과정에서 보듯 '주도적으로 삶을 영위하는 교육'은 결국 실과뿐 아니라 모든 교육이 학생의 삶을 형성하는 진로교육임을 이해할 수 있다. 실과는 진로를 다루는 중핵 교과이지만 진로를 영역으로 독립시키지 않았다. 이는 진로교육에 대해 강조하지 않은 것이 아니라, 오히려 모든 영역, 나아가 모든 분야에 진로가 연결되어 있음을 강조한 것이라 할 수 있다.

총론에서 제시하는 초등학교 시기의 목표는 '기본 습관 및 기초 능력 기르기'이다. 급변하는 사회 속에 학생들이 나아갈 때에도 초등학교 시기에 익힌 기초 능력은 생활의 기반이 된다. 즉, 초등학교의 모든 교육이 진로교육이 되는 순간은 '학생들이 이 기초 능력을 어떻게 발휘할 것인가'를 결정할 수 있는 '가치 교육'과도 연결되어 있다.

2
초등학교의 진로연계교육

    2022 개정 교육과정에서 '진로연계교육'이 새롭게 강조되었다. 진로연계교육이 교육과정에서 강조된 것은 진로교육 개념의 큰 변화를 의미한다. 그동안 진로교육은 '미래'에 초점이 맞춰져 있었다. 장래 희망이나 상급학교 진학 등은 모두 미래지향적인 진로교육에 해당한다.

    그런데 진로연계교육은 새롭게 변화한 '현재'에 적응하는 교육이다. 사회의 불확실성이 심화됨에 따라 미래의 변화가 아닌 현재의 변화에 적응하는 능력을 연습하는 의미로 해석된다. '진로교육의 개념 확장'이라는 표현처럼 진로교육은 미래를 준비하는 현재를 포괄하는 교육이 되었다. 진로연계교육에 대해 「2022 개정 교육과정 총론 해설」은 다음과 같이 설명하고 있다.

> 진로연계교육은 학생이 상급학교나 학년으로 진학하기 전에 학교생활 적응, 교과 학습의 연계, 다양한 진로 탐색 활동 등을 통해 연속적인 학습과 성장을 이루도록 지원하는 교육을 의미한다. (중략) 진로연계교육은 진로 탐색이나 진로 설계에 국한하지 않고, 상급학교나 학년 진학 전 학교생활 및 학습 준비, 교과 학습 연계, 진학 준비 등에 중점을 두어

진로교육의 개념을 확장하였다.

진로연계교육의 개념을 작게 보면 매년 학년이 바뀌는 것에 해당하지만, 크게 보아도 초등학교급에서는 진로연계교육의 전환기가 세 번이나 존재한다. 유아학교에서 초등학교로 전환되는 1학년 적응기, 통합교과에서 세부 교과로 분절되는 2~3학년 적응기, 그리고 초등학교를 마치고 중학교 진학을 준비하는 6학년의 진로 진학 주간이 이에 해당한다. 이를 반영하여 2024년부터 2022 개정 교육과정이 적용된 1-2학년은 통합교과에서 진로연계교육을 다루고 있다.[19] 초등학교는 각 시기 학생의 발달 단계 및 학교급별 체계를 고려하여 진로연계교육을 운영해야 한다.

● 초등학교 진로 전환기 진로연계교육 내용 예시 ●

진로 전환기	연계 단원	활동 내용
1학년 1학기	학교	입학 초기 적응(학교 시설 알기, 책가방 정리하기, 선 긋기, 바른 자세, 연필 잡기, 학교 규칙 알기 등)
2학년 2학기 ~ 3학년 1학기	기억	3학년 생활 알아보기(바뀌는 교과서 알아보기, 6교시, 전담 과목 이동 수업, 3학년 교실 찾아가기 등)
6학년 2학기	-	중학교 진학(OMR카드 연습하기 등), 자유학기제 준비

---

[19] 1학년은 통합교과 중 '학교' 단원을 3월에, 2학년은 '기억' 단원을 12월에 필수 배정하도록 하여 시기에 맞는 진로연계교육의 내용을 담았다.

3
진로교육을 주도성의 렌즈로 바라보자

앞서 알아본 것처럼 '초등학교에서의 모든 교육이 진로교육이다.'라는 문장은 틀린 말은 아니다. 2022 개정 교육과정의 주요 배경인 '사회의 불확실성'에 의해 우리는 학생들의 진로에 필요한 모든 것을 가르칠 수 없다. 게다가 초등학교에 재학 중인 학생들이 성인이 되는 20세가 될 때까지 최소 7년의 시간이 필요하다. 그 사이 급격하게 변화하는 사회는 지금의 교사도 상상할 수 없어 가르치는 게 불가능하다.

따라서 초등 6년의 교육과정이라는 한정된 시수 안에서 학생에게 필요한 진로교육을 하기 위해서는 선택과 집중이 필요하다. 다양한 방향과 갈래로 나아갈 다양한 학생들에게 맞춤형 진로교육을 제공하려면 진로교육을 체계적으로 꿰어 줄 수 있는 하나의 관점이 필요한 것이다. '깊이 있는 학습' 혹은 '개념 기반 교육과정'에서는 이를 '~개념의 렌즈를 낀다'라고 표현한다. 이 표현을 차용하여 제안하고자 하는 바를 표현하면 다음 문장으로 압축할 수 있다.

진로교육을 주도성의 렌즈를 끼고 바라보자.

주도성의 렌즈를 끼고 바라본다는 의미는 주도성이 여러 사례에 적용할 수 있는 핵심 개념임을 의미한다. 그렇다면 왜 하필 '주도성'을 렌즈로 선택하는가? 이에 대한 근거는 교육과정에서도 찾아볼 수 있다. 다시 「2022 개정 교육과정 총론」을 살펴보자.

교육과정의 성격
나. 학교교육과정이 학생을 중심에 두고 주도성과 자율성, 창의성의 신장 등 학습자 성장을 지원할 수 있도록 교육과정의 기준과 내용을 제시한다.

교육과정 구성의 중점
가. 디지털 전환, 기후·생태환경 변화 등에 따른 미래 사회의 불확실성에 능동적으로 대응할 수 있는 능력과 자신의 삶과 학습을 스스로 이끌어가는 주도성을 함양한다.

일단 가장 포괄적인 근거는 2022 개정 교육과정의 성격이 주도성을 지원할 수 있도록 교육과정의 기준과 내용을 제시하고 있기 때문이다. 특히 주도성이 필요한 이유로 '미래 사회의 불확실성에 능동적으로 대응'하는 것을 꼽았다는 것은 주도성이 현재 학생에게 필요할 뿐만 아니라 미래, 즉 학생의 진로에도 필요하다는 것을 의미한다.

또 다른 근거는 주도성이 가치를 담은 개념이라는 점이다. 「2022 개정 교육과정 해설서」에서는 주도성을 다음과 같이 설명한다.

주도성은 세계에 능동적이고 주도적으로 참여하면서 다른 사람과 주

변 환경에 긍정적인 영향을 주어야 한다는 책임감을 내포하는 개념

앞서 초등 교육과정을 살펴보며 모든 교육이 진로교육이 되기 위해서는 '가치 교육'을 다뤄야 한다는 점을 언급하였다. 학생들이 미래 사회를 살아갈 때 바른 가치관을 바탕으로 능동적인 문제해결을 하기 위해 교과의 지식/기능 등을 활용하기를 바라기 때문이다. 그런데 주도성은 '다른 사람과 주변 환경에 긍정적인 영향을 주어야 한다는 책임감'이라는 가치를 내포한 개념이다. 즉 주도성의 렌즈로 진로교육을 바라보면 그 자체로 가치 교육이 되는 것이다.

4
주도성의 렌즈를 통해 보이는 4가지 특성

그렇다면 주도성의 렌즈로 진로교육을 바라본다는 것은 무슨 뜻일까? 김덕년 외(2023)는 주도성이 '내재되어 있다 발현되는 것'이라고 설명한다. 주도성이 발현되는 순간은 주도성의 렌즈로 보아야 발견될 수 있다. 이는 역으로 주도성의 특성이 발현될 수 있도록 상황을 설계해 주면 주도성을 발휘할 수 있게 된다는 것이기도 하다.

주도성의 특성은 다양하게 정의되지만, 여기서는 『주도성』(김덕년 외, 2023)[20]에서 설명한 4가지 특성을 살펴보고자 한다.

첫 번째는 '맞춤형'이다. 이는 자신이 참여하는 모든 과정에 주인의식을 갖는 것이다. 학생 맞춤형 교육을 한다고 교사가 학급의 모든 학생들에게 맞춰 줄 수 없다. 즉, 맞춤형은 제한된 환경 속에서 학생 스스로가 자신에게 맞는 것을 찾는 실천적인 특성이다.

두 번째는 '자율성'이다. 자율성은 스스로 선택하는 것이다. 자신이 원하는 것을 선택하는 것은 강렬한 목적의식을 불러일으킨다. 이 목적

---

20 김덕년, 정윤리, 양세미, 최선경, 정윤자 외(2023). 주도성. 교육과실천

의식은 과정을 견디게 하고, 선택에 대한 책임을 인식하게 한다.

세 번째는 '피드백'이다. 주도성은 피드백을 통해 발휘된다. 남미자 외(2021)[21]는 학습자 주도성이 기존의 인지 구조에 위배되는 문제 상황에서 이루어지는 반성 혹은 성찰 속에서 학습자의 애씀이 동원되는 경험과 더불어 발현 가능해진다고 설명한다. 학습자의 애씀에 반성과 성찰을 돕는 피드백이 주도성의 발현에 필요하다. 특히 학습자의 애씀에 지지를 보내는 긍정적인 피드백이 필요하다.

마지막은 '상호작용'이다. 주도성은 상호작용 속에서 발휘된다. 「2022 개정 교육과정 해설서」에서는 주도성을 "세계에 능동적이고 주도적으로 참여하면서 다른 사람과 주변 환경에 긍정적인 영향을 주어야 한다는 책임감을 내포하는 개념"으로 설명한다. 즉, 주도성은 자신이 움직이는 것뿐 아니라 타인을 움직이게 하는 것을 포함한다.

주도성은 분절된 내용 체계나 계열성이 아직 명확하지 않은 개념이다. 따라서 위에서 정리한 주도성의 4가지 특성은 주도성을 교육에 적용하는 데 적절한 기준이 될 수 있다. 일례로 2022 개정 교육과정의 창의적 체험활동-진로활동 영역의 교육과정을 주도성의 4가지 특성에 따라 정리하면 다음과 같다.

진로활동은 학생이 긍정적 자아 개념을 형성하고(긍정적 피드백을 통해) 자신의 흥미와 적성에 따른(자율성) 진로를 탐색 및 설계하도록(맞춤형)

---

[21] 남미자, 김경미, 김지원, 김영미, 박진아 외(2021). 학습자 주도성, 미래교육의 거대한 착각. 학이시습

하기 위한 영역으로, 학생 자신과 직업 세계에 대한 이해(상호작용)를 바탕으로 적성에 맞는 진로를 탐색, 설계, 경험하기 위한 진로 탐색 활동(맞춤형), 진로 설계(자율성) 및 실천 활동(상호작용) 등으로 구성된다.

진로교육을 계획하고 운영하는 과정에서 학생들이 충분히 자율성을 가질 수 있는 기회와 상호작용의 맥락, 맞춤형 선택이 가능한 과정, 그리고 긍정적인 피드백 방법이 설계되었는지 살펴보는 것. 이를 '주도성의 렌즈를 통해 진로교육을 본다.'라고 정의하고자 한다.

물론 이 4가지 특성은 명확하게 구분되는 것은 아니며, 한 장면에서 동시에 관찰되기도 한다. 또한 매 차시의 진로 시간에 항상 4가지 특성을 모두 고려해야 하는 것을 의미하지 않는다. 이 책을 통해 말하고 싶은 것은 그동안의 진로교육 활동이 주도성의 측면에서 어떤 의미를 지니는지 '알고' 교육적으로 접근해 보자는 것이다.

5
주도성이 싹트는 초등 진로교육 사례

 실제 초등학교에서 시행되는 진로교육을 주도성의 렌즈를 끼고 바라보면 어떻게 분석할 수 있을까? 이번에는 실제 초등학교에서 운영되었던 진로교육의 사례들을 앞서 살펴본 주도성의 4가지 특성을 통해 분석해 보고자 한다.

가. 사례 1_ 제 꿈은 돈 많은 백수입니다.

(1) 꿈명함 만들기: 명함에서 드러나야 하는 것은 직업이 아니라 가치

 A학교는 3월에 모든 학년에서 꿈명함 만들기를 진행하고, 학생들이 만든 꿈명함을 중앙 현관에 게시한다. 명함의 형식에 맞춰 주로 미래 자신의 직업과 이름, 모습을 그려 명함을 완성하고, 나아가 친구들에게 명함을 발표하는 식으로 운영된다.

 학생들이 미래 자신의 직업을 상상하는 것은 초등학교 교육의 목표인 '꿈을 키운다.'에 적절한 활동이기 때문에 꿈명함 만들기는 초등학교 진로활동에서 가장 많이 실시되는 활동 중 하나이다. 그런데 이 활동을 주도성의 렌즈를 끼고 바라보면 무엇이 보일까? 본 사례는 꿈명함 만들기 업무 담당자인 교사의 고민을 시간 순으로 정리한 내용이다.

2021년에 처음 학교에 발령받았을 때는 학교 행사로 꿈명함 만들기 활동이 있다는 것을 듣고 질색했다. 1~6학년까지의 학생들이 중앙 현관에 있는 '꿈명함 게시판'의 규격에 맞춰 가로 9cm, 세로 5cm의 종이에 미래의 직업과 그림을 그려 게시하는 것이 전시성 행사로 보였기 때문이다. 실제로 고학년이 된 학생 중 몇몇은 이미 "저는 꿈이 없는데요."라고 하며 꿈명함 보이콧을 시작했고, 후루룩 꿈명함 만들기를 해치운 학생들은 '건물주', '돈 많은 백수'를 직업 칸에 적어서 명함을 완성했다. 이 모습을 보며 '내년에는 꿈명함이 없어졌으면 좋겠다.'고 생각했다.

2021학년도의 꿈명함 예시
직업과 직업적 성취를 중심으로 구성되어 있다.

그런데 운명의 장난처럼 2022년에 그 업무를 맡게 되었다. 꿈명함 만들기 활동을 없애려고 보니 중앙 현관을 그냥 비워 둘 수는 없는 노릇이었다. 대책 없이 활동을 없앨 수 없는 상황에서 꿈명함 만들기와 진로교육에 대해 고민을 시작했다.

'학생들의 꿈을 직업으로만 표현할 수 있을까? 직업을 선택하지 못하거나 여러 가지 꿈을 꾸는 학생에게 똑같이 한 장의 종이가 주어지는 게 옳은가? 진로교육은 직업 선택이 목적인가? 1~6학년이 똑같은 양식과 똑같은 내용으로 활동을 하는 게 바람직한가?'

이런 고민 끝에 다다른 결론은 교육은 '가치'를 담아야 한다는 점이었다. 진로교육은 방향성에 대한 교육이다. 그렇다면 1도만 바뀌어도 도착지가 바뀌는 항로처럼 초등교육에서는 그 1도를 바르게 설정할 수 있도록 해 주어야 한다는 생각이 들었다. 그래서 2022년에는 당시 SNS에서 다른 초등 선생님[22]이 공유해 주신 '아나되나' 활동을 꿈명함에 적용하였다.

'아나되나'는 '내가 아는 나, 내가 되고 싶은 나'를 줄인 활동명이다. 학생들에게는 성격과 특성을 나타내는 단어 목록을 제공하고, 현재 자신의 성격을 나타내는 단어와 미래에 되고 싶은 성격을 나타내는 단어를 선택하도록 PPT를 구성하였다. 다만, 종이의 크기가 작은 점과 발달 단계를 고려하여 1-2학년은 기존처럼 직업과 이름만 작성할 수 있는 것으로 하였다. 그리고 고학년에게는 장래 희망 직업이 정해지지 않았을 경우, 직업을 작성하지 않고 어떤 사람이 되고 싶은지를 기록하면 된다고 안내하였다.

---

[22] X(구 트위터)에서 자료를 공유해 주었지만, 현재는 비공개 계정으로 전환되어 밝히지 않는다.

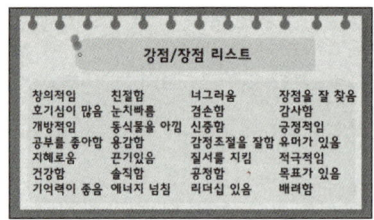 

| 학생들에게 제시한 단어 목록 | 2022학년도의 꿈명함 안내 PPT |

2024년이 되고, 진로전담교사 3년 차가 되면서 다시 꿈명함 만들기를 되돌아볼 수 있게 되었다. 2023년에 진로전담교사 직무연수를 이수한 이후 진로에도 내용 체계가 있음을 이해하고, 꿈명함을 저학년·고학년으로 나누지 않고 좀 더 체계적으로 구성할 수 있을 것이라는 생각이 들었다. 그래서 각 학년군별로 꿈명함을 다음과 같이 구성하였다.

학년군	내용
1-2학년군	[마을] 교육과정 연계, 직업과 하는 일을 연결하여 나타내기
3-4학년군	'긍정적 자아인식 영역' 연계, 자신의 강점을 알아보고 명함에 반영하기
5-6학년군	'진로 계획 영역' 연계, 진로 준비를 위해 실천 목표 세우기
3~6학년	학급 수준에 따라 기존의 '아나되나' 명함 유지 가능

1-2학년은 교육과정에서 이웃과 마을의 구성원에 대해 배운다. 이웃과 마을 사람들이 하는 일에 감사하는 마음을 갖고, 이 과정에서 직업의 중요성을 느끼는 시기이다. 그래서 명함을 만들 때 각 직업이 수행하는 '행위'에 집중할 수 있도록 하였다.

3-4학년은 진로교육의 기초인 자기 이해와 연결 지어 구성하였다.

'아나되나'가 성격과 관련된 활동이었다면, 2024년에는 '강점'에 집중할 수 있도록 가치 덕목 단어를 제공하였다. 되고 싶은 직업에 강점을 맞춰 가는 것이 아니라, 자신의 강점을 해당 직업에서 발휘하는 다양한 직업인의 모습을 상상할 수 있게 안내했다. 예를 들면 '유머'가 강점인 학생이 축구선수를 희망한다면 '갈등 상황에서 상대 선수에게 유머를 전하며 분위기를 풀어 주는 축구선수' 등을 예시로 들었다.

5−6학년은 진로와 관련된 실천적인 습관 형성을 위해 명함에 실천 목표를 적어 보도록 안내하였다. 이는 일종의 '공언하기' 활동으로, 꿈명함을 모두 중앙 현관에 게시하는 데 착안하였다. 학생들이 일 년간 매일 보는 중앙 현관에 일 년간의 목표가 걸려 있도록 하고 스스로에게 습관 형성을 위한 방향을 제시하는 것을 목표로 했다.

1-2학년군 예시: 하는 일

3-4학년군 예시: 강점(끈기)

5-6학년군 예시: 실천 목표

(2) 주도성의 렌즈로 사례 바라보기: 주도성의 의미, 상호작용, 피드백

위 사례에서 가장 먼저 보이는 주도성은 진로전담교사의 주도성이다. 교사는 기존의 학교 전통에 따라 꿈명함 안내 및 형식을 그대로 유지할 수 있었다. 그렇지만 교사는 2021년에 학급 학생들을 통해 학생들이 꿈명함을 어떻게 인식하고 있는지, 제작 과정에서 무엇이 어려운지를 확인할 수 있었다. 이후 2022년 다른 선생님의 활동 공유, 2023년 진로교육의 내용 체계 이해, 주도성 개념 이해 등의 피드백을 통해 새로운 꿈명함을 구성하고 제안할 수 있었다. 진로교육에 주도성을 적용한다는 것은 학생에게 주도성을 발현하는 것만을 의미하지 않는다. 주도성은 상호작용을 통해 발현되기 때문에, 학생과 함께 있는 교사의 주도성 또한 중요한 요소임을 기억해야 한다.

또 다른 주도성의 렌즈는 꿈명함의 내용에 반영되어 있다. 초기의 꿈명함은 직업에 대한 이해, 성취(결과) 중심적인 내용을 담고 있었다. 그러나 2022 개정 교육과정에서 정의한 주도성은 공적인 책임 의식을 포함하는 개념으로서, 「2022 개정 교육과정 총론 해설서」에서 주도적인 사람을 다음과 같이 정의한다.

주도적인 사람은 삶을 스스로 설계하고 성찰하며 개척하는 사람이자, 책임감 있는 행동으로 세계를 바람직한 방향으로 변화시킬 능력과 의지를 가진 사람으로서, 이에 필요한 역량과 자질을 끊임없이 배우고 익히며 성장해 가는 사람이다.

따라서 꿈명함의 내용은 결과 중심적인 내용이 아닌 '방향과 변화'를 담아야 주도성을 반영한 것이라고 할 수 있다. 특히 그 방향은 '바람직한 방향'이어야 하기에 진로교육은 학생들에게 바람직한 방향을 상상할 수 있게 해 주어야 한다. 이에 꿈명함 만들기 활동을 위해 성격 및 가치 덕목의 목록을 제공함은 학생들이 '바람직한 직업관'을 형성하게 하는 토대가 되었다.

또한 주도적인 사람은 역량과 자질을 배우고 익히며 성장하는 과정 중심적인 사람이다. 따라서 미래의 직업을 설정하고 멈추는 것이 아니라, 그 방향으로 향하는 현재의 과정에 집중하게 할 필요가 있다. 이를 위해 5-6학년군에서는 올해의 실천 목표를 설정할 수 있도록 한 것이다.

같은 꿈명함 만들기 활동도 어떤 렌즈를 통해 보느냐에 따라 달라진다. 학생들에게 '가치'를 중심으로 꿈명함 만들기를 안내한 이후, 학생들의 꿈명함은 전보다 가치 지향적이며 자신의 현재 위치에서 노력할 수 있는 구체적인 실천 방안이 연결되는 모습을 보였다.

주도성의 렌즈를 끼고 활동을 바라보는 것은 주도성의 의미와 가치를 해당 활동에서 실현하는 실천적인 행위이다. '꿈명함 만들기'라는 하나의 활동도 주도성의 관점에서 보면 다양한 형식으로 개선 및 변화될 수 있다.

나. 사례 2_ 저도 정말 포기했으면 했는데, 애들이 너무 열심히 하더라고요.

(1) 축제 부스 운영: 하지 말라고 했는데도 끝까지 해낸 이유

주도성의 렌즈를 통해 진로교육을 할 때, 가장 효과적인 것은 학생이 주도성을 발휘하는지를 직접 관찰하는 것이다. 그런데 학생들의 주도성을 관찰하려면 주도성을 발휘할 수 있는 환경이 먼저 준비되어야 한다. 학생의, 학생을 위한, 학생에 의한 활동이 실현된다면, 주도성의 특성인 자율성과 맞춤형이 가장 뚜렷하게 드러난다. 그렇지만 자율성은 무책임한 방임이 아니기 때문에 교사의 피드백과 끊임없는 상호작용을 거치게 된다. 이번 사례는 학교 축제를 준비하는 과정과 이에 참여한 학생과 담임교사의 인터뷰를 분석한 것이다.

B학교는 매년 10월에 축제를 운영한다. 각 학급에서는 부스를 설치하고, A팀/B팀으로 나누어 교대로 참여하는 형식이다. 초등학교에서 학예발표회가 아니라 축제를 운영하는 것은 흔한 일이 아니지만, 이 학교는 혁신학교로서 학생이 준비하는 축제 문화를 꾸준히 지켜 왔다. 학교 축제에서는 각 학급에서 어떤 부스를 할지 결정하고, 준비하는 과정에서 학생들의 적극적인 참여가 이루어진다.

2024년 축제에서는 이전의 축제와 다른 시도를 하는 학급이 눈에 띄었다. 축제의 콘셉트가 '놀이공원'으로 결정되었기 때문인지, 교실에서 롤러코스터를 운영하겠다는 학급이 있었다. 사실 유튜브를 보면 중학교나 고등학교에서 롤러코스터를 만들어 운영하는 사례를 많이 볼 수 있지만, 초등학교에서 과연 가능할지 걱정이 되었다.

축제 이틀 전에 기대 반 걱정 반으로 해당 학급 교실로 찾아갔다. 그런데 교실에는 롤러코스터가 없었다. 학생들은 영상을 참고하여 비슷한 재료들을 구입했지만, 그것을 어떻게 연결해야 할지 몰라 헤매고 있었다. 학생들은 과학 선생님에게 도움을 구했지만, 학생들이 준비한 준비물은 너무 부실해 보였다. 한 시간을 함께 끙끙대던 교사와 학급 학생들은 결국 롤러코스터를 완성하지 못했다. 다음날 과학 수업에 온 학생들에게 교사는 무거운 분위기로 이야기를 건넸다.

"여러분의 아이디어를 존중합니다. 저도 기대가 많아서 어제 함께 완성하고 싶었습니다. 하지만 지금, 축제 하루 전인 상황에서 여러분이 이제 포기도 결정할 수 있어야 한다고 생각합니다. 과학실 등에서 바퀴 달린 의자를 구해서 평지에서 롤러코스터처럼 밀고 다니는 방법도 있겠죠. 여튼, 안전상의 문제로 저는 여러분이 롤러코스터 외에 하루 동안 완성할 수 있는 부스를 구상하여 운영하여 주길 바랍니다."

시무룩하게 수업을 마치고 나가는 학생들이 그대로 이 의견을 수용했다면 이 사례가 이 책에 소개되지 않았을 것이다. 다음날 축제가 시작되고 어떻게 부스를 바꾸었는지 확인하기 위해 찾아간 그 학급에는 롤러코스터가 완성되어 있었다. 물론 유튜브에서 본 것같이 코너를 돌고, 경사로를 카트가 스스로 내려가는 형태는 아니었지만, 사물함에서 바닥까지 이어지는 경사로가 제법 튼튼한 형태로 설치되어 있었다.

축제가 시작되고 이 학급의 부스는 당연히 화제성과 인기가 높았다. 복도까지 길게 줄지어 선 대기자 중에는 1학년 학생부터 교직원까지 다양한 사람들이 있었다. 경사로와 카트가 안전하게 설치되었다고 해도, 혹시 모를 안전사고에 대비하여 학생 2명이 카트 앞을 잡고 경사로 양옆을 함께 뛰어가며 롤러코스터를 운영했다. 탑승한 교직원은 "보기보다

훨씬 스릴 있었다."고 탑승평을 전해 주었다.

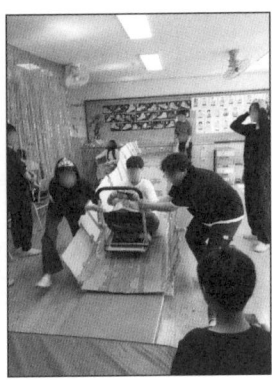

완성된 롤러코스터와 축제 중 운영 장면. 학생들은 보강을 위한 재료를 추가로 구하고, 본인들이 직접 카트를 잡고 옮겨 가며 안전을 확보하는 방법을 찾아냈다.

(2) 주도성의 렌즈로 사례 바라보기: 자율성, 맞춤형, 상호작용, 피드백

축제를 마치고 롤러코스터 제작에 참여한 학생들을 인터뷰하였다. 가장 큰 궁금증은 '평소에 선생님의 말을 잘 듣는 학생들이 왜 이번에는 축제에서 롤러코스터를 포기하라는 말을 듣지 않았을까?' 였다. 그 동기를 확인하기 위해 학생들에게 사전에 질문지를 주었고, 점심시간에 모여서 질문 문항에 대한 추가 응답을 나누었다. 사전에 제공한 질문 문항은 다음과 같다.

1. 축제에서 롤러코스터를 운영하기로 결정한 과정은? (왜 여기에 참여하게 되었나요?)
2. 처음 기대했던 완성 과정은? (어떻게 만들어질 것이라 예상했나요?)
3. 준비 과정에서 어려웠던 것은?
4. 과학 선생님이 축제 때 롤러코스터를 하지 말라고 했을 때의

느낌은?
5. 축제 때 롤러코스터를 계속하기로 결정하는 데 가장 큰 영향을 준 것이나 계기는?
6. 이번 경험이 미래의 나의 삶에 어떤 영향을 줄 것 같나요?

각 문항은 학생들의 준비 과정을 돌아볼 수 있도록 시간 순으로 구성하였으며, 주도성과 관련된 응답이 나올 수 있는 1, 5, 6번 질문은 핵심 질문임을 학생들에게 안내하였다. 아래 인터뷰 속 이름은 가명임을 밝힌다.

교사: 반에서 타투 팀과 롤러코스터 팀이 있었는데, 여러분이 롤러코스터 팀에 들어오기로 한 이유는 무엇이었나요?
나영: 그건 저희가 들어오기로 결정한 게 아니라 모둠별로 담임선생님이 정해 주신 거였어요.
수현: 아, 그런데 원래 롤러코스터는 두 모둠이었는데, 성민이랑 나현이는 다른 모둠인데 적극적으로 도와준 거예요.
교사: 그럼 '사실 나는 롤러코스터를 안 하고 싶었다.' 하는 사람도 있었나요?
제윤: (손을 든 학생) 처음엔 망가질 것 같았는데, 하니까⋯ 애들이 엄청 적극적으로 하니까 잘돼 가지고⋯.
교사: 주변에서 적극적으로 하는 걸 보니까 되겠다 싶어진 거예요?

(중략)

교사: 월요일에 가서 한번 여러분의 (롤러코스터) 보수를 봤잖아요. 그때 성민이가 하교 시간 후에도 남았던 걸로 기억하거든요?

그런데 롤러코스터 팀이 아니었다고 해서 놀랐어요. 남아서까지 한 이유가 뭐예요?

성민: 이유요? 완성하고 싶어서요.

교사: 자기 팀 것이 아닌데도?

성민: 어쨌든 저도 타야 되니까….

모든 학생이 자율적으로 이 팀에 들어온 것은 아니었다. 자율적으로 참여한 학생들의 참여 동기는 '재미'와 '흥미'였다.[23] 특히 '재미'는 자신들이 느끼는 재미와 축제에 찾아오는 사람들에게 '가장 재미있는 반'이 되고 싶다는 욕구로 드러났다. 또 다른 동기인 '흥미'를 존 듀이(John Dewey)는 "어떤 것에 마음을 빼앗기고 몰입하는 태도"라고 설명한다. 학생들은 축제에서 롤러코스터를 운영하는 상상을 시작한 순간 이미 롤러코스터에 마음을 빼앗긴 상태였을 것이다. 이처럼 학생이 스스로 선택했다는 자율성은 재미와 흥미라는 능동적이고 내적인 욕구와 연결되기 때문에 학생들이 포기하지 않고 지속적으로 움직이게 하는 동력이 되었다.

한편 타율적으로 같은 모둠에 소속되어 있어 참여하게 된 학생들은 자신의 변화 요인을 '친구들'이라고 응답했다. 처음엔 기대감이 없었지만 주변에서 열심히 하는 친구들에게 동화되었다는 것이다. 자율성을 보이는 친구들이 있는 경우, 그 친구와의 상호작용이 다른 학생의 주도

---

[23] 수현(가명)의 서면 설문: 반별 부스 주제를 결정하기 위한 학급 회의에서 한 친구가 롤러코스터를 만들자는 의견을 냈다. (중략) 흥미로운 주제라는 생각이 들었다. 그렇게 생각한 친구가 나뿐이 아니었는지 롤러코스터가 가장 많은 표를 얻었다.

성을 발현시키는 요소가 될 수 있음을 알 수 있다.

교사: 두 번째는 여러분이 완성하고 싶었던 롤러코스터의 원래 모습이 궁금해요.

수현: 원래 사물함에서 옆으로 온 다음에 밑으로 내려가는 커브를 하고 싶었는데, 커브를 하기에는 예산이 너무….

교사: 예산 때문이었어요?

수현: 주문할 때부터 코너는 안 되겠다 생각했어요. 예산을 보면서 주문을 했던 거니까 코너는 안 되겠다고. 그때부터 그냥 코너는 포기 했던 것 같아요.

(중략)

교사: 다음날 여러분이 과학실에 왔을 때, 선생님이 '이것은 안전상 안 했으면 좋겠다.' 라고 얘기를 했잖아요. 그걸 들었을 때의 기분이 궁금해요. 무슨 생각을 했는지.

수현: 저희가 롤러코스터를 한 게 가장 인기를 많이 얻기 위해서였는데, 롤러코스터가 없어지면 인기가 가장 높은 것에서 가장 낮은 걸로 떨어져 버리는 거잖아요. 최하위라는 그 느낌이 뭔가 좀….

훈민: 별로 느끼는 것은 없었어요. 그냥 뭐 할지를 생각하고 있었죠.

교사: 이걸 대체할 것으로 뭘 할지? 타투 코너만 남겨두지 않겠다는 거네요?

(중략)

교사: 인기 없겠다 말고 다른 생각을 한 사람 있나요?

윤성: 그냥 주제 정하고 열심히 노력했는데, 그게 안 된다고 하니까 솔직히 좀 억울했어요.

교사: 선생님은 그 이후 상황은 모르잖아요? 과학 시간에 하지 말라는 말을 듣고 나서 그다음에 뭘 했죠?

나영: 담임선생님이랑 회의했어요.

교사: 어쨌든 선생님도 하지 말라고 하고, 담임선생님도 하지 말라고 한 거잖아요. 근데 왜 한 거예요?

수현: 사실 담임선생님은 이 정도 의자 높이에서 시작하자 하셨는데, 저희가 겨우겨우 설득해서 이 정도(책상 높이)까지 올렸어요. 이 정도는 되어야지, 너무 낮으면 인기가 없으니까 안 하고 싶을 것 같아서요.

민제: 낮으면 속도도 별로 안 날 것 같고, 높아야 더 재밌고, 딱 봤을 때도 재밌겠다는 생각이 들 것 같아요.

학생들에게 반복적으로 등장하는 표현은 '재미없을 것 같다'는 내적 불안과 '인기'라는 외적 보상이다. 나영이는 5학년 때 운영한 축제의 성공 경험을 언급하며, 올해 작년 본인 학급에서 한 부스와 같은 주제의 부스가 여러 개 생겨서 '인정받았다'는 기분이 들었다고 했다. 이처럼 학생들의 수행 과정에서는 과거의 경험, 예산의 한계, 자신의 생각, 담임선생님의 의견 등 다양하고 내외적인 피드백이 끊임없이 주어진다.

여기서 중요한 것은 학생들이 문제 상황에서 그 해결 방안을 찾기 위해 여러 방안을 고민하며 환경에 맞춰 가는 조정 과정을 거쳤다는 점이다(맞춤형). 롤러코스터의 외형과 구조를 변경하고 자신과 타협하는 과정을 거치거나, 담임선생님과 협상하는 과정을 거친다. 그리고 이 피드백을 긍정적으로 수용할수록 학생들은 다음 단계로 나아갈 수 있다.

이 시점에서 교사의 권한으로 부스 운영권을 학생들에게서 박탈할 수 있었다. 그러나 이 학급의 담임교사는 학생들에게 자율성을 그대로 유지할 수 있는 상황을 만들어 주었다. 그 덕에 이 학급의 학생들은 자신이 선택하고 구성하는 활동이라는 상황 맥락 속에서 쉽게 포기하지 않고 본인들만의 맞춤형 해결책을 찾아가며 활동을 계속할 수 있었다. 학생들은 담임선생님이 자신들을 지지해 주고 있음을 공감하고 있었다. 아래 인터뷰 내용에 그 사실이 드러난다.

교사: 그러면 이 과정에서 담임선생님은 여러분에게 어떤 존재였어요?
준서: 선생님이 아주 중요했어요. 선생님이 없었으면 청테이프 못 받았어요.
윤성: 우리가 만드는 데 뭔가 부족한 부분들은 체크해 주시면서 마지막에 만들어 낸 롤러코스터까지 가는 데 큰 도움이 되었어요.
교사: 하지 말라고 하셨어도 아군이라고 생각이 든 건가요?
학생들: 네.

담임교사의 긍정적 피드백은 학생의 필요(청테이프)에 대응하여 이를 지원하고, 학생과 같은 목적을 달성하기 위해 참여(보완에 대한 조언)하는 태도로 전달되었다.
한편, '재미'와 '인기'가 동기로 반복적으로 언급되고 있는 인터뷰 중, 이것 외의 외적 요소가 작용하였는지 물어보기 위해 5번의 질문을 좀 더 구체화하여 다시 질문하였다.

교사: 이것을 계속하는 데 힘이 되어 준 가장 큰 존재나 마음속 동기는 어떤 거라고 생각하나요? 단어로라도 모두 듣고 싶어요.

성민: 친구요.

윤성: 4학년 때부터 축제를 계속 해 왔는데 항상 최선을 다했고, 또 이번이 마지막이기도 해서 최선을 다해야 될 것 같다고 생각했어요.

준희: 지금까지 만들어 온 시간이 아까워서요.

나영: 다들 열심히 하니까 포기하면 안 될 것 같았어요.

제윤: 협동이랑 노력이요.

수현: 4학년 때 부스에 사람이 별로 없어서 그때 되게 민망했거든요. 그런 느낌을 다시 안 느끼고 싶었어요.

준서: 전 다수결이라고 생각합니다. 애들이 계속하자고 하니까 선생님도 같이 해 주신 것 같아서요.

훈민: 가능성을 봤습니다. 할 수 있을 것 같았거든요.

학생들을 움직인 동기를 정리하면 친구와의 상호작용과 협동, 다수의 설득, 자신에 대한 최선, 들인 노력과 시간에 대한 끈기, 실패 경험의 성찰, 가능성에 대한 믿음 등으로 다양하게 나타났다. 이 중 앞의 2가지는 주도성이 상호작용과 피드백을 통해 발현된다는 것을 다시 확인시켜 주었으며, 뒤의 요소들은 자율성이 주어진 상황에서 개별화된 동기가 발현된 것으로 볼 수 있다.

주도성이 자신의 삶을 이끄는 것을 넘어서 타인에게 긍정적인 영향을 미치는 것을 포함하는 개념이라는 점을 고려할 때, 이 사례는 서로에게 긍정적인 영향을 줄 수 있는 활동이 공교육에서 구성되어야 함을 시사한다. 또한, 이러한 상호작용은 학생들 사이에서만 일어나는 것이 아니다. 담임교사에게 왜 마지막까지 롤러코스터를 금지하지 않았는지 물었더니 이렇게 답하였다.

"저도 정말 포기했으면 해서 과학 선생님께도 학생들에게 말해 달라고 부탁드렸는데 애들이 정말 열심히 하더라고요. 그래서 그냥 같이 했어요."

학생들은 자신의 주도성이 담임교사의 주도성을 발현시켰다는 것까지는 생각지 못할 수 있다. 그러나 개인의 주도성은 주변에 영향을 미쳐서 움직이게 한다. 이처럼 이번 축제를 통해 발현된 학생들의 주도성이 이후 미래의 학생들을 움직이게 할 수 있는지 묻기 위해 6번 질문을 하며 인터뷰를 마무리하였다. 각 학생이 답한 내용은 다음과 같다.

- 어떤 일이 있더라도 끝까지 포기하지 않고 도전할 수 있을 것 같다.
- 롤러코스터 만드는 직업을 할 것도 아니고 그 정도 영향은 없을 거라 생각했는데, 나중에 중학교에서 축제 때 또 롤러코스터를 만든다고 하면 '내가 그때 만들어 봤어.' 하고 좀 더 내세울 수 있을 것 같다.
- 힘들고 불가능해 보여도 도전정신을 발휘하면 어려운 일도 해낼 수 있다는 경험이 나중에 인생을 바꿀 것 같다.
- 포기하지 않았던 끈기가 앞으로 내 삶에도 영향을 줄 것 같다.
- 협동심과 하고 싶은 걸 해내는 열정, 노력이 영향을 줄 것 같다.
- 노력하면 안 되는 건 없다.

다. 사례 3_ 6학년 학생들은 졸업하면 끝인 거야?

(1) 중학생활 미리보기: 초등학교 6학년에게 졸업이란 무엇인가

'중학생활 미리보기'는 C학교에서 2023년에 처음 시작되어 2년째 운영 중인 진로 진학 프로그램이다. 초등학교 6학년의 '진로 집중주간' 프로그램으로 운영되며, 중학교 진학을 앞둔 학생들에게 중학교 생활에 대해 알려 주는 진학 프로그램이다.

진로교육에 대한 비판 중 '진로교육이 과도한 진학교육에 매몰되어 있다.'는 평도 있지만, 그것은 진학교육에 대한 오해에서 비롯된 평이다. 과도한 진학교육이란 '서열화된 교육기관과 관련된 경쟁'을 나타내는 잘못된 표현이다. 진정한 진학교육은 서열을 높이는 진학이 아니라 새로운 세상과의 관계 맺기이다. 새로운 세상을 만나야 새로운 배움을 얻을 수 있다. 따라서 진학교육은 새로운 세상을 주도적으로 탐색·조정·수용하는 과정으로, 진로교육에서 떼어 놓을 수 없는 중요한 분야이다. 이 사례를 통해 프로그램에 참여하는 학생과 교사가 어떻게 관계 맺기에 참여했는지 알아보자.

"그래서 6학년 학생들은 졸업하면 끝인 거야? 우리가 6년간 키운 애들인데 그대로 중학교로 '가라~' 하고 끝인 거야?"

정확한 문장은 기억나지 않지만 C학교의 진로전담교사의 기억에 남은 문장은 저렇게 다가왔다. 한 번도 졸업을 무책임하다고 생각한 적이 없었는데, 너무 충격적이어서 문장이 원문보다 날카롭게 기억되었을지도 모르겠다. 2022년 겨울, 처음으로 저 말을 들었을 때, 교사는 아무것도 할 수 없었다. 초등학교 교사로서 국가 교육과정에 따라 충실히 교육을 진행했는데, 다음 학교급으로 가는 학생들에게 무엇이 필요한지 상상할 수 없었다. 무엇보다 중등 교육과정을 알아보고 초등과의 접점을 찾는다고 해도 "이거 중학교에서도 나온다." 이외에 할 수 있는 게 무엇이 있을까 까마득했다.

다음 해, 부천시에서 운영하는 '마을 옆 학교'[24] 사업 신청 공문이 왔다. 이 사업은 학교를 중심으로 지역의 여러 유관 기관이 교육과정에 참여하는 사업이다. 신청서를 쓰려면 필연적으로 지역에서 교육적 지원을 받을 수 있는 기관을 떠올려야 했다. '마을'의 범위는 어디까지일까 고민하던 중, 학생들이 살아가는 마을은 중학교 학군과 같다는 것을 깨달았다. '사업을 통해 중학교와 초등학교가 연계될 수 있다면…' 이것이 '중학생활 미리보기'의 시작이었다.

하지만 구체적으로 중학교에 무엇을 부탁해야 하는지 알 수 없었고, 한편으로는 학교급이 다르고 사정이 다른 중학교에 무엇인가를 부탁한다는 것이 부담스럽기도 했다. 게다가 초등학생에게는 좋은 기회이지만 중학생에게도 이것이 의미 있는 시간이 될지 가늠할 수 없었다. 프로그램을 계획하며 질문은 2가지로 좁혀졌다.

1. 중학교 진학을 앞둔 초등 6학년 학생들에게 도움이 되는 프로그램은 무엇인가?
2. 중학교에 부담이 적은 방식은 무엇인가?

---

[24] 2025년부터 '학교 단위 지역교육협의체'로 명칭이 변경되었다.

첫 번째 질문에 대해 고민하다가 결국 답을 찾지 못해서 당사자인 6학년 학생들에게 질문을 넘겨 보았다. "중학교 가면 어떨 것 같아요?"라고 물어보았더니 "졸업하기 싫어요.", "중학교 안 가고 싶어요." 등의 대답이 돌아왔다. 4월부터 졸업식 공연을 하겠다고 들떠 있던 학생들에게서 나온 의외의 반응이어서 이유를 물었다. "선배들이 무서울 것 같아서요. 그리고 선생님도 교실에 안 계셔서 학교폭력도 많대요."

학생들에게 졸업은 그냥 다음 단계로 가는 통과의례가 아니었다. 이미 초·중·고를 거쳐 온 어른들에게는 당연한 과정 중 하나였지만, 열세 살의 학생들에게는 새로운 관계, 새로운 환경에 대한 두려움이 가득한 미증유의 시간이 졸업이었다.

'중학교 진학을 앞둔 초등 6학년 학생들에게 도움이 되는 프로그램'은 성인의 눈높이에서 상상할 수 없는 것이라는 생각에 이르자, 이후에는 학생들에게 적극적으로 도움을 구했다. 그러자 두 번째 질문도 자연히 해결되었다. 중학교 진로 업무 담당 선생님과 사업을 구상하는 게 아닌, 초등학교 졸업을 경험한 '중학생'을 강사로 초빙하여 편안한 대화의 자리를 만드는 것이다. 같은 경험을 공유한 선배와의 만남이 초등학생들에게 더 실제적인 도움이 되고, 집중도도 높아질 것이라는 생각이 들었다. 이후 추진 과정은 다음과 같다.

① 중학교에 연락하기

먼저 학교 간 업무 요청을 위해 교감 선생님을 통해 중학교 교감 선생님에게 사업의 개요를 전달하였다. 이후 사업을 함께 꾸려 갈 담당자로 중학교 3학년 부장님의 연락처를 받을 수 있었다. 갓 졸업한 1학년 학생들을 초빙하여 생생한 경험을 듣고 싶었으나, 중학교는 12월에 1, 2학년의 기말고사 기간이 있고, 진학을 위한 성적 처리가 완료된 3학년만 출강이 가능했다.

② 초등학교 6학년의 사전 질문 모으기

다음은 구글 설문을 활용하여 6학년 학생들에게 무엇이 필요한지 조사하였다. 2023년 진행한 설문의 문항은 아래와 같다.

1. 초등학교와 중학교의 차이점을 알고 있나요? (5점 척도)
2. 자유학기제에 대해 얼마나 알고 있나요? (5점 척도)
3. 중학교 입학하기 전 가장 기대되는 것은 무엇인가요? (서술형)
4. 중학교 입학하기 전 가장 걱정되는 것은 무엇인가요? (서술형)
5. 선배에게 궁금한 것은 무엇인가요? (서술형)

초등학생의 자유로운 응답을 위해 서술형으로 문항을 구성하였다. 단, 바로 다음 학기에 학생들이 마주하게 될 '자유학기제'에 대한 문항은 의도적으로 추가하였다. 2023년 당시에는 '잘 모른다'와 '전혀 모른다'의 비율이 63.8%로 높게 나타났는데, 이는 바로 석 달 후에 자신들이 경험하게 될 교육체제에 대해 모르는 학생이 절반 이상이라는 의미였다. 이 문항을 통해 학생들이 진로 진학과 관련하여 어느 정도의 사전 지식을 가지고 있는지 파악하고, 중학교에 자유학기제에 대한 설명을 함께 요청하였다.

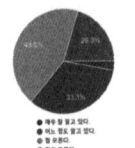

2023년 당시 학생들이 응답한 답안은 프레젠테이션으로 정리하여 중학교에 전달하였다. 서술형 질문에서 학생들의 눈높이가 잘 드러났는데, 질문의 내용은 "입학식 날 교복 입어야 하나요?" 등의 사실 확인부터 "다른 학교 학생들끼리 교류하는 경우도 있나요?"나 "선배를 만나면 무조건 인사해야 하나요?" 등의 관계에 관련된 질문 등 다양하게 나왔다.

③ 중학생 강사 섭외하기

중학교에서는 본교의 6학년 4개 학급에 올 수 있는 학생들을 선발해 주었다. 학생에게 다양한 관점을 보여 주기 위해 학급당 2명, 총 8명의 학생이 선발되었다.

중학생 강사들은 6학년이 작성한 설문 결과를 공유하였고, 각자 활동 진행을 위한 PPT를 제작하였다. 2023년에는 중학교에서 우수한 성적 혹은 활동을 하고 있는 학생들이 강사로 선발되어 중학교 생활에 대한 다양한 정보와 롤모델을 제공해 주었다. 2024년에는 프레젠테이션이나 소통에 강점이 있는 학생들이 강사로 선발되었다. 이 학생들은 중학생을 낯설어 하는 6학년에게 유연하게 질문을 이끌어 내고, 눈높이에 맞춘 재미있는 사례들을 소개해 주었다.

④ 본 프로그램 진행하기

프로그램 진행 당일 중학교 학생들은 사전 질문에 맞춰 학급별로 다른 PPT를 준비해 오기도 하고, 학교의 여러 장소를 사진으로 찍어 보여 주기도 하였다.

프로그램 운영 내용과 방식은 전적으로 중학생 강사에게 위임되어 있다. 소속 중학교에 대해 자세히 알려 주는 경우도 있고, 해당 중학교에 진학하지 않는 학생들을 고려하여 중학교 생활 전반에 대해 설명하기도 했다. 앉아서 대화를 진행하는 방식을 쓰거나, 칠판에 정리해 가며 설명하는 방식을 쓰기도 했다.

질의응답 장면. 분명 사전 질문을 받아서 진행하는 프로그램인데도, 현장에서 나온 질문이 아주 많았다. 이는 사전 질문을 작성할 때는 막연했던 중학교 생활이 선배와의 상호작용을 통해 새로운 세상의 마중물이 부어졌기 때문으로 보인다.

당일 현장에서 질의응답을 추가로 받기도 하는데, "반티를 맞추기도 하나요?", "점심시간이 길어요?", "교복 많이 불편해요?" 등의 질문이 나왔다. 구글 설문으로 사전 질문을 했을 때는 나오지 않았던 질문도 실제로 중학생 선배들과 편안히 대화를 나누다 보니 술술 나오는 것 같았다. 이에 중학생 강사들도 작년엔 어떤 반티를 입었는지, 점심시간 시간 활용법을 알려 주거나 입고 온 교복을 벗어 주며 만져 보게 하는 등의 맞춤형 응답을 주고받았다.

⑤ 사후 설문 진행

사업의 효과성을 파악하기 위해 초등학교 6학년 학생 및 중학생 강사를 대상으로 설문을 진행하였다. 아래는 2024년 시행한 사후 설문에서 발췌한 학생 의견이다.

㉮ 초등학교 6학년

- 선배님들 너무 멋졌고 좋았다. 내년에도 이 활동 꼭 했으면 좋겠고, 중학교에 대해 알아 가는 유익한 시간이어서 만족했다.
- ○○중학교를 가는 학생들만 있는 게 아니니까 다른 학교도 와 주면 좋겠다.
- 중학교 진학에 대한 궁금증과 불안함을 없애 주어 좋았다.
- 중학교 생활에 대해서 모르던 것을 알게 되어 중학교 생활이 기대가 된다.
- 형제가 없는 친구들도 중학교에 가기 전에 미리 궁금한 점을 알 수 있어 좋았다.

초등학생들의 설문에서 반복적으로 나온 의견은 크게 2가지였다. 하나는 내년에도 학교에서 이 활동이 계속되면 좋겠다고 생각할 만큼 도움이 많이 되는 활동이었다는 의견이다. 다른 의견은 주로 다른 학교로 진학 예정인 학생들의 의견으로, 다른 학교에서도 와 주면 좋겠다는 의견이다. 전체적으로 이 프로그램에 대한 만족도가 높았고, 도움이 되었다고 생각하는 긍정적인 의견이 많았다.

㉯ 중학교 3학년

- 6학년 학생들에게 질문을 받기 전까지는 많이 긴장하였지만, ○○중학교 설명으로 대화를 나누다 보니 금방 적응하여 학생들에게 좋은

이야기를 많이 해 준 것 같아 뿌듯했다. 또, 학생들에게 조언을 해 주는 과정에서 얻는 것도 많았다.
- PPT가 너무 딱딱했다. 아이들이 흥미를 가지도록 게임, 퀴즈 등이 있으면 좋았을 것 같다.
- 학생들이 반응과 질문 등을 잘해 주어서 활동이 정말 재밌었다.
- 지루해 하는 학생들 하나 없이 모든 학생들이 경청해 주어서 정말 고마웠다. 40분이라는 시간이 너무나도 짧고 아쉬웠던 시간이었다. 저희들에게도 귀중한 경험을 하게 해 주셔서 감사드린다.

중학생 강사의 설문에서도 긍정적인 의견이 많았다. 프로그램 참여에 대한 만족도 설문은 5점 만점으로 집계되었다. 인상적인 점은 학생들이 설문에서 자신의 강사 활동 과정을 성찰하고 있다는 점이다. 활동 방식을 게임, 퀴즈 등으로 수정하는 방안을 떠올리거나, 자신의 수행 모습을 돌아보는 모습 등이 응답에 나타났다. 이 프로그램은 초등학생을 위한 프로그램이라고 생각했는데, 이 프로그램 참여를 통해 중학생도 얻는 것이 있었다는 설문이 의미 있게 다가온다.

(2) 주도성의 렌즈로 사례 바라보기: 자율성, 맞춤형, 상호작용

이 프로그램은 기획 단계에서부터 초등학교 졸업을 앞둔 6학년의 눈높이에 맞추는 것을 목표로 하는 맞춤형 프로그램이었다. 그렇지만 그 눈높이를 교사가 맞추기 위해 내려가지 않고, 온전히 6학년 학생들과 중학생 강사들에게 위임하였다. 이 과정에서 6학년 학생들은 중학교 생활에 대한 더 많은 정보를 얻기 위해 질문을 구성하였다. 졸업 후 중학교에 진학하는 것이 당연하게 이루어질 과정이었던 '타율적인 진학'이 프로그램을 통해 자신의 문제로 인식되면서(자율성) 자신에게 맞춘 정보를 얻기 위한 주도적인 움직임으로 드러났다.

중학생 강사들은 더 쉽고 의미 있는 정보를 전달하기 위해 각자 설명을 구성(맞춤형)하는 모습을 보였다. 기대를 가진 후배들 앞에 선다는 환경이 중학생 강사들에게 자신의 수행을 검토하고 성찰하는 주인의식을 갖게 하였다(자율성).

또 하나의 중요한 측면은 상호작용이다. 이 프로그램은 서로 다른 공간에 있던 초등학생과 중학생을 만나게 하는 데 의의가 있는 프로그램이다. 남미자 외(2021)[25]는 만남과 주도성의 관계를 다음과 같이 설명한다.

학습자 주도성은 낯선 세계와의 만남 과정에서 도망치거나 포기하지 않음으로써 발현되는 것으로, 세계에 개입할 가능성을 의미한다. 그러나 모든 낯선 만남이 학습자 주도성으로 이어지는 것은 아니다. 낯선 세계와의 만남 속에서 학습자가 스스로 자신의 미성숙을 자각할 때, 주어진 상황과 맥락 속에서 자신을 변화시키려는 적극성이 전제될 때 발현된다.

이 프로그램을 통해 초등학생과 중학생이 만났다. 중학생은 강사로서의 자신과 만났다. 그리고 교사들은 학생들의 지원자로서 학생 사이의

---

25 남미자, 김경미, 김지원, 김영미, 박진아 외(2021). 학습자 주도성, 미래교육의 거대한 착각. 학이시습. p.74.

소통을 연결하는 역할을 수행하였다. 모두에게 처음인 이 상황에서 각 참여자들은 '중학생활 미리보기'라는 이 프로그램의 세계에 개입하고 프로그램의 참여 및 운영을 위해 적극성을 발휘했다.

특히 2023년과 2024년의 운영상의 차이에 중학교 교사의 주도성이 영향을 미친 점도 두드러진다. 2023년의 담당 교사는 프로그램의 목적을 '소속 중학교에 입학할 신입생을 위한 안내'에 초점을 맞추어 학생을 선발하였고, 2024년의 담당 교사는 '초등학생과 편하게 소통이 가능한 진행자'에 초점을 맞추어 학생을 선발하였다. 두 해 모두 학생들의 참여 만족도가 높았으나, 중학생 강사들이 프로그램을 진행하는 방식을 변화시킨 것은 교사가 사업을 바라보는 초점을 주도적으로 해석하고 이에 바탕하여 학생들과 소통하였기 때문이다.

결과적으로 '중학생활 미리보기'는 참여한 모든 주체가 상호작용하는 과정에서 적극적으로 프로그램의 목표를 해석하고 움직이는 주도성이 직접 발현되는 프로그램이다.

라. 새로운 활동이 아니라 새로운 관점이 필요하다

지금까지 분석한 초등학교 진로교육 3가지 사례에는 이미 많은 학교에서 운영되고 있는 사례도 있고, 생소한 사례도 있다. 위 사례들은 처음부터 '주도성'을 고려하여 기획된 활동은 아니었다. 그렇지만 기존의 활동을 주도성의 렌즈를 끼고 다시 분석하였을 때, 새로운 개선점이 보인 사례들이었다.

앞서 교육과정 내용 등을 바탕으로 초등학교의 진로교육에 주도성이 필요하다는 것을 이해하였음에도 초등학교에서 진로교육과 주도성을 연결 짓는 것에 걱정이나 막연함을 가지는 교사들이 있다. 그 교사들에게 다시 한번 강조하고 싶다. 주도성을 기르는 진로교육을 실행하기 위해 새로운 프로그램이나 활동을 개발하거나, 학교 단위에 큰 사업을 벌여야만 하는 것은 아니다. 위 사례들을 각각 주도성의 의미와 특성을 연결 지어 분석했지만, 연결되지 않은 다른 특성에서 활동을 바라보면 기존의 활동도 다시 새롭게 구성될 수 있다.

꿈명함 만들기 활동으로 예를 들면, 학생의 장래 희망이 바뀌는 경우 3월에 제작한 꿈명함은 게시의 의미를 잃게 된다. 이 경우 학생에게 맞춤형 활동을 제공하기 위해 학생이 언제든 새 명함을 제작할 수 있도록 양식을 게시판 앞에 비치해 둘 수 있다. 또는 서로에게 긍정적 피드백을 제공하는 상호작용을 촉진하기 위해 일주일에 한 번씩 '(특정 직업)을 꿈꾸는 학생을 찾아 응원의 메시지를 남겨 주세요' 게시판을 만들어 학생들이 서로의 명함을 보고 응원을 주고받을 수 있도록 개선할 수도 있다.

즉, 중요한 것은 현재 진행되고 있는 진로활동이 주도성이 발현될 수 있는 특성과 환경을 충분히 갖추고 있는지 확인하고, 부족한 부분을 개선해 가려는 고민과 꾸준함이다. 고민과 꾸준함의 주체인 교사의 주도성이 진로교육을 변화시키고, 이를 통해 더 많은 주도적인 학생을 키우는 시작이 되기를 응원한다.

3장

중학교 진로교육, 주도성 깨우기

조두연

1
사춘기는 학생들의 변화 기폭제

가. 욕구가 변화를 불러일으키다

　중학생은 신체적인 변화가 가장 큰 시기이다. 키와 몸무게 등 짧은 시간 안에 갑작스러운 성장을 하면서 점차 성숙한 모습으로 변화한다. 그래서 이 시기에는 자신의 외적인 모습에 매우 민감해지면서 남녀 모두 스트레스를 받는 경우가 많아지고, 타인에게 관심받거나 잘 보이고 싶어 하는 학생들도 많아진다. 특히 여학생들은 화장에 관심을 보이기 시작하면서 유튜브 등을 통해 메이크업 기술을 배우고, 이를 친구들에게도 해 주면서 서로의 솜씨를 인정해 주기도 한다. 때로는 학교를 지각하더라도 집에서 화장을 다 하고 등교하거나, 우선은 학교에 등교하고 조회를 마치자마자 쉬는 시간에 화장실에서 친구들과 풀메이크업을 하고 교실로 들어가는 학생들도 있다. 이렇게까지 하는 이유를 물어보면 "화장을 안 하고 맨얼굴을 보여 주면 창피해요.", "맨얼굴로 애들 만날 자신이 없어요. 아무것도 할 자신이 없어요."라고 말한다. 이 학생들에게 외모는 자신감 및 자존감과 연결되어 있고, 타인에게서 인정을 받고자 하는 욕구가 이와 같은 모습으로 나타나기도 한다.

남학생들 경우에는 신체적 변화 시기가 학생마다 다르다 보니, 같은 학년이어도 150cm를 겨우 넘는 학생이 있고 고등학생처럼 큰 키를 가진 남학생도 있다. 몸으로 장난을 치며 노는 남학생의 특성상 외적인 키나 덩치는 남학생 세계에서 매우 중요하게 여겨지고, 힘의 논리가 점차 작용하기 시작한다. 몸무게가 많이 나가는 학생에게는 초등학교 때처럼 '돼지' 등의 용어를 사용하는 것이 아니라, "쟤가 저기 앉으면 의자가 부서지겠다!", "너 때문에 문이 좁아져서 통과를 못 하잖아!" 등 돌려서 표현하며 놀리는 경우가 많다. 이런 일이 잦아지다 보면 자기를 만만하게 보고 무시했다는 기분 나쁜 감정이 쌓여 욕설이나 신체적인 싸움 등이 발생하기도 한다. 이처럼 중학교에서는 신체적인 큰 변화로 인한 남학생과 여학생의 특징이 다르게 나타나기는 하지만, 공통적으로는 신체적인 외모가 학생들의 자존감과 매우 밀접하게 연결되어 있다는 것을 알 수 있다.

매슬로(Abraham H. Maslow)는 인간의 욕구를 생리적 욕구, 안전의 욕구, 사회적 욕구(소속과 애정), 존경의 욕구, 자아실현의 욕구인 5단계로 정리하였고, 하위 욕구를 충족하면 상위 욕구 충족을 달성하기 위해 동기부여가 이루어진다고 하였다. 매슬로의 욕구 5단계 이론은 결핍-지배의 원리로 특정 욕구가 충족되지 않으면 해당 욕구를 충족시키기 위해 노력을 하게 되고, 충족-출현의 원리로 하위 욕구가 충족됨과 동시에 해당 욕구는 소멸되고 상위 욕구가 출현하게 된다고 설명하였다.

실제로 학생들과 개별 상담을 해 보면 사회적 욕구(인정 욕구 등)가 높은 학생들 중 여학생은 외적인 아름다움(화장 등)이나 학업 등을 통해 타인에게 사회적으로 인정받고자 하는 욕구를 충족하려 했고, 남학생은 자신이 잘할 수 있는 영역(근력, 운동, 공부 등)을 더욱 키워 나가며 자신의 위치와 존재를 인정받으려는 모습을 보이기도 했다. 좀 더 자신감을 갖고 자신을 더 멋진 사람으로 만들어 가기 위해 자신의 강점을 살려 나가는 학생들을 종종 만나게 된다.

쌤, 저 오늘 화장 어때요? 잘됐나요? 애들이 저보고 화장 잘한다고 칭찬 많이 받았어요. 예전부터 메이크업에 관심이 많아 유튜브 보면서 열심히 따라 배우고 제 스스로 이것저것 시도해 봤더니 어느 순간에 가족과 친구들이 잘한다고 칭찬하고 인정해 주더라고요. 진로 희망을 쓰라고 했을 때 뭐라고 쓸까 고민했는데 제가 잘하고 좋아하는 일을 하는 게 행복할 것 같다는 생각이 들었어요. 그래서 메이크업 아티스트가 되려고요. 어떻게 하면 메이크업 아티스트가 될 수 있어요? 무슨 학과를 가야 해요? 뷰티와 관련된 특성화 고등학교로 가고 싶어요.

_S중학교 중3 여학생

저는 원래 운동을 좋아하는데 중간에 다쳐서 운동을 그만두었어요. 그런데 운동이나 스포츠 관련된 것을 계속 하고 싶긴 해요. 몸이라도 더 튼튼하게 만들고 싶어서 헬스를 다니고 있는데 꾸준히 매일 가다 보니까 몸이 좋아지더라고요. 친구들이 키도 큰데 몸도 좋다고 부러워하면서 모델이나 트레이너를 해 보라고 권했어요. 이런 분야로 나가려면 어떤 고등학교나 어느 학과를 가야 하는지 궁금해서 진로상담을 신청했어요.

_M중학교 중3 남학생

중학교 시기에 학교 환경의 변화, 신체 및 정서적인 변화 등을 겪으면서 학생들은 자신의 정체성을 찾기 위해 스스로 여러 가지를 시도하고 배우며 성장한다. 안전이나 인정에 대한 욕구가 변화에 대한 동기를 불러일으키고, 자신을 변화시키기 위해 주도적인 행동과 실천으로 이어지게 된다. 더 나은 자신의 모습과 삶을 위해 앞으로 무엇을 더 배워야 할지, 어떤 고등학교에 진학하고 어느 학과에 가서 전문적으로 실력을 쌓아 가야 하는지, 어떤 분야를 선택해야 자신이 좋아하고 원하는 행복한 삶을 만들어 갈 수 있는지 끊임없이 탐색하고 실천하고 반성하는 과정을 통해 학생들은 조금씩 성장해 가고 있는 것이다.

나. 학교 활동에서 희망 직업을 탐색하다

교육부와 한국직업능력연구원은 진로교육정책 수립의 기초 자료로 활용하기 위해 2007년부터 매년 전반적인 학교급별 진로교육 현황을 조사하고 있다. 교육부와 한국직업능력연구원이 2024년 12월 4일에 발표한 '2024년 초·중등 진로교육 현황 조사' 결과는 다음과 같이 나타났다.

● 2024 학생 희망 직업 상위 10개[26] ●

구분	초등학생		중학생		고등학생	
	직업명	비율	직업명	비율	직업명	비율
1	운동선수	12.9	교사	6.8	교사	6.9
2	의사	6.1	운동선수	5.9	간호사	5.8
3	크리에이터	4.8	의사	5.1	군인	2.7
4	교사	4.7	경찰관/수사관	3.3	경찰관/수사관	2.7
5	요리사/조리사	4.1	약사	2.6	CEO/경영자	2.5
6	경찰관/수사관	3.5	간호사	2.5	컴퓨터공학자/소프트웨어 개발자	2.4
7	제과·제빵원	3.4	회사원	2.4	생명과학자 및 연구원	2.4
8	가수/성악가	3.2	요리사/조리사	2.4	회사원	2.3
9	법률전문가	3.0	뷰티디자이너	2.4	경영·경제 관련 전문직	2.3
10	배우/모델	3.0	군인	2.3	감독/PD	2.3

(단위: %)

---

[26] 교육부 보도자료(2024.12.05.), 2024 초중등 진로교육 현황조사 결과 발표

2024년 학생 희망 직업 조사 결과 1~3위는 교사, 운동선수, 의사, 크리에이터 등으로 지난해와 순위가 유사한 것으로 나타났다. 특히 교사의 인기는 올해도 최상위권으로 중·고교의 경우 10년째 1위이다. 다만 모든 학교급에서 1·2순위를 제외한 응답 비율의 차이가 크지 않았는데 교육부와 한국직업능력연구원은 직업 세계 변화와 다변화된 가치관에 따라 학생들의 희망 직업 또한 분산되는 것으로 분석했다. 실제 학교에서 진로 희망 조사를 받아 보면 다양한 직업 분야들이 등장한다. 자신이 하고 싶은 또는 잘하는 것과 관련한 분야에 다양한 관심을 가지며 진로를 탐색하고 있다. 진로를 결정하는 데 있어 여러 가지 요인이 영향을 미치는데, 그중 학교에서의 활동이나 진로체험의 경험을 통해 자신을 발견하며 관심을 갖게 되고 진로를 고민하기도 한다.

　학생들이 학교에서 접하는 다양한 교육활동에는 진로와 관련된 체험이 다수 존재한다. 예를 들면, 학교에서 정기적으로 실시되는 동아리 활동, 1년에 1~2번 이상 실시되는 진로체험활동, 자유학기 활동, 방과후수업, 학교 특색사업 행사, 교과수업 등 다양한 활동을 통해 학생들은 자신이 무엇을 좋아하는지, 어떤 것을 잘 해내는지, 무엇에 흥미를 느끼며 즐겁게 활동하는지 등을 점차 알게 되면서 자신의 진로 특성을 깨달아 가게 된다. 자신의 진로 특성에 대한 이해를 바탕으로 학교 안에서의 다양한 활동에 참여하고 진로와 연결 지어 보며 진로의사결정 및 진로 탐색에 대한 계기를 갖는다. 스스로 진로를 탐색하는 과정을 통해 어떤 분야에 관심이 가는지, 어떤 직업을 선택하고 싶은지 등 미래에 되고 싶은 나에 대해 생각하며 직업 세계에 대한 통찰력 및 탐구력, 자기주도성이 점차 길러지게 된다.

2
주도적으로 기획하고 참여한 것은 기억에 남는다

중학교 3학년 2학기가 되면 고등학교 진학을 앞두고 진로에 대한 고민이 더욱 많아지는 시기이다. 1~2학년 때는 혼자서 계속 고민하거나, 친구들과 상의해 본다거나, 보호자와 상의하는 등 진로에 대한 고민을 하게 된다. 그러다 3학년이 되면 '고입'이라는 단어가 묵직하게 다가오기 시작하면서 담임선생님이나 진로 선생님을 찾아가 상담을 본격적으로 신청하게 된다.

학생: 선생님, 저 특성화 고등학교 가고 싶어요. 자기소개서와 취업 희망서를 써야 한대요. 이런 것 안 써 봤는데 어떻게 써요?

이렇게 고등학교의 유형을 정확히 알고 물어보는 학생은 그나마 진로 수업을 열심히 들으며 고등학교에 대해 찾아본 것이다. 자신이 어떤 분야에 관심이 있는지, 무엇을 배우고 싶은지 등을 어느 정도 이해하고 관련한 고등학교를 검색해서 그 학교의 입학 정보를 살펴보고 상담을 신청한 것이다.

교사: 고등학교 홈페이지를 보면 입학 정보란이 있을 거야. 공지 사항이나 자료실에 가면 제출 서류 안내가 되어 있고, 해당 탭을 열면 양식이 업로드되어 있어. 양식을 다운받아서 초안을 먼저 작성해 오렴. 처음에 쓰기 어려우면 담임선생님에게 학교생활기록부를 출력해 달라고 해서 그동안의 학교생활을 살펴보고 경험과 연결 지어 작성하면 된단다.

일주일 뒤 작성해 온 초안을 함께 살펴보며 양식에 맞게 내용을 채웠는지 살펴본다. 그러나 비어 있는 칸이 많았다. 1~2줄밖에 쓰지 못한 것도 더러 있었다. 본인의 경험을 바탕으로 쓰는 것인데 왜 이것밖에 못 썼을까 궁금해서 물었다.

교사: 지원 학과와 관련하여 학교에서 의미 있었던 활동 경험과 그 이유를 쓰라고 했는데, 학교에서 활동한 것이 많잖아? 경험을 쓰는 것인데 왜 채우지 못했어?
학생: 기억나는 것이 없어요. 뭔가 많이 활동하기는 했는데 의미 있었던 경험은 잘 떠오르지 않아요.

학교에서는 계기 교육, 자치 활동, 동아리 활동, 자유학기 활동, 학년말 행사, 각 부서별 행사 등 수많은 활동을 기획하고 준비해서 실행하고 있는데 한 것이 없다니…. 여러 생각이 교차했다. 과연 학교가 학생들에게 해 준 것이 별로 없어서일까? 아니면 활동 기회는 많이 제공했으나 학생들의 관심이 적거나 참여하지 않았던 것일까? 다수가 참여하다 보니 개인에게 특별한 의미가 남지 않았던 것일까? 그 이유가 무엇인지 찾아보고 싶었다.

그러나 지금은 이 학생의 자기소개서를 완성하기 위해서는 무엇이라도 찾아야 했다. 학생이 기억이 나지 않는다고 하니 학교생활기록부를 한 장 한 장 꼼꼼히 읽으며 관련되어 보이는 활동을 함께 찾아보았다. 과목별 세부능력 특기사항, 동아리 활동, 자유학기 활동 등 몇 군데서 특색 있는 활동이 보이기 시작했다. 특히 자유학기 활동란은 주제 선택 활동, 예술체육 활동, 진로 탐색 활동, 동아리 활동 등 4가지 영역으로 구분되어 있어서 의미 있는 활동이 보였다. 1학년 때 활동이라 기억이 가물가물하기도 하지만, 기록된 단어로 어떤 활동을 했는지 학생에게 다시 물어보니 하나씩 차츰 기억을 떠올리기 시작했다. 그 기억 속에는 흥미롭고 즐거웠던 감정이 같이 묻어나 있음이 문장과 이야기 속에서 느껴졌다.

교사: 학교생활기록부를 살펴보니 활동한 것이 많은데? 학교 학생자치회에서 활동한 것도 다양하구나.

학생: 네. 학교 학생자치회에서 세월호 행사, 스승의 날 행사, 체육대회, 학생의 날 기념행사, 학교 축제 등 행사 일정이 있으면 방과 후에 모여 어떻게 진행할지, 무엇이 필요한지 등 회의를 밤늦게까지 진짜 많이 했어요! 회의하면서 친구들 간에 의견 충돌도 많았고 준비할 일이 많아 힘들긴 했지만 저희가 스스로 기획하고 주도적으로 해서인지 기억에 제일 많이 남아요! 자치회 활동하면서 저에 대해서 많이 알게 되었고, 무엇을 잘하는지도 정확히 알게 된 시간이었어요.

그 학생의 학교생활기록부 문장 속에는 학교에서의 특별한 경험과 수행 결과뿐만 아니라 어떻게 활동했는지 과정이 보였다. '흥미를 가지고', '적극적으로 도전하는', '자기 주도적인', '탁월한 능력을 보이며', '자기 주도적으로 해결하며', '구체적인 실천' 등의 기록들을 통해 학생이 얼마나 흥미를 갖고 즐겁게 그 활동에 참여했는지 충분히 짐작할 수 있었다.

학생이 학교생활에서 어떤 활동에 참여했고 무엇에 관심을 갖게 되었는지, 그 계기가 무엇이었는지, 왜 그것에 흥미를 느끼고 재미를 느끼게 되었는지 등 영향을 주게 된 요인들을 함께 찾아보며 이야기 나눠 본다면, 적극적이며 주도적으로 참여하게 된 과정도 이해하게 되고, 주도성이 어떻게 발휘되었는지도 잘 이해할 수 있게 될 것이다.

3
흥미로 시작한 것이 진로와 연결되다

　학생들이 진로를 고민하고 탐색하고 결정하기까지 어떠한 과정을 거쳐 왔고, 어떤 분야에 관심을 갖게 되었을까? 어린 시절부터 어떤 것에 흥미를 갖고 좋아해 왔는지, 어떤 계기로 관심을 가지게 되었으며 그것이 진로와 어떻게 연결되는지, 그 일이 자신에게 어떤 의미와 경험을 주게 되었는지 자신의 꿈 스토리를 소개하는 시간을 가져 보았다. 학교에서 배우는 수많은 시간과 경험 속에서 흥미를 느끼고 변화 과정을 거치며 성장하는 자신을 발견하게 된다. 그러다가 한 분야에 점차 관심이 많아지면서 관련 학과 및 직업들을 탐색하기 시작한다.

　아래 학생은 수학 공식을 배우고 원리를 이해하며 문제를 풀어 가는 과정에서 수학에 점차 흥미를 느끼기 시작하였다. 수학 문제를 푸는 데 시간 가는 줄 모르고 집중하며 몰입하는 과정에서 자신이 무언가를 깊게 탐구하는 것을 좋아한다는 점을 알게 되었다. 그래서 수학과 관련된 분야에 관심이 많아지고, 수학과를 가면 무엇을 배우는지 찾아보며 관련 직업이나 진출 분야를 탐색하다가 수학과 관련된 천문학까지도 관심을 가지게 되었다.

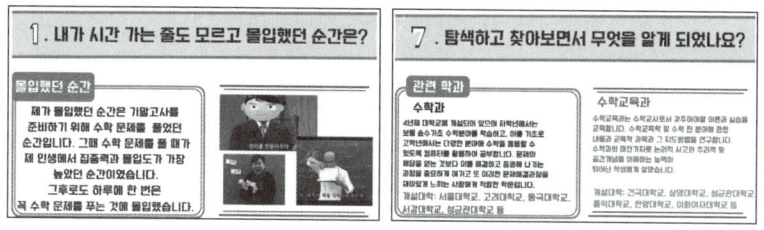

수학 문제를 풀며 집중력이 향상되고 깊게 탐구하는 것을 좋아함을 알게 됨.

긍정심리학자인 미하이 칙센트미하이(Mihaly Csikszentmihalyi)에 의하면, '몰입'이란 머릿속의 생각과 목표, 행동 등 모든 정신이 하나로 통일되는 상태[27]로, 그의 저서 『몰입의 즐거움』에서 사람들이 최적의 경험을 통해 깊은 만족감과 성취감을 느끼는 방법을 설명하며 '플로우' 상태에 진입하는 과정과 이를 유지하는 데 필요한 조건을 자세히 다루고 있다. 플로우는 단순히 몰입의 상태를 넘어 심리적 에너지와 집중력이 극대화된 상태로 설명되어진다. 칙센트미하이는 사람들이 자발적인 동기에서 활동에 몰두하고, 외적 보상보다는 내적 만족을 추구할 때 더 큰 행복을 경험할 수 있다고 주장하였다. 플로우 조건인 명확한 목표, 즉각적인 피드백, 능력과 도전의 균형 등을 심리적 웰빙과 성취를 높이는 데 중요한 요소로 제시하였다.[28] 위 학생도 배움의 과정에서 어려운 문제를 만나면서 도전과 즐거움을 맛보며 점차 몰입을 하게 되었고, 몰입과 플로우의 과정을 통해 자신의 또 다른 면을 발견하게 된 것이다. 이러한 자기 이해 과정에서 어떠한 부분에 흥미를 느끼는지 알게 되면서 이와 관련된 분야를 연결 지으며 더 적극적으로 찾아 나서는 주도성이 점차 발휘된 것이다.

---

27   미하이 칙센트미하이(2010). 몰입의 즐거움. 이희재 역. 해냄. pp.44-45.

28   나무위키, 미하이 칙센트미하이 https://url.kr/eo9byf

누구나 좋아하고 흥미를 느끼는 분야에 대해서는 더 많이 찾아보고 알아 가면서 배움에 대한 열정이 생겨나기 시작한다. 특히 학생들은 학교에서의 배움과 학습 과정뿐만 아니라 인터넷을 활용하여 관련 영상 및 글을 적극적으로 찾아보며 더 깊이 알고자 하는 욕구가 생겨나 스스로 배워 가는 과정을 경험하게 된다. 처음에는 조금씩 따라 하는 모방학습을 거쳐 자신이 직접 결과물을 만들어 보다가 진로와 연결 지어 생각하게 된다.

아래 학생은 평소 음악 듣는 것을 즐겨 해 특히 '음악 감상' 수업을 좋아하였다. 음악 감상 수업에서 다루는 클래식 음악 이외에도 다른 장르의 음악에도 흥미와 관심이 생겨 인터넷으로 다양한 음악을 찾아 듣기 시작하였고, 자신이 더 좋아하는 음악 장르가 무엇인지 알게 되었다. 좋아하는 장르의 음악들을 찾아 듣다 보니 '나도 한번 만들어 볼까?', '내가 원하는 스타일의 곡을 만들어 보면 어떤 음악이 탄생하게 될까?' 등의 생각이 들었고, 그 이후 작곡하는 프로그램을 탐색하고 사용 방법을 찾아 배우며 조금씩 작곡을 시도하였다. 짧지만 자신이 직접 작곡을 할 수 있다는 것에 자신감과 효능감이 생기기 시작하였고, 앞으로 좋아하는 일을 하면서 살고 싶다는 생각도 하게 되었다. 그래서 좋아하는 장르의 음악을 만드는 '작곡가' 라는 꿈을 키워 가게 된 것이다.

스스로 작곡하는 방법을 배우며 직접 작곡하는 과정

두 학생의 공통점은 자신이 흥미를 보였던, 또는 관심을 가졌던 일에서 조금씩 알아가다 보니 더 배우고 싶었고, 스스로 할 줄 알게 되는 과정에서 성장하는 즐거움을 점차 느끼게 된 점이다. 이러한 즐거움의 시간이 쌓이고 몰입의 시간이 늘어남에 따라 점차 실력과 능력이 쌓이고 자신감이 형성되어 갔다.

미국의 저명한 심리학자인 홀랜드(John L. Holland)의 흥미 이론에 의하면, 개인의 흥미가 자신에게 적합한 직업 환경을 찾게 하고, 그에 따라 직업을 선택하게 된다고 한다. 그는 사람은 어릴 때부터 가정과 학교, 친구 등 환경과의 상호작용에 의해 가치관, 세계관 등을 갖게 되고, 특징 있는 행동 경향이 나타나며, 그 사람 특유의 성격이 발달해 간다고 하였다. 흥미와 관심의 방향성이 강하거나 좋아하는 활동을 계속 해 나가면 그 활동에 필요한 능력이 높아지면서 자신만의 행동 경향을 만들어 나가게 되는데, 가정이나 학교에서 교사, 친구 등의 환경에 따라서 영향을 주고받을 수 있다는 것이다.

이처럼 개인을 둘러싼 환경과의 상호작용에서 어떤 경험을 만나느냐에 따라 각자 다른 흥미와 관심이 생기고 자신의 유형에 맞는 직업 환경을 찾게 된다. 다시 말하면 학교에서의 학습 경험에 따라 학생들의 흥미와 관심이 생기고, 자신의 능력과 기술을 발휘하는 경험과 성취감을 겪으면서 진로에 대한 사고의 폭이 넓어진다고 할 수 있다.

학생들은 초·중·고를 거치며 학교교육과정에서 다양한 교과 지식과 기능 및 가치·태도를 배우고 있다. 학생들이 다양하게 관심과 흥미를 갖고 수업에 주도적으로 참여할 수 있도록 하기 위해서 아래와 같이 수업의 방향과 방법을 고민해 볼 수 있다.

첫째, 학생들의 관심사나 경험을 바탕으로 수업 내용을 설계 및 실시한다. 학생들의 경험과 연결된 내용으로 구성하여 배우다 보면 흥미와 관심이 커져 몰입하는 경험까지도 할 수 있게 되고, 몰입의 경험이 쌓일수록 능력까지도 함양될 수 있다.

둘째, 또래 친구들과 상호 소통하고 협력하며 함께 배우는 즐거움을 느끼도록 프로젝트 기반의 문제해결 수업, 토의·토론 학습 등 다양한 수업 형태로 진행한다. 혼자가 아닌 여럿이 함께 실제 문제를 해결하는 과정에서 서로 다른 관점을 이해하고 조율하며 협력의 중요성을 배울 수 있고, 다양한 접근법을 적극적으로 시도하며 새로운 아이디어와 창의적인 사고력을 키울 수 있다. 특히 이런 수업 속에서 학생들은 스스로 학습 목표(문제해결 목표)를 설정하고, 필요한 자료를 서로 분담하여 탐색하며 학습 과정을 관리 및 성찰하면서 주도적으로 학습하는 능력을 키워 갈 수 있다.

4
적성은 동아리를 타고 진로 선택으로 이어지다

학교에서의 동아리 활동은 흥미, 관심, 소질, 적성, 취미, 진로 등이 유사한 학생들이 집단을 이루어 다양한 방식으로 체험하거나 나눔을 실천하는 영역으로, '학술·문화 및 여가 활동'과 '봉사활동'으로 구성된다.[29] 학술·문화 및 여가 활동 분야는 동아리 활동을 통해 다양한 학술 분야와 문화에 대해 관심을 가지고 탐구력과 심미적 감성을 함양하는 것을 목표로 한다. 봉사활동 분야는 학교 안팎에서 나눔과 봉사를 실천함으로써 포용성과 시민성을 함양하는 것을 활동 목표로 하고 있다.

학생들은 동아리 활동으로 자신의 관심 분야와 관련된 활동을 선택하는 경우가 많다. 공통 관심사를 갖고 있는 친구들을 모아 학생 주도 동아리를 직접 개설하여 모집하는 경우도 있고, 개설된 동아리 중 관심 있거나 배우고 싶은 분야의 동아리를 찾아가기도 한다. 학생 주도 동아리는 특히 자신들이 배우고 싶고, 활동하고 싶고, 체험해 보고 싶은 것들을 서로 의견을 나누고 모아서 연간 활동 계획을 직접 세운다. 가 보고 싶은 장소나 체험처에 대한 정보를 직접 찾아서 알아보고 문의하여 예약하는

---

[29] 2022 개정 교육과정 창의적 체험활동 해설(중학교), p.19.

등 하고 싶은 동기와 의지가 모여 스스로 기획하는 적극성이 발휘된다.

중학교 밴드부 활동으로 작곡가(가수)를 꿈꾸다.

위 학생은 초등학교 때 뮤지컬 활동을 했는데 노래 선생님으로 선발되어 활동하면서 긍정적인 경험이 형성되었고, 이런 긍정적인 경험이 중학교에 이어져 노래를 할 수 있는 밴드부 동아리에 참여했다. 밴드부 동아리는 다양한 학교 행사의 식전 또는 식후 공연이 많아 점심시간이나 방과후 시간에 자발적으로 모여서 연주곡을 정하고 악기와 보컬의 협업을 위해 꾸준한 연습을 하고 있다. 공연에서 실수하지 않고 멋진 공연을 보여 주기 위해 학생들은 누가 시키지도 않았는데 시간을 내서 개인 연습도 마다하지 않고 있다. 현재 위 학생은 여러 장르의 음악 및 작곡 영상을 찾아보고 보컬 및 악기 학원 등을 알아보며 작곡가의 꿈을 이루기 위해 다양한 실력을 쌓고 있다.

"학교를 우리 손으로 바꿔 나가 보자!"라는 슬로건을 내걸고 '체인지 메이커' 동아리를 운영한 적이 있다. 나로부터 시작하는 변화를 시도함으로써 자신의 잠재력을 스스로 발견하고, 일상생활에서의 불편한 문제들을 다양한 시각으로 바라보며 지속 가능한 학교 공간을 만들어 봄으로써 주도적으로 살아갈 수 있는 힘을 기르고자 하였다. 이러한 동아리 목표를 바탕으로 체인지메이커의 의미와 역할 등에 대해 영상 및 사례를 통해 이해하고, 내 주변(교실 및 학교)의 문제점을 찾아 해결 방안을 모색하는 문제해결 프로젝트를 시작하였다.

첫 번째 활동은 우리 학교의 문제점 찾기였다. 학생들이 일상에서 겪었던 불편했던 점을 포스트잇에 써서 유목화하였다. 장소(공간)별로 어떤 문제점이 있고 무엇을 바꾸면 좋을지 개선할 점 등에 대한 아이디어를 내도록 하였다.

급식실에서는 학년 구분이 안 되어 있어서 후배 학년이 앉을 때마다 자리 찾는 것이 불편하다고 호소했고, 의자나 테이블에 학년 구분 표식이 있으면 좋겠다는 의견을 냈다. 화장실은 조명이 어둡고 침침해서 음침하고 습한 느낌이 들어 밝은 분위기를 내도록 벽에 그림이나 좋은 명언들을 게시하면 좋겠다고 하였다. 복도는 하얀 벽으로 되어 있어서 자칫 정신병원 같은 느낌이 들 때가 있고 아이들 낙서가 있어서 보기 불편하다는 문제점을 제기하고, 벽이나 계단에 정서적으로 도움이 되는 문구나 벽화를 그리면 좋겠다는 의견들을 제시하였다.

• 학교 공간의 문제점과 개선 사항 •

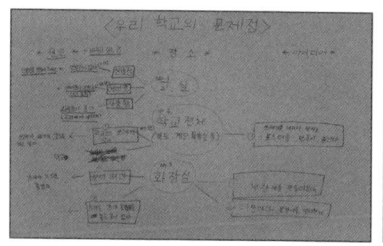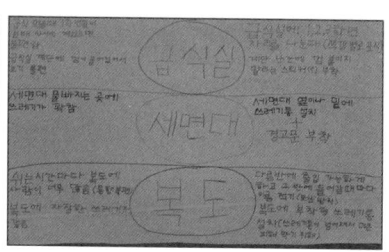

두 번째는 실시 계획을 수립하기 위해 자율 선택 모둠을 구성하였다. 학생들이 바꾸고 싶은 공간을 자율적으로 선택하도록 하고, 이를 바탕

으로 모둠을 구성하여 구체적으로 어떻게 바꿀 것인지 논의하고 세부 아이디어를 발산하도록 하였다.

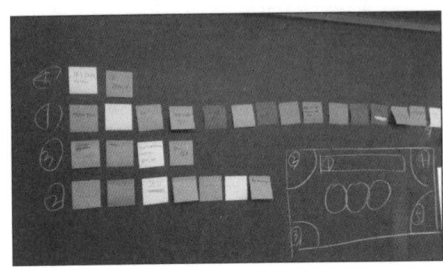

학교의 문제점(개선하고 싶은 곳)을
포스트잇에 작성하여 유목화한 장면

팀별로 개선 장소를 선택하고
아이디어를 발산하여
디자인 초안하는 모습

아이디어를 바탕으로 어떻게 꾸밀지 구상(아이디어 스케치) 회의를 모둠별로 마친 후, 공간별로 필요한 물품을 모둠별로 협의하여 구매하고 동아리 시간마다 조금씩 완성해 갔다. 그 전에는 아무것도 없었던 공간에 학생들의 아이디어와 자발적인 에너지가 합쳐져 급식실에는 색테이프로 학년별 구분이 시각적으로 잘 보이게 되었고, 계단과 벽은 학생들이 긍정적인 마음을 갖고 위로 및 격려를 받을 수 있는 『어린왕자』의 감동 장면들로 가득 차게 되었다.

체인지메이커 동아리 활동을 통해서 학생들은 자신이 무엇을 잘하는지, 어떤 부분에 재능이 있는지 조금씩 알아가기 시작했다. 모둠 협의할 때 친구들의 의견을 잘 수용하고 진행하는 리더십, 정확한 수치를 재며 테이프를 자르고 재단하는 꼼꼼함과 정확성, 벽화 도안을 그리면서 스케치하는 능력, 페인트를 섞으며 색 조합하는 능력 등이 뛰어나다는 것을 여러 활동 속에서 스스로 발견하였다. 특히 친구들의 인정과 칭찬 등의 피드백은 자기 확신과 자신감을 올려 주며 자기효능감을 높여 주었고, 이와 관련된 진로에 관심을 갖고 더 찾아보기 시작하는 모습을 보여 주었다.

동아리 활동은 자신의 소질과 적성에 대해 발견하고, 깊이 있게 이해하며 탐색해 볼 수 있는 시간이다. 미국 하버드대학교 교수인 하워드 가드너(Howard E. Gardner)가 제시한 다중지능 이론은 인간의 지능은 단일한 능력이 아니라 여러 가지 독립적인 요소로 구성된다는 이론으로, 인간은 다양한 지능적 강점을 소유하고 있으며 이를 통해 인간의 다양한 잠재력을 파악하고자 하였다. 가드너에 따르면 모든 사람은 개인차가 있기는 하지만 9개의 지능을 모두 소유하고 있으며, 이 다양한 지능의 조합에 의해 수많은 재능의 발현이 이뤄진다고 한다.

학생들은 동아리에서 경험한 활동을 통해 자신의 언어 지능, 논리-수학 지능, 음악 지능, 공간 지능, 신체-운동 지능, 대인관계 지능, 자기 이해 지능, 자연 지능, 실존 지능 등을 발견하고, 이를 계발해 가면서 자신의 적성을 더 깊이 이해하고 발전시켜 나가게 된다. 단순히 적성을 발견하고 그치는 데서 머무르는 것이 아닌, 동아리 활동을 통해 발견한 적성과 재능을 꾸준히 학교의 다양한 활동 속에서 신장시킬 수 있도록 학교 안팎에서 재능을 펼칠 기회가 학생들에게 많이 제공되어야 할 것이다.

5
방과후 교육 및 행사에서 만난 진로 가치관

'방과후학교'는 기존 특기적성교육, 방과후교실, 수준별 보충학습 등으로 사용된 각각의 명칭을 통합한 것으로 정규 교육과정 이외의 시간에 다양한 형태의 교육 프로그램을 운영하는 것을 말하며, 21세기를 이끌어 갈 인재 양성과 학생 개개인의 소질 및 적성 계발, 사교육비 경감, 교육복지 증진 등을 목적으로 운영하고 있는 프로그램이다. 초등학교 때는 방과후 보육 및 특기적성교육으로 운영하다가 중학교에서는 수준별 교과 보충이나 심화학습, 특기적성교육 등에 중점을 두고 운영되고 있다.

특히 초등학교 방과후 교육[30]은 다양한 체험과 실습 중심으로 이루어진 프로그램이 많이 개설된다. 예술 분야에서는 바이올린, 플루트 등의 악기 교육, 체육 분야에서는 농구, 축구, 탁구, 배드민턴 등의 구기 교육, 학습 분야에서는 논술, 창의수학, 과학실험, 컴퓨터 등 지역 여건과 학생 및 학부모의 요구를 반영한 다양한 프로그램이 운영되고 있고, 많은 학생들이 참여하며 다양한 경험을 쌓고 있다.

---

30 2025년부터 '선택형 늘봄학교'로 용어가 변경되었다.

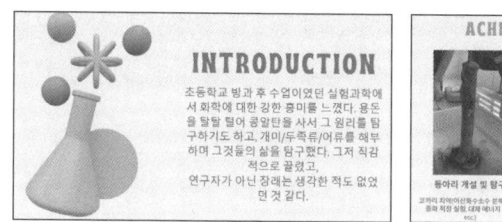 

실험과학에서 화학에 빠져 화학 캠프와 동아리를 꾸준히 하다.

A 학생은 초등학교 방과후수업으로 실험과학 수업을 들었다. 실험과학 시간에 다양한 실험을 하면서 화학에 강한 흥미를 느꼈고 실험의 원리를 찾아 탐구하기 시작하였다. 과학 관련한 캠프에도 적극적으로 참가하여 활동하면서 로켓 추진체를 개발하고, 고온 연소 반응의 화학 반응식 추론 연구도 진행하게 되었다. 과학실험이 더 하고 싶어서 친구들을 모아 동아리를 주도적으로 개설하고 운영도 하였다. 화학 관련 영상을 찾아보다가 한 공대생의 영상을 보게 되었는데, 영상 속 주인공처럼 과학영재교육을 받아 세상에 기여할 수 있는 기업의 연구원이 되야겠다는 원대한 꿈을 키우며 현재 공부를 열심히 하고 있는 중이다.

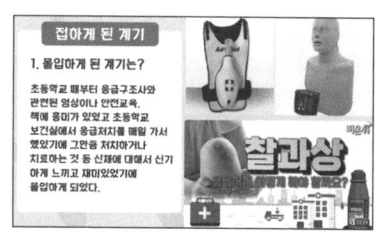 

초등학교 안전교육 영상: 응급구조사의 하루 일과

B 학생은 초등학교 창의적 체험활동 시간에 안전교육을 받다가 응급구조하는 장면을 보고 남을 위해 봉사하는 모습에서 감동을 받았다. 특

히 목숨이 위태로울 정도로 위급한 상황에서 응급구조사들이 빠르게 대처하는 모습을 보면서 자신도 남에게 도움이 되는 사람이 되고 싶다는 생각을 하게 되었다. 그후 응급구조사의 일과는 어떤지 영상과 관련 책을 찾아보며 응급구조와 관련된 일을 하고 싶다는 목표로 진로 준비를 하였고, 특성화 고등학교의 사회복지과에 지원하여 합격하였다.

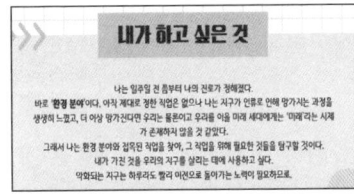
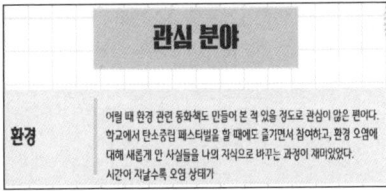

탄소중립 페스티벌 행사에서 환경의 소중함을 깨닫고 환경운동가의 꿈을 키우다.

    C 학생은 탄소중립 중점학교에서 이루어진 다양한 환경 행사에 참여하면서 지구환경문제의 심각성과 환경의 중요성을 알게 되었다. 학교에서 주최한 탄소중립 페스티벌 행사에서 다양한 환경 관련 교육 및 부스에 참가하면서 인류의 미래를 위해 더 이상 지구가 망가지지 않도록 자신이 할 수 있을 찾아야겠다는 생각과 다짐을 하게 되었다. 그래서 꿈을 꾸게 된 것은 '환경운동가'였고, 환경운동가가 되기 위한 진로 경로를 탐색하며 진로 설계를 주도적으로 계획하였다.

미술 시간에 업사이클 디자인 수업을 한 후, 강당에서 업사이클링 패션쇼를 진행

 D 학생은 미술 시간에 업사이클링을 활용한 패션 디자인 수업을 하면서 패션에 대한 관심이 높아졌고, '패션'과 '디자인' 분야에 대해 탐색하기 시작하였다. 실제 본인이 디자인한 스타일을 무대로 연출하여 패션쇼를 하는 과정에서 성취감과 뿌듯함을 느꼈다. 이후 '패션 디자이너'라는 새로운 진로 목표를 설정하고 이를 위한 준비를 하고 있다.

 위 학생들의 공통점은 흥미와 관심 분야를 탐색하다가 자신이 어떤 사람이 되고 싶은지, 어떤 방향으로 살아가고 싶은지에 대한 고민과 생각을 바탕으로 직업에 대한 가치관이 반영된 진로를 선택하였다는 점이다. 자신의 능력이나 창의성을 발휘할 수 있는 분야, 자기계발을 지속적으로 할 수 있는 분야, 타인을 위해 봉사하는 분야 등 직업을 선택할 때 기준이 되는 직업 가치관에 따라 진로 선택을 정한 사례이다.
 직업 가치관은 직업에 대한 가치 기준이며, 일에 대한 태도를 의미한다. 창의성, 능력 발휘, 자기계발, 사회적 인정, 봉사, 보수, 안정성 등 직업 선택에 있어 중요하게 여기는 가치로 직업 선택의 중요한 기준이 된다. 자신의 가치와 방향성이 일치하는 직업을 가졌을 때 더 큰 만족감과 성취감 및 보람 등을 느낄 수 있기 때문이다. 직업은 생계를 위한 경제적 수단이라는 차원을 벗어나 자신의 능력을 발휘하는 자아실현과도 직결되므로 직업에 대한 가치관 형성은 중요할 수밖에 없다. 직업에 대한 태도와 가치 판단은 우리가 어떻게 살아가야 하는지에 대한 방향을 제시하고, 사회적 지위와 인간관계에도 영향을 미치며, 사회에서 어떻게 대우받을지까지도 영향을 주기 때문이다. 그러므로 진로 선택을 결정하기 전에 진로 가치관 검사를 통해 자신이 중요하게 여기는 직업 가치관을 잘 파악하고, 이를 바탕으로 자신이 원하는 진정한 삶을 스스로 선택하여 학생들이 주도적으로 삶을 설계하는 데 도움을 줄 수 있다.

6
자유학기제로 꿈과 주도성을 찾다

가. 꿈과 끼를 찾는 자유학기제

중학교의 자유학기제는 학생들이 꿈과 끼를 찾을 수 있도록 한 학기 동안 시험 및 성적에 대한 부담 없이 토론, 실습 등의 활동이 가능한 교육과정을 유연하게 운영하는 제도이다. 자유학기제의 본질적 취지는 입시 위주 교육과 시험에서 탈피한 체험 위주의 활동으로 학생들의 전인적인 인격 형성 및 진로 체험·탐색 기회의 제공에 목적이 있다.

그렇다면 왜 자유학기제를 시작하게 되었고, 기대하는 바는 무엇일까?

높은 학업 스트레스, 학교 유대감과 우울 및 불안 같은 정서 문제가 학생들의 부정적 생각의 주요 원인이 되고 있다(원경림, 이희종, 2019; 김재엽, 박하연, 황선익, 2017; 강주현, 신택수, 2015; 이서원, 장용언, 2011; 홍영수, 전선영, 2005; 이혜숙, 2018). 따라서 학교교육 경험을 통하여 학생들이 부정적 정서를 완화하고, 학교 성적에서 잠시 눈을 돌려 자신의 진로를 고민하면서 공부와 삶의 연결점을 찾아 미래 삶의 목표를 수립하도록 쉬어 가는 학기가 필요하다는 것이다(이지연, 2013b). 이것은 자기 주도적 학습과 진로 적성을 찾아 주는 교육으로의 변화가 필요하다는 것을 시사한다(이지연, 2013a; 이자형, 이기혜, 2019; 이혜숙, 2018). 이러한 맥락에서 2016년부터 전국의 모든 중학교에서 자유학기제가 실시되었다. 자유학기제는 미래 핵심역량 함양과 자기 주도적인 학습 경험을 제공하기 위해 프로그램 개설 전 사전 수요조사를 진행하여 학생들의 희망을 최대한 반영한 주제선택, 예술·체육, 진로 탐색, 동아리를 고루 편성·운영한다. 토론, 문제해결, 의사소통, 프로젝트 수업 등 참여 위주의 수업 혁신으로 창의적 자기주도학습 능력 향상을 기대한 것이다(교육부, 2015). 2015 교육과정에서는 아래의 표와 같이 4가지 영역(진로 탐색 활동, 주제선택 활동, 예술체육 활동, 동아리 활동)을 한 학기에 170시간 이상 편성하도록 하였으나, 2022 개정 교육과정에서는 2개의 영역(진로 탐색 활동, 주제선택 활동)으로 축소하고 한 학기에 102시간 이상 편성하도록 하였다.

● 자유학기제 활동 영역과 내용 ●

구분	내용	운영
진로 탐색 활동	학생들이 적성과 소질을 탐색하여 스스로 미래를 설계해 나갈 수 있도록 체계적인 진로 학습 기회 제공	학생 희망 선택
주제선택 활동	학생의 흥미, 관심사에 맞는 체계적이고 심층적인 학생 중심의 인문사회, 탐구, 교양 프로그램	
예술·체육 활동	학생의 희망을 반영한 다양하고 내실 있는 문화·예술·체육 활동	
동아리 활동	학생들의 공통된 관심사를 바탕으로 구성된 자발적·자율적인 학생 중심 활동	

출처: 교육부(2015)

나. 스스로 선택하는 자유학기 프로그램

중학교에서는 신입생 소집일에 자유학기제 운영에 대한 안내문과 학생들의 진로와 적성을 고려하여 유익한 프로그램을 선택할 수 있도록 사전 설문조사 가정통신문을 배부한다. 각 영역별로 본인이 희망하는 프로그램을 1~2개 신청하고 3월 초 자유학기제 반편성 과정을 거쳐 학생들이 희망한 프로그램을 수강하게 된다.

그렇다면 학생들은 어떤 기준으로 프로그램을 선택할까? 각 영역의 개념을 어떻게 이해하고 있고, 어떤 목적과 기준으로 선택하여 참여하게 되었을까?

> 학생 A: 자유학기제 안내문에 주제선택 시간에 어떤 프로그램을 하는지 설명이 있었어요. 설명을 보고 제가 평소에 관심 있거나 꿈과 관련하여 배우면 도움이 될 것 같은 시간을 선택했어요. 프로그램을 제가 선택해서 들을 수 있다는 것이 너무 좋았어요.
> 학생 B: 컴퓨터나 코딩에 관심이 있었는데 이와 관련한 프로그램이 있어서 선택했어요. 나중에 프로그래머가 되고 싶어서요.

위 인터뷰를 보면 학생들은 자신이 흥미를 느끼고 해 보고 싶은 주제를 선택하거나, 자신의 미래에 도움이 될 만한 것을 선택하였다. 기존에는 학교에서 주어진 교과와 진도에 맞춰 교사가 안내하는 대로 따라가며 배우고 학습했지만, 자유학기제는 자신이 관심 가거나 진로와 관련하여 배우고 싶은 것을 자유롭게 선택할 수 있다는 측면에서 학생들의 만족도가 높은 편이다. 원하는 프로그램을 선택할 수 있다는 자율성을 바탕으로 하니, 학생들의 수업 참여도와 호응도 또한 높아질 수밖에 없었다.

학생 C: 제가 어렸을 때부터 그림 그리는 것을 좋아하고 자주 그렸는데, 예술체육 프로그램에 '일러스트반'이 개설된 거예요. 미술 시간에는 하지 않았던 일러스트를 배울 수 있어서 바로 신청을 했어요. 석 달 동안 일러스트만 배우다 보니 진로에 대해 명확해지면서 일러스트레이터가 되고 싶다고 생각했어요. 그래서 애니메이션이 있는 고등학교를 여러 개 검색하였고, 해당 학교에 입학하기 위해 지금 실기 입시를 매일 준비하고 있어요.

학생 D: 자유학기 주제선택에 '사회문제 탐구반'이 개설되어 관심 있는 주제라 선택했어요. 주제선택 수업을 들으며 사회문제에 대한 심각성을 깨달았고, 세상에는 대단한 사회운동가들이 많다는 것을 알게 되었어요. 저도 사회문제를 탐구하고 해결하는 멋진 사람이 되고 싶다는 꿈을 꾸며 사회학과 및 관련 대학을 알아보고, 책과 영화도 찾아보며 사회운동가의 꿈을 키워 가게 되었어요.

위 학생들은 관심사와 관련된 자유학기 프로그램을 자율적으로 선택함으로써 관련 주제에 대해 더 넓게 배우고 자발적으로 깊이 탐구하는 경험을 얻게 되었다. 자유학기에서의 소중한 경험은 인생에 대한 고민과 진로 탐색 및 진로 설계로 이어져 주도적으로 실천하는 힘을 길러 주게 된 것이다.

7
개별 맞춤형 진로 탐색 활동으로 학생 주도성을 깨우다

 학생들은 다양한 자유학기제 활동을 통해 자신이 무엇을 좋아하고 즐겁게 참여하는지, 어떤 흥미나 적성을 갖고 있는지 등 자신에 대해 알아가기 시작한다. 특히 진로 탐색 활동은 자기 이해를 위한 다양한 진로심리검사(흥미검사, 적성검사, 성격검사 등)를 통해 자신이 누구인지 알아가는 데 객관적인 자료를 제공해 주어서 주도적인 진로 설계에 많은 도움을 주고 있다.

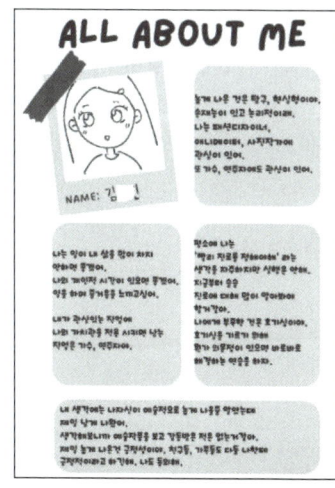 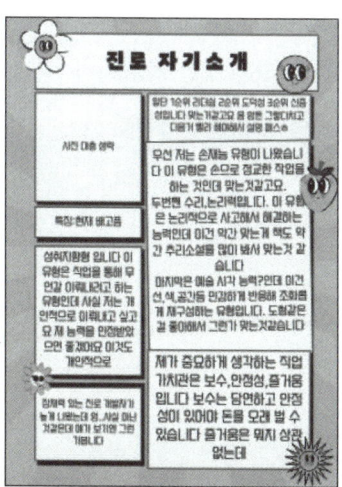

진로심리검사 결과 분석에 대한 자기소개서 작성

3장 : 중학교 진로교육, 주도성 깨우기

학생 E: 제가 언어 지능이 높은 줄 알았는데 예술 지능이 높다고 나왔어요. 평소 그림 그리는 것을 좋아하고 관심이 많은데, 그래서 예술과 관련된 부분이 높게 나온 것 같아요. 제가 뭘 잘하는지 잘 몰랐었는데 심리검사를 통해 저에 대해 더 알게 되었고, 미술 분야로 진로를 고민하게 되었어요.

학생 F: 진로적성검사 결과를 통해 어떤 직업이 저와 맞을지 추천해 주니까 진로를 고민할 때 도움이 많이 되었어요. 저는 탐구형(I)이 높게 나왔는데, 과학에 관심이 많고 항공 우주비행사가 되고 싶은데 그 분야로 추천해 줘서 확신이 생겼어요.

초등학교 때부터 이어진 "너는 커서 뭐할 거야?"라는 질문에 어렸을 적 꿈을 떠올려 보기도 하고, 미래의 꿈을 찾아보려고 애쓰게 된다. 그러나 내가 무엇을 하고 싶은지, 무엇을 잘하는지, 어떤 사람이 되고 싶은지 등에 대한 자기 이해 없이는 진로 결정에 대한 생각을 확장시키기 어렵다. 그래서 진로심리검사를 통해 객관적으로 자신을 발견하고 이해하는 시간을 갖는 것은 중요하다. 진로심리검사 이외에도 강점 카드를 통해 자신의 강점을 찾아 진로와 연결해 보는 것도 도움을 줄 수 있다.

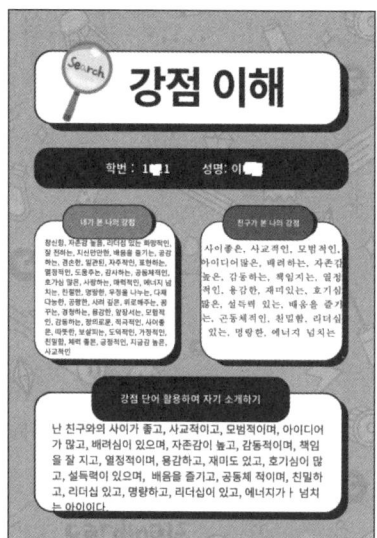

친구들의 강점을 찾아 해당 카드를 친구들에게 주며 '칭찬 샤워'를 하는 장면이다.
친구들에게 받은 카드를 모아 자신의 강점을 정리하여 발표하였다.

학생 G: 친구들한테 강점 카드를 많이 받으니까 기분이 정말 좋았고, 제가 잘하는 것이 많다고 하니 뿌듯해지면서 자신감이 올라가는 활동이었어요. 다른 사람들이 바라본 내 강점이 무엇인지 알 수 있었고, 제가 몰랐던 저의 강점을 알게 되어 좋았어요. 강점과 관련된 진로를 정하면 도움이 되겠다 생각했어요.

자신에 대한 이해의 폭과 깊이가 넓어지고 깊어질수록 자신이 잘하면서도 좋아서 할 수 있는 분야를 적극적으로 알아보기 시작한다. 무엇을 하면 자신이 원하는 삶에 더 가까워질 수 있는지, 행복하고 여유로운 삶을 누리며 살아갈 수 있을지 등을 생각한다. 그리고 관심 분야와 관련 직업군의 정보를 자발적으로 탐색하는 주도적인 활동을 촉진하고 지원하게 된다.

이러한 과정은 특정 시기, 특정 교과가 아닌 여러 교과수업을 통해 또 다른 자기를 만나고 발견하며 이어진다. 모든 교과에 진로와 연계된 요소가 있고, 교과 지식과 기능 및 가치·태도를 잘 활용하여 궁극적으로는 자신에게 알맞은 진로를 개발하고 설계하여 스스로 자기 삶의 의미와 진로를 만들어 가는 역량을 길러 줄 수 있다.

• 중학교 1학년 교육과정 재구성 예시: 자아정체성 찾기(자기 사용 설명서) •

학교 비전	소중한 너와 나! 모두가 함께 꽃 피는 행복한 학교										
핵심중점 목표	1학년 : 자아정체성 찾기										
교과목	사회	과학	미술	영어	기술가정	국어	도덕	음악	진로	체육	수학	도서관
수업내용 (단원/방법)	Ⅷ. 개인과 사회생활 MBTI 결과와 함께 나 소개 추기 나 마인드맵 내 자신감 출판기념회 책서쓰기 (도서관협력수업)	3. 생물 다양성 -내가 식물 (동물)이라면 나의 특징을 설명하고 이유 말하기	자유실과 부채 그리기 (어플활용도 가능)	1. 희망의 관문 나를 곧 소개하기 -역할 배분 -꿈의 행로 계획표 과정 세우기 -꿈을 이루고 싶다는 어떤 노력을 할지 계획하기 2. "자기사용설명서" 꿈 "롤사메이" 영어로 번역하기	청소년의 발달 -나의 희망 -꿈 일기 쓰기 -나의 이름 뜻 소개하기 -인생곡 통합본 작성하는 사람 내 시도록 그리고 소개하기	1. 물, 빛, 사람 (1) 부끄러움 나를 돌아본 반성문 -시화 만들기 -나를 프로필이 된 감상문 낭송하기	가수법정소 나의 꿈장래 소개하기 있다와 미 진로 속에서의 가치 추구하고 소개하기	1. 표현한다 너! 하는 내모 -학습에 활동 을 통하여 재 통한 하기	내가 알고 싶은 동물 소개 (독서 일본 가능)	8. 건강 청소년기의 자신의 몸과 마음을 통해 이야기 주제를 정하여 계획세우기	8. 분기와 식 -생활 수확 계통별 자신이 좋아하는 기평이나 하게 정형 배움담도록 퀴즈만들기 -답	정학정도록 가게부 가서쓰고 내보(사회활력수업)
수업시기 (월)	3-12월	7월	3월	4월	3~4월	3월~4월	6월	7월	4~6월	3월	7월	12월
통합활동	자기사용 설명서 만들기										

위의 표는 각 교과별로 자아정체성을 찾아 나가도록 교과를 재구성하여 통합으로 운영한 사례이다. 미술 시간에는 자화상을 그려 봄으로써 자신의 내면을 들여다보게 하고, 국어 시간에는 시화를 통해 중학생이 된 자신에 대한 것이나 그 심정을 표현했다. 진로 시간에는 닮고 싶은 롤모델을 소개하는 등 교과수업을 통해 자기 사용 설명서를 만들며 자신을 더 깊이 이해하는 시간을 가졌다. 이렇게 한 학기 동안 완성된 책을 가지고 마지막에는 도서관 협력 수업으로 학년 전체 출판 기념회를 열어 소중한 꿈을 실현해 가는 작가가 되는 것으로 활동을 마무리하였다.

• 자기 사용 설명서로 본 자기 이해 •

   나의 특성   나 마인드맵   시로 표현한 나   롤모델 탐색

  평소 수업 시간에는 진도 때문에 하지 못했던 것들, 예를 들어 MBTI 검사 및 진로심리검사, 나의 특성을 마인드맵으로 표현하기, 관심 분야의 롤모델 탐구하기, 삶의 가치와 방향을 고민하기 등의 활동을 자유학기제 주제선택이나 진로 탐색 활동을 통해 해 보면서 다양한 관심 영역에서 진로를 탐색하고, 그 과정에서 꿈을 이루기 위한 노력과 실천으로도 연결되었다.

  위와 같이 교과수업 및 창의적 체험활동, 자유학기제, 방과후수업 및 학교 행사 등 학교교육과정에서 이루어지고 있는 수많은 교육활동 과정에서 학생들이 무언가를 배우고 느끼고 생각하고 체득하는 경험을 하고 있다. 사회에서 요구하는 어떤 특정 모습의 학생들을 길러내는 학교교육이 아닌, 사회의 구성원으로서 국가 및 사회 발전을 위해 또는 자기 계발과 자기실현 등을 위해 변화하는 사회 흐름 속에서도 자기 본연의 모습을 잃지 않고 스스로 삶을 만들어 가는 주도적인 역량을 갖춘 전인적 인간으로 성장시키는 교육이어야 할 것이다.

  학생들이 주도적으로 자신의 삶을 계획하고 설계해 가려면 학교에서는 무엇을 해야 할까?

　학생 한 명 한 명 모두 성장할 수 있도록 다양한 경험을 할 수 있는 공간을 만들어 줘야 하고, 다양한 맥락에서의 경험을 통해 자신의 강점과 약점을 알고 스스로 채워 나가는 기회를 많이 늘려 주어야 할 것이다. 그리고 학교나 가정에서는 아이들의 실패와 결과에 연연하지 말고, 실패해도 다시 일어서고 뛰어나갈 수 있도록 정서적인 지지와 격려와 응원을 아낌없이 주어야 할 것이다.

　여러 활동 과정에서 어려움과 실패를 맛보더라도 다시 해낼 수 있다는 자기효능감과 자율성을 길러 줄 수 있다면 학생들은 언제든 넘어져도 다시 일어서는 힘을 가질 수 있을 것이다. 이를 위해 학교교육과정은 다양한 배움과 경험을 통해 학생 스스로 방향을 찾아 세상을 향해 날개를 펼칠 수 있는 기회와 연습의 장을 만들어 주며 미래에 주도적인 삶을 살아가도록 도와주어야 할 것이다.

4장

중학교 진로교육, 나만의 학습나침반 갖기

김효성

1
시간표에 등장한 진로 수업

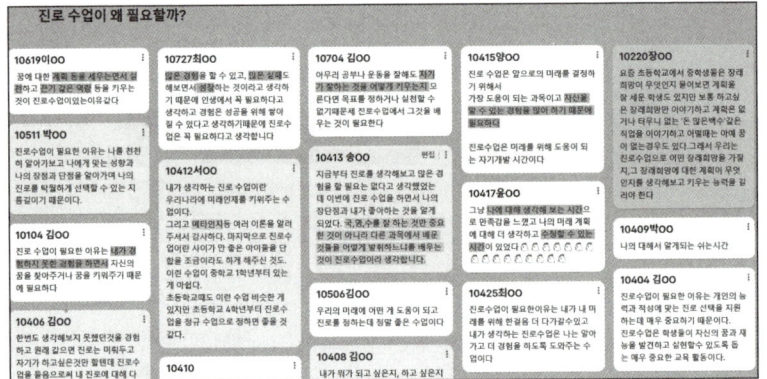

"진로 수업이 왜 필요할까?"

중학교 입학 후 처음으로 진로 교과수업을 받았던 1학년 학생들에게 마지막 진로 수업 시간에 던진 질문이다.

"주요 교과라 불리는 국·영·수 공부로도 바쁠 텐데 왜 시간표에 갑자기 '진로'라는 과목이 생겨났을까?"

"우리는 진로 수업에서 무엇을 배울 수 있을까?"

학생들이 학기초 교사에게 많이 했던 질문을 다시 학생들에게 던진 것이다. 다소 추상적인 물음일 텐데 의외로 거침없이 답을 올려 주었다.

내용을 살펴보면 공통적으로는 '나, 경험, 실패, 계획, 연습, 성장, 협동' 등의 단어가 자주 등장하고 몇 가지 의미 있는 지점도 찾을 수 있었다. 특히 눈에 띄었던 것은 '다른 과목에서 배운 것들을 발휘하는 방법을 배울 수 있는 시간'이라 적은 문장이었다. 그렇다. 학생들이 진로 수업에서 기대하는 바는 결국 '역량(Competency)'이었다.

2007 개정 교육과정에 처음 등장했던 '역량'은 2015 개정 교육과정에서 6개의 핵심역량으로 구체화되었다. 그리고 2022 개정 교육과정에서는 학습자의 자율성과 실천성이 좀 더 강조되며 "미래 사회에서 학습자가 자신의 삶과 공동체 발전을 위해 필요한 지식·기능·태도를 습득하고, 이를 실제 맥락에서 활용할 수 있는 종합적인 능력"이라 정의하고 있다. 교육과정의 존재조차 모를 것 같은 학생들이 진로 수업에서 미래 역량의 함양을 기대하고 있는 것이다. 그렇다면 학교의 진로교육에서 어떻게 이 '역량'을 길러 주기 위한 경험을 조직하고 제공할 수 있을까? 어떻게 국·영·수 등에서 배운 지식을 학생 개별 진로 설계에 유의미한 전이로 이어지도록 할까? 더불어 교사는 학생들의 역량이 성장하고 있다는 것을 어떻게 알아차릴 수 있을까? 고민이 꼬리에 꼬리를 물고 따라온다.

디지털 대전환(DX, Digital Transformation) 시대를 겪고 있는 청소년을 위한 진로교육은 미래 사회 대응 역량의 관점으로 접근해야 한다. 즉, 기존 직업 세계의 단순한 수용이 아닌, 스스로 직업이나 일자리를 창출할 수 있고, 끊임없이 새로운 아이디어와 문제해결 방법을 찾아낼 수 있는 '창의적 진로개발역량'이 필요하다. 학생들은 더 이상 진로에 대한 정보를 일방적으로 제공받는 방식이 아닌 스스로가 선택하고 실천하는 과정을 통해 성공 경험을 축적시킬 필요가 있다. 이러한 시대 요구를 반영하여 2022 개정 '진로와 직업' 교육과정도 '학생 주도적인 진로개발역량 함양'을 강조하는 방향으로 개정되었다. 즉 직업 세계에 대한 단편적인 이해를 넘어 진로 경로(career paths)의 다양성에 대해 인식하고, 좀 더 유연한 태도와 실천성이 강조[31]됨을 확인할 수 있다.

---

[31] 박나실 외(2022). 2022 개정 진로와 직업과 교육과정 시안(최종안) 개발 연구. 교육부, 한국직업능력연구원

2
새로운 아비투스[32]의 장(場)

앞서 강조한 역량 교육에 대한 함의를 이해하는 데 부르디외(Pierr Bourdiue)의 '아비투스' 개념을 활용하면 좀 더 흥미로운 접근이 가능하다. 그는 아비투스란 세상을 살아가는 방식과 태도로, 한 사람이 어떠한 환경에서 어떻게 자랐느냐가 아비투스 형성에 영향을 준다고 보았다. 그리고 이것이 삶 전체, 기회, 지위를 결정하며 결과적으로 사회적 불평등에 작용한다고 했다. 또한 아비투스를 형성하는 요소로서 크게 경제적 자본, 문화적 자본, 사회적 자본, 상징적 자본을 설정했다. 여기서 눈여겨볼 것은 아비투스는 완전히 고정 불변의 것이 아니라는 것이다. 어렵겠지만 새로운 경험을 통해 변화시킬 수 있다고 하였다. 오늘날 디지털 대전환의 인공지능(AI) 시대에서는 누구나 쉽게 원하는 지식과 정보(다양한 자본)에 접근할 수 있기에 부르디외가 상상했던 것 이상으로 그 변화 폭은 더욱 유연해질 수 있을 것이다. 새로운 아비투스의 장이 열린

---

[32] 프랑스 철학자 브루디외가 처음 제시한 개념으로 개인의 습관, 취향, 가치관의 총체. 이 장에서는 도리스 메르틴(Doris Märtin)이 재구성한 '아비투스' 개념을 혼용해 활용하였다.

것이다. 종전 사회적 불평등의 재생산이라는 관점의 아비투스가 아닌 개인의 노력과 학습, 교육 환경에 의해 개발할 수 있는 사회적 역량에 더 중점을 둔다면 아비투스를 오늘날 역량 교육과 관련지어 시사점을 도출할 수 있다. 즉, 학교교육 그것도 진로교육에서 주로 문화적 자본, 사회적 자본, 상징적 자본을 중심으로 경험을 조직하고 제공함으로써 아비투스 형성에 기대할 수 있을 것이다.

● 아비투스적 관점에서의 자본 ●

자본 유형	아비투스와의 관계
사회적 자본	인맥, 협력 관계, 대인관계 기술
문화적 자본	교육, 언어 구사력, 예술적 감각
상징적 자본	명성, 사회적 평가, 신뢰

같은 이야기지만 자고 일어나면 여기저기서 인공지능 관련 화두를 던지고, 교육 분야에서도 '하이테크(High-Tech)' 관련 이슈들이 봇물 터지듯 쏟아지고 있다. 동시에 그 반대 축에서는 '사회정서학습(Social Emotional Learning)'이나 '하이터치(High-Touch)'[33]가 주목받고 있다. 이는 단순히 인지적 역량뿐만 아니라 학교 현장에서 비인지적 역량도 고려되어야 함을 강조하는 것이다. 이 비인지적 역량은 사회적·문화적·상징적

---

33 하이테크 하이터치(High Tech, High Touch)는 미래학자 존 네스빗(John Naisbitt)의 저서 『메가트렌드(Megatrends)』(1982)에서 제시한 개념으로, 기술이 고도화될수록(하이테크), 오히려 인간적인 접촉이나 감성적 교감에 대한 욕구가 더 커진다(하이터치)는 역설적인 통찰이다.

자본의 축적으로 충분히 길러질 수 있는 부분이다. 특히 진로교육 분야에서는 디지털 대전환 시대에 맞물려 사라질 직업의 예측은 쉽지만 앞으로 새로 생겨날 직업에 대한 예측은 어렵다는 점, 그래서 더더욱 경험과 태도에 대한 고민이 필요하다는 점을 주지해야 한다. 지금까지의 단순한 신산업·신기술·신직업을 '체험'하는 데 그칠 것이 아니라 자기 이해를 바탕으로 한 자율성과 실천성을 강조하는 '경험'이 필요하다. 요컨대 아비투스적 관점의 자본이 진로교육 내의 경험으로 조직되고 학생들에게 축적되어야 한다. 즉, 학생들에게 어떻게 생각하고 어디까지 상상하게 할지(상징적 자본), 무엇을 즐기고(문화적 자본), 누구와 관계 맺게 할지(사회적 자본) 아비투스적 관점의 질문을 던지며 진로교육의 방향을 설정해야 하겠다.

3
꿈 자본을 키워 주는 진로교육

20세기 초 교육철학자 듀이(John Dewey)는 '경험'을 통해 지식을 습득하고 이를 바탕으로 사고를 확장시켜야 한다고 주장하였다. 그의 이론은 21세기 우리가 고민하고 있는 미래 사회 대응에 필요한 진로교육의 목적과 방향, 가치 설정에 이르기까지 시사하는 바가 크다. 현재 청소년은 급변하는 산업 환경과 직업 세계에 대한 이해, 또는 자기 이해를 바탕으로 한 미래 설계 경험 부족으로 어려움을 겪고 있다. 이에 학교 안 진로교육은 진학을 위한 지식 측면의 확장 수준에 그치지 않고 다양한 탐색과 선택의 경험을 제공해야 한다. 학교와 교사는 더 이상 고유의 지식 전달자로서의 권위를 인정받지 못한다. 그 가운데 진도나 성적 등급 산출로부터 어느 정도 자유로운 진로 교과는 그 특성상 사실 어느 교과보다 유연하고 확장성 있는 교사 교육과정을 디자인해 볼 여지가 있다.

그렇다면 이러한 입체적인 경험의 과정이란 과연 무엇일까? 앞서 언급한 아비투스적 관점의 사회적 자본, 문화적 자본, 상징적 자본과 같은 다양한 형태의 자본과 연결 지어 생각해 보자. 이것은 무언가를 지속할 수 있는 동기 등 심리적 역량을 아우르는 광범위한 영역이다. 지금부터 진로교육을 통해 축적될 수 있는 위 자본 중 특히 문화적 자본, 사회적 자본, 상징적 자본을 '꿈 자본'[34]이라 설정하고 접근해 보겠다.

현실에서의 경제적 불평등, 이로 인한 교육의 불평등은 분명히 존재하지만, 각자가 그려 보는 미래에 대한 희망인 꿈 자본은 제한된 것이 아닌 본인의 의지만큼 키울 수 있다. 즉, 경제적·교육적으로 불평등한 상황의 학생들에게도 충분한 동기와 미래에 대해 꿈꿀 수 있는 비전을 줄 수 있는 것이다. 학생들이 처한 환경으로 인한 차별 없이 꿈 자본을 동일하게 가지도록 도와주는 것이 바로 공교육 내에서, 특히나 진로교육이 할 수 있는 긍정적 역할이 아닐까 기대한다. 진로교육으로 제공되는 다양한 경험으로부터 자연스레 문화적 자본, 사회적 자본, 상징적 자본을 축적하며 세상을 바라보는 새로운 영역에서의 아비투스를 보완해 나가는 것이다. 이를 통해 어려운 상황에서도 자기 스스로 꿈 자본을 키워 희망적 미래를 꿈꿀 수 있도록 돕는 것이다. 꿈 자본의 핵심은 개인의 상상력과 동기 부여 그리고 목표 설정 역량에서 비롯된다. 정교하게 설계된 진로교육 영역 안에서의 경험을 통해 형성된 꿈 자본은 무엇이 가능한지, 어떤 길을 선택할지에 대한 다양한 기회를 제공할 수 있다.

몇 년째 청소년 희망 직업 1순위가 '교사'인 것이 단지 안정성 추구라는 직업 가치관에 기인한 것은 아닐 것이다. 학부모나 교사가 아닌 제3의 어른을 만난다거나 우연히 새로운 나를 발견하는 경험을 하게 된다면 어떻게 될까? 이 지점이 바로 경험의 차이로 인한 꿈 자본의 격차로

---

[34] BTF푸른나무재단, 2021 청소년 진로교육 포럼 서울대 이재열 교수 기조 강연에서 등장한 용어(https://www.youtube.com/watch?v=0-CaQ7FzvrU)를 차용하였다.

해석될 수 있다. 사례를 들어 살펴보자. 동아리 시간 '작가와의 만남'을 통해 시인을 꿈꾸거나, 교육 기부 프로그램을 통해 천문학 교수님의 강의를 듣고 천문학자를 희망할 수도 있다. 다른 예로 창업 동아리 경험을 통해 발명가나 엔지니어라는 직업인에 흥미가 생기거나, 사제동행 미술전에 한 학기를 쏟아부은 작품을 출품하며 미술 입시를 결정하기도 한다. 또 정책 제안에 필요한 자원을 시청 홈페이지에서 검색하고 담당 공무원에게 인터뷰를 요청할 수도 있다. 무임승차 문제로 팀이 와해될 뻔한 위기를 대화로 풀어 나간 경험이나, 같은 고민을 가진 친구를 상대로 또래 멘토링을 성공적으로 해내기도 한다. 학과 멘토링을 통해 희망하는 상급학교의 선배들과 교류하며 학습 동기를 찾을 수도 있다. 밤새 완성한 프로젝트 보고서로 전국 대회에 참가하거나, 모둠의 동료평가에서 '최고의 리더'로 인정받는 경험을 할 수도 있다. 이러한 진로교육 내의 다양한 경험이 곧 꿈 자본으로 축적되고, 이들의 화학 작용으로 자기만의 아비투스를 형성해 나간다. 이는 결코 고액 과외나 사교육의 일타강사를 통해 배울 수 없는 것들이다. 바로 '경험의 차이가 곧 꿈의 격차'로 이어지는 이유를 설명하고 있다.

꿈 자본 중 사회적 자본은 꿈을 실현하는 데 필요한 네트워크와 자원을 제공한다. 사회적 자본은 좁게는 가족, 친구, 멘토와 같은 친근한 인간관계를 통해 얻어지는 도움과 지지이며, 넓게는 더 광범위한 네트워크에서 얻게 되는 정보나 기회 등을 의미한다. 이러한 자본은 경험의 양과 질을 결정짓는 중요한 요소이자, 궁극적으로 꿈을 현실화하는 데 영향을 미친다. 실제 진로 프로그램 중 직업인이나 선배 멘토링을 통해 학생들이 부모나 교사가 아닌 '제3의 어른'을 만난 경험이 만족도 설문에서 항상 가장 높게 나오기도 한다.

존 크롬볼츠(John Krumboltz)의 '계획된 우연(planned happenstance)'이라는 이론으로 꿈 자본을 더 보충 설명해 보자. 이 흥미로운 이론에 따르면 성공한 사람들의 커리어의 80%는 예기치 않은 우연한 사건으로 형성된다고 한다. 그리고 그 우연적 요소인 '낙관성, 호기심, 융통성, 끈기, 위험 감수'로 커리어가 움직인다고 했다. 앞서 봤듯이 살면서 겪는 수많은 경험의 교차점 속 우연적 효과로 우리의 꿈 자본이 축적되고, 이것이 자신의 진로와 연결되기도 한다. 또한 이 모든 경험이 개인이 가지고 있는 태도나 마음의 자세에 따라 달라질 수 있으므로 진로 탐색에 긍정적인 영향력으로 작용하기 위해서는 이 5가지 요소도 함께 고려해 볼 수 있다. 이는 진로 경로에서 개인이 겪을 수 있는 진로 장벽을 극복할 수 있는 자신감, 자기 효능감 등으로 꿈의 지속성과 성취 가능성에도 영향을 주기 때문이다.

• 계획된 우연을 이끌어 내는 5가지 마음가짐 •

출처: 커리어넷[35] 「드림레터」 제2021-14호

---

[35] https://www.career.go.kr/

결국, 개인의 진로 경로는 단순히 타고난 적성이나 환경의 문제를 넘어, 앞서 말한 다양한 아비투스적 관점의 자본과 이에 바탕한 경험의 총체로서 형성되고 발전되는 것이다. 미래에 대해 마음껏 꿈꾸고 설계해 보도록 하는 것, 꿈의 실현을 위한 자신의 역량을 기를 수 있는 기회를 최대한 제공하는 것, 꿈 자본을 마음껏 채워 줄 수 있는 여건을 만들어 주는 것이 사회, 학교, 교사의 과제이다.

다음은 ○○중학교 1학년을 대상으로 한 진로 교과 프로젝트 사례이다. '클래스 220-나는 무엇을 가르칠 수 있는가?' 라는 주제로 전교생이 참여한 또래 멘토링 프로그램이다. 학생들이 각자 자신이 가르칠 수 있다고 생각하는 자신 있는 영역의 클래스를 열고 관심 있는 친구들의 수강 신청을 받아 이뤄지는 약 한 달간의 프로젝트이다. 이 과정에서 저마다 갈고닦은 끼와 재능이 나타나며 특정 분야의 숨은 고수들이 등장하기도 한다.

학생 1: 선생님, 저는 진짜 잘하는 게 없어요….
학생 2: 저는 게임밖에 잘하는 게 없어요. 게임 클래스 열어도 되나요?

이렇게 반문하는 학생들에게 자신이 가진 자원에 집중해 새로운 가치를 만들어 내도록 독려하고, 누군가에게 선한 영향력을 끼칠 수 있다는 것을 경험하게 해 주고 싶었다.

교사: 너는 아이라인을 전교에서 제일 잘 그리잖아.
교사: 좋아! 그동안 게임으로 갈고닦은 모든 필살기를 전수한다고 하

면 신청자가 넘치겠는걸!

학생들은 그제서야 안심하고 세상 재미있다는 듯 깔깔대며 기상천외한 아이디어를 내기 시작한다. 심지어 '수업 시간 눈 뜨고 자는 법', '탄산음료 먹고 트림 참는 법'까지 등장하지만 곧 친구들의 냉담한 반응에 정리되기도 한다.

전체 클래스 중 가장 기억에 남았던 것은 바로 다문화가정의 승준(가명)이가 개설한 것이었다. 항상 주눅 들어 있고 주변과 관계 맺기에 주저하던 학생이었기에 잘 참여할 수 있을까 내심 걱정이었다. 승준이는 한 시간 내내 고심 끝에 종 치기 직전 바로 엄마의 모국어인 '타갈로그어 기초 인사말' 클래스를 열겠다고 하였다. 평소 친구들과 다른 가정환경이 콤플렉스였던 아이가 그것을 초월해 버리는, 조금은 감격적인 순간이었다. 교사는 전교에 단 하나인 '타갈로그어' 클래스라는 점을 대대적으로 홍보해 주며 분위기를 형성하였다. 몇몇 친구들이 흥미를 가지고 수강 신청을 하였고, 승준이는 집에서 강의안을 정성 들여 작성하고 몇 번의 피드백을 받았다. 또 눈길을 끌 만한 소품과 간식도 스스로 준비하여 인기리에 클래스를 운영할 수 있었다. 그 과정에서 승준이는 교사, 친구들과 수차례 소통하고 자기표현도 많아졌으며, 결과적으로 긍정적인 자아상과 작지만 소중한 성공을 경험한 의미 있는 활동이었다. 시간이 흐른 뒤 언제라도 승준이의 진로 경로에서 도전을 망설이는 순간이 올 때 이 경험을 떠올릴 수 있기를 바란다.

• 클래스 220 - '나는 무엇을 가르칠 수 있는가?' 수강 신청 플랫폼 •

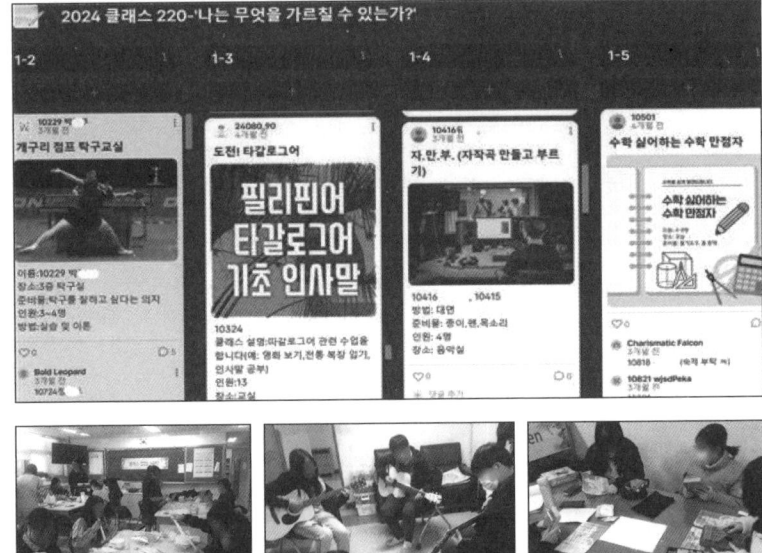

크리스마스 베이킹, 왕초보 기타, 칼림바 애니 OST 등의 클래스를 열고 또래 멘토링 하는 장면

4
학습자 주도성과 진로개발역량

가. 학습자 주도성, 추상적 담론에서 벗어나기

미래 교육과정이라 불리는 2022 개정 교육과정은 교육과정 실행의 주체로서 학습자상을 정립하고 '학습자 주도성'이라는 개념을 다음과 같이 규정하고 있다.

주도성은 자주성, 자기 관리 역량, 자율성 등의 개념에 더하여 공적인 책임 의식까지 포함하는 개념으로서, 교육의 개인적 측면과 공공성 측면을 포괄한다고 할 수 있다. 즉, 주도적인 사람은 삶을 스스로 설계하고 성찰하며 개척하는 사람이자, 책임감 있는 행동으로 세계를 바람직한 방향으로 변화시킬 능력과 의지를 가진 사람으로서, 이에 필요한 역량과 자질을 끊임없이 배우고 익히며 성장해 가는 사람이다.

이와 관련하여 '학생의 주도성은 진로와 연관될 때 극대화된다.'[36]라

---

36 김덕년, 정윤리, 양세미, 최선경, 정윤자 외(2023). 주도성. 교육과실천.

는 의견에 전적으로 동의하는 바이며 개인적으로 진로교육의 본질을 주도성의 발현으로 정의하고 싶다. 2022 개정 교육과정에서 강조하고 있는 학습자 주도성에 대한 다양한 방향의 후속 연구[37]도 활발한 가운데 최근에는 '중학생용 학습자 주도성 측정 도구'[38]가 개발되어 있다. 이 연구는 그동안의 학습자 주도성에 대한 담론이 추상적인 수준의 논의에 그침에서 벗어난다는 점에서 의미 있다. 주요 내용은 학습자 주도성을 우리나라 교육 현실에 적절하도록 3가지의 구성 요소(의도성, 자기조절, 자기 성찰)와 2가지의 발현 수준(개인적 수준, 공동체 수준)으로 재개념화하고 있다. 그 구성 요소와 문항 내용들을 진로개발역량과 비교하면 진로교육에 적용할 몇 가지 인사이트를 얻을 수 있다.

---

[37] 차조일(2022). 중학생의 학습자 주도성 함양을 위한 교수·학습 방안 연구. KICE 연구리포트 2022. 한국교육과정평가원.

[38] 이인태, 우연경, 유은정(2023). 중학생용 학습자 주도성 측정 도구 개발 연구1. 교육과정평가연구. Vol. 26, No. 2, pp.191-215.

• 중학생의 학습자 주도성 측정 도구 •

발현 수준	구성 요소	문항 번호	문항
개인적 수준			☐ 학교 및 일상생활 중, 여러분 자신이 원하는 목적을 달성하기 위해 스스로 노력하는 상황을 떠올리며, 다음의 문항을 읽고 솔직하게 답해 주세요.
	의도성	1	나는 내가 이루고 싶은 꿈이 무엇인지 구체적으로 알고 있다.
		2	나는 내 꿈을 이루기 위해 어떤 준비나 노력을 해야 하는지 알고 있다.
		3	나는 내가 세운 목표를 이루기 위해 무엇을, 언제, 어떻게 준비하고 노력해야 할지 구체적인 계획을 세운다.
	자기 조절	4	나는 목표를 달성하는 데 방해가 되는 유혹이나 게으름을 이겨 낸다.
		5	나는 목표를 이루어 가는 과정에서 부딪치는 어려움과 실패를 극복한다.
		6	나는 목표를 이루기 위해 포기하지 않고 끝까지 노력한다.
		7	나는 목표를 이루는 데 도움을 줄 수 있는 사람(예: 선생님, 부모님, 친구 등)을 찾아 도움을 구한다.
	자기 성찰	8	나는 내가 세운 목표가 추구할 만한 가치가 있는 것인지 점검한다.
		9	나는 내가 세운 목표가 달성할 수 있는 것인지 꼼꼼이 따져 본다.
		10	나는 내가 세운 목표를 달성해 가는 과정과 그 결과를 평가하여 더 나은 방법을 찾는다.
		11	나는 나의 노력이나 능력에 대해 내가 가진 옳지 못한 생각이나 태도(예: 나는 능력이 없어 등)를 반성한다.
공동체 수준			☐ 학교 및 일상생활 중, 여러분이 속한 공동체(예: 모둠, 학습, 학교 등)의 목적을 달성하기 위해 함께 하는 상황(예: 모둠활동, 학급 및 학교 행사, 동아리 활동, 봉사활동 등)을 떠올리며, 다음의 문항을 읽고 솔직하게 답해 주세요.
	의도성	1	나는 내가 속한 공동체가 함께 해결해야 할 문제가 무엇인지 구체적으로 알고 있다.
		2	나는 내가 속한 공동체가 보다 좋은 결과를 얻기 위해 어떤 준비나 노력을 해야 하는지 알고 있다.
		3	나는 함께 세운 목표를 이루기 위해 공동체 구성원들과 협력하여 구체적인 계획을 세운다.
	자기 조절	4	나는 함께 세운 목표를 이루어 가는 과정에서 나만 편하고 싶은 유혹이나 게으름을 이겨 낸다.
		5	나는 함께 세운 목표를 이루어 가는 과정에서 부딪치는 어려움과 실패를 극복한다.
		6	나는 함께 세운 목표를 이루기 위해 포기하지 않고 끝까지 노력한다.
		7	나는 함께 세운 목표를 이루기 위해 공동체 구성원들과 서로 필요한 도움을 주고받는다.
	자기 성찰	8	나는 함께 세운 목표가 추구할 만한 가치가 있는 것인지 점검한다.
		9	나는 함께 세운 목표가 달성할 수 있는 것인지 꼼꼼이 따져 본다.
		10	나는 함께 세운 목표를 달성해 가는 과정과 그 결과를 평가하여 더 나은 방법을 찾는다.
		11	나는 공동체 문제를 해결하는 과정에서 나와 구성원들이 가진 옳지 못한 생각이나 태도(예: 아무리 노력해도 이루어낼 수 없어 등)를 반성한다.

주도성 측정 도구와 진로개발역량(진로 설계, 진로 준비) 측정 도구의 설문 문항을 비교하면 비슷한 질문이나 영역의 유사성을 확인할 수 있다. 특히 두 검사 도구에서 공통적으로 자기 주도성과 자기 성찰 등의 요소가 등장한다. 아래 사례는 이를 활용하여 중학교 진로 교과 I단원의 긍정적인 자아 개념 형성이라는 성취기준을 목표로 구성된 프로젝트 활동이다.

(1) GRIT TRACKER 챌린지

○○중학교 1학년을 대상으로 한 '습관 만들기-GRIT TRACKER 챌린지'이다. 학생들은 자신의 잠정적인 진로 목표를 위해 도움이 된다고 생각하는 습관을 지, 덕, 체 영역에서 스스로 한 가지씩 설정한다. 그리고 2주 동안 실천한 인증 사진을 공유하며 자기평가, 동료평가를 하게 된다. 진로에 도움이 되는 습관을 그것도 3가지씩이나 찾아내야 하는 과정부터 어려움에 봉착한다.

음악 프로듀서가 꿈인 영준(가명)이는 감성 훈련을 위해 매일 다른 하늘 사진을 하나씩 찍겠다는 목표를 세웠고, 유명 셰프가 되고 싶은 준우는 매일 하굣길에 새로운 간식을 사 먹고 품평을 남기겠다고 했다. 물론 과학고 진학이 목표인 상훈이처럼 매일 수학 오답노트 작성하기 같은 그럴듯한 목표를 세운 친구도 있었다. 2주 동안 교사도 5kg 감량을 목표로 매일 새벽 6천 보 걷기에 도전하며 동참하기로 하였다. 2주가 지난 후 챌린지에 성공한 친구는 얼마나 되었을까? 기대치와 비슷하게도 반에서 많아야 10명 안팎이었다.

그리고 이 챌린지의 후속 활동으로 '나의 무한도전 발표대회'를 개최하였다. 물론 실패한 친구들도 자기만의 스토리를 만들어 참가할 수 있는 자격을 주었다. 각자의 도전 과정을 공유하며 성공한 친구들은 큰 박수를 받았고, 또 실패한 친구들의 솔직한 자기반성의 시간도 의미가 있었다. 학생들은 무엇인가를 꾸준히 한다는 것에 대한 힘듦과 가치를 알게 되었을 것이다. 또 목표 달성에 방해가 된 '게으름'에 대한 공감이나 성공과 실패의 경험에서 모두 배울 점을 찾을 수 있었다는 소감을 남겼다. 이번 챌린지에서 자기 스스로 조절하고 관리하는 역량이 주도성 발휘의 동력이며 진로개발역량의 밑거름이라는 것을 체감하였을 것이다.

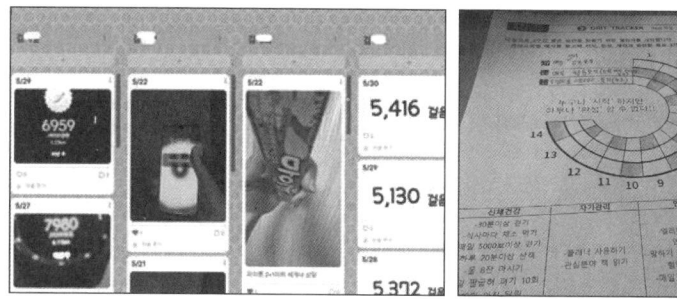

2주 동안 실천한 인증 사진을 온라인 플랫폼에 공유하고
학습지에 기록하며 성찰함.

한 가지 제언을 하자면 학생의 발달 수준에 따라 학습자 주도성을 효과적으로 함양하기 위한 접근 방법에 대한 고민도 필요하다. 이를 위해 진로개발역량 검사처럼 주도성 측정 도구 또한 초등 또는 고등학생용으로 좀 더 세분화된 검사 문항이 개발된다면 활용도가 높아질 것이다. 예를 들면, 같은 직업 멘토링 프로그램이라도 학교급별에 따라 그 목적이 조금씩 다르다. 초등학교의 경우 직업 세계에 대한 기초적인 흥미와 동기 부여가 목표인 만큼 다양한 직업 체험이 주가 된다. 하지만 고등학교의 경우는 구체적인 진로 목표 설정 및 실천 전략 마련을 위해 관심 분야 전문가와의 멘토·멘티, 일대일 코칭 등이 더 효과적일 수 있다. 즉, 발달 단계에 따른 세분화된 검사 도구를 활용한다면 각 학교급에 따라 좀 더 효과적인 진로 프로그램이나 학생 참여형 활동과 평가를 설계할 수 있을 것이다.

마지막으로 공동체 수준에서의 주도성 발휘도 고려되어야 한다. 이는 개인의 진로개발을 넘어 사회적 책임감과 협력적인 문제해결 역량을 기르는 것을 목표로 한다. 사회 참여 프로젝트, 지역사회 문제해결 모의 창업, 공공정책 제안 등을 통해 개인적 수준은 물론 공동체 수준에서의 주도성을 기를 수 있도록 진로 프로젝트를 설계할 수도 있다.

(2) 안전한 통학로 디자인 프로젝트

다음은 ○○중학교 진로 탐색 동아리의 '안전한 통학로 디자인'이라는 프로젝트이다. 실제 삶(맥락) 속의 주제를 선정하여 호기심과 동기를 유발하고자 학생들이 매일 오가는 통학로 주변을 관찰하는 데서 출발한다. 2주간 통학로 주변의 불편하거나 위험한 곳을 직접 제보하거나 해결 아이디어와 관련 자료를 찾아 플랫폼에 올린다. 취합된 의견과 아이디어를 정리해 제안서 작성하기, 교장선생님과의 간담회, 교내 설명회, 서명 받기 등의 과정을 거쳐 시청의 주민 참여 예산제에 제안서를 제출하는 과정이다.

이 일련의 과정은 모두 중학생인 아이들에게 생소한 경험이자 도전이었다. 가장 공감을 받은 문제는 큰 트럭들이 쌩쌩 달리는 정문 앞 4차선 도로를 따라 난 좁은 인도였다. 하천 건너에 사는 대부분의 학생들은 그 좁은 인도를 거쳐 학교 정문 앞의 커다란 육교를 통과해 등하교를 한다. 2명이 겨우 지나갈 수 있는 좁은 인도는 비 오는 날 우산까지 쓰면 아수라장이 된다. 그리고 군데군데 끊어지고 발목 정도의 높이라 제구실을 못하는 펜스가 유일한 안전장치였다. 설상가상으로 큰 나무덩굴이 시야를 방해하는 구간도 있으며, 도로 반대편은 아찔한 경사로이다. '과연 이게 실현될까?' 라는 반신반의의 마음으로 시작한 활동이었지만 자신들의 목소리를 내고 누군가가 귀 기울여주는 경험에 점점 자신감과 사명감이 더해졌다. 설득력을 갖추기 위해 더 다양한 경로로 관련 정보를 수집(시청 홈페이지 조직도, 정책 및 사업, 시정소식 및 행사 등)하였고, 설명회나 교장선생님과의 간담회에서는 누구보다 전문가가 되어 있었다. 처음에는 쭈뼛거리던 소심쟁이들도 한 사람이라도 더 서명을 받기 위해 입을 떼기 시작하였다.

• 좁고 위험했던 통학로의 확장 공사 장면 •

학생 1: 정말 시장님이 우리 이야기를 들어주시네요. 또 바꿔야 할 곳을 찾아봐야겠어요.
학생 2: 나중에 제가 아빠가 되면 아이들한테 여기 지날 때마다 자랑할 거예요.

주민 참여 예산제는 전국 모든 지자체에서 시행 중인 사업으로 지역사회 문제해결 프로젝트의 아이디어 실천 단계에서 적극 활용하기를 권장한다. 각각의 제안 건에 따라 담당 공무원과의 협의, 실사 등의 과정을 경험하고, 전체적으로 정책 실행의 전반을 간접 경험할 수 있는 좋은 기회이다. 또 추후 활동으로 로컬 브랜딩, 지역 축제 기획하기, 친환경 도시 만들기 등 다양한 주제의 프로젝트로 연결시킬 수 있고, 일회성 체험이 아닌 교육과정 속에서 지속적으로 진로개발역량을 내면화시킬 수 있다. 주변의 자원을 탐색하고 연계하는 경험을 통해 지역사회에 대한 관심과 주인의식을 높이는 의미 있는 활동이었다.

• 교장선생님과의 간담회 및 교내 설명회를 위해 직접 제작한 게시판 •

나. 진로개발역량 들여다보기

이제 진로개발역량에 대해 좀 더 구체적으로 살펴보자.

진로개발역량은 삶의 전체적인 맥락에서 진로를 개발하는 데 요구되는 역량[39]을 의미한다. 진로개발역량에는 자기 이해 및 긍정적 자아 개념 형성 역량, 대인관계 및 의사소통 역량, 교육 기회 탐색 역량, 직업 정보 탐색 역량, 진로의사결정 역량, 진로 설계와 준비 역량 등이 포함된다(한국직업능력연구원, 2016). 나아가 4차 산업혁명으로 인공지능 활용 직업 등장 등 직업 형태가 변화하고 다양해짐에 따라 미래 직업 세계에 건설적으로 대처할 수 있는 역량이 강조되고 있다(이민화, 2016[40]).

진로개발역량은 주니어 커리어넷(https://www.career.go.kr/jr/)에서 초등 고학년용, 커리어넷(https://www.career.go.kr/)에서 중·고등학생용으로 간단하게 검사할 수 있다. 진로개발역량검사 도구의 설문 문항을 살펴보면 앞에서 다룬 '학습자 주도성 측정 도구'의 구성 요소인 의도성, 자기조절, 자기 성찰의 측면이 내포되어 있음을 알 수 있다. 즉 주도성과 진로개발역량은 밀접한 관련이 있으며, 이것은 서로 전이될 수 있는 필요충분조건이라고 볼 수 있다.

---

39 이지연 외(2009). 교육과정과 연계된 진로교육 운영모델 구출(II), 한국직업능력개발원.
진로개발역량을 삶의 지향점을 설정하고 진로를 선택하며, 그러한 선택이 실제로 구현될 수 있도록 준비하고 노력하는 과정에서 필요한 지식, 기술, 태도, 가치와 성향으로 정의하고 있다.

40 인공지능과 일자리의 미래.국제노동브리프 제14권 제6호. 한국노동연구원

● 진로개발역량검사[41] 문항 실제 ●

진로 설계 역량 영역(23문항) 中	진로 준비 역량 영역(30문항) 中
5. 나는 다양한 나의 특성(성격, 흥미, 적성 등)에 대해 알고 있다. 8. 나는 내가 희망하는 직업을 가지려면 무엇을 해야 하는지 알고 있다. 10. 나는 내가 희망하는 직업을 갖기 위해 어떤 학교나 학과에 진학해야 하는지 알고 있다. 16. 나는 진로 목표를 달성하기 위해 자기 관리(시간 관리, 체력 관리 등)를 하고 있다. 22. 나는 진로 목표를 세우는 데 방해가 되는 어려움을 해결해 나갈 수 있다. …	25. 나는 내가 열심히 노력하면 진로와 관련하여 긍정적인 결과를 얻을 것이라고 생각한다. 28. 나는 위기도 기회가 될 수 있음을 알고 있다. 34. 나는 새로운 경험을 하는 것에 관심이 많다. 42. 나는 잘못된 진로 선택을 했더라도 나중에 진로를 수정할 수 있다. 53. 나는 여러 사람과 일할 때 서로 존중하며 의견을 나눈다. …

● 중·고등학생용 검사 결과 예시 - 진로개발역량 유형 ●

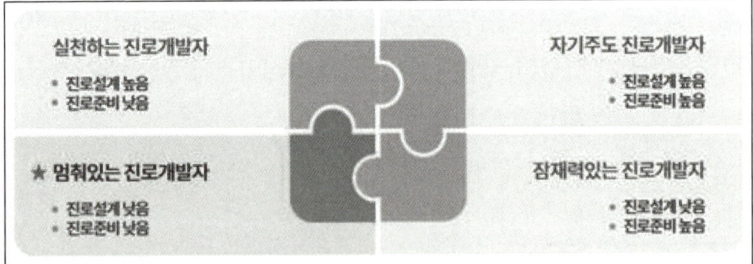

---

[41] 진로정보망 커리어넷(https://www.career.go.kr)

그렇다면 역량은 어떻게 함양되는가? 흔히 교사는 수업 설계 시 지식과 기능이 어떤 문제(특히, 삶의 맥락과 연결된)를 만났을 때 역량이 발휘될 것이라 가정한다. 각 교과의 지식과 기능이라는 것을 재료로 창의적이고 주도적으로 문제를 해결하는 경험의 축적 과정에서 '깊이 있는 이해', '개념적 이해'에 이르렀을 때 전이가 가능하며, 이것이 역량 발휘의 핵심이다. 여기서 역량은 그 자체로 의미를 가지기보다는 종래 교과 교육에서 다루어 온 가치 있는 지식과의 관련 속에서 의미가 좀 더 명료해지는 경우가 많으므로 각 교과의 특성을 반영한 정교한 교육과정 설계가 필요하다. 예컨대 의사소통 능력이 단순히 기술 이상의 것이 되기 위해서는 말할 만한 가치가 있는 내용을 수반해야 한다[42]는 것이다. 이를 진로교육에 어떻게 적용할 수 있을까?

---

42 이찬승(2021). 2022 개정 교육과정의 '교육목표와 수업 지도', 이런 면이 중시된다, 교육을 바꾸는 사람들.
소경희(2007). 학교교육의 맥락에서 본 '역량(competency)'의 의미와 교육과정적 함의. 교육과정 연구 2007.Vol. 25, No. 3. pp.1−21. 재인용

5
나만의 학습나침반 갖기
: 창업교육이 아닌 창업가정신 교육

역량 중심 교육과정의 실천으로 진로교육에서는 '창업가정신' 함양 교육이 주목받고 있다. 이와 관련하여 이미 EU에서는 '오슬로 아젠다'[43]를 채택하였고, 미국은 50개 주에서 기업가정신(창업가정신) 및 창업교육의 표준을 마련하였다. 우리나라도 2022 개정 진로와 직업 교육과정 성취기준에 '창업가정신'이 등장했으며, 최근 교육부의 '진로교육 활성화 방안'[44] 등에서도 관련 정책과 지원 방안이 언급되고 있다.

각급 학교에서 창업가정신 함양 교육에 대한 관심이 증대되면서 일선 학교에서 진로 교과를 중심으로 관련 교육이 많이 이루어지고 있다. 그 결과 특히 고등학생의 창업에 대한 관심이 높아졌으며, 졸업 후 창업을 진로 계획으로 세우는 비율이 점차 증가하는 추세를 보인다. 또한 중학생을 위한 창의적 진로개발 프로그램 효과 분석 연구에 따르면, 청소년

---

[43] 초등학교부터 대학에 이르기까지 기업가정신(창업가정신)의 함양과 실천에 필요한 정책 개발, 교육 시스템 구축 등의 영역과 내용을 제시(European Commission, 2006)

[44] 교육부(2023.4.). 진로교육 활성화 방안(2023~2027)., 교육부(2023.3.). 초·중등 창업체험교육 활성화 사업 추진계획.

의 진로교육 방향은 새로운 것을 만들어 낸다는 것이 핵심이며, 이를 실현하기 위한 창의적 진로개발 프로그램의 핵심은 창업가정신 교육을 통해 진로개발역량을 함양시켜 줄 수 있음을 말하고 있다.[45]

다음은 2022 개정 중학교 진로와 직업 교육과정 중 창업가정신 교육과 관련한 내용 체계 및 성취기준과 해설이다.

• 내용 체계 •

핵심 아이디어	• 직업 세계는 사회 환경 변화를 반영한다. • 자신에게 적합한 진로 기회를 발견하기 위해서는 폭넓은 진로 정보와 학습이 필요하다. • 다양한 경험과 진로활동 참여는 진로 탐색의 주도성을 높인다. • 창업가정신은 진로 탐색에 있어 새로운 기회와 다양한 도전의 기반이 된다.
범주	내용 요소
지식·이해	• 직업 세계의 다양성과 가변성 • 직업 및 학과 정보 • 진로 경로와 교육 기회 • 창업과 창업가정신
과정·기능	• 직업 세계와 진로 정보 탐색하기 • 다양한 진로활동 참여하기 • 창업가 사례 조사하기
가치·태도	• 직업 세계 변화에 대한 적응성 • 진로 탐색의 자기 주도적인 태도 • 창의적 발상과 도전 정신

---

45 송창용, 손유미, 진미석(2012). 중학생을 위한 '창의적 진로개발 프로그램' 효과 분석: 진로성숙도를 중심으로. 진로교육연구 제25권 제1호. 한국진로교육학회.

● 성취기준 해설

[9진로02-04] 학교에서 이루어지는 여러 교육활동과 다양한 경험은 학생의 성장에 주요한 영향을 미친다. 자신의 배움과 경험이 진로와 연계될 수 있음을 인식하고 배움에 대한 주도적이며 적극적인 참여를 높이도록 한다.

[9진로02-06] 환경 변화에 대응하며 자신의 진로를 창의적으로 개척하기 위해서는 도전, 열정, 창의와 혁신을 기반으로 한 창업가정신을 함양하는 것이 필요하다. 새로운 진로를 개척한 창업가, 기술을 통해 사회문제를 해결한 창업가 등의 사례를 통해 창업가정신을 학습한다.

그렇다면 왜 창업교육이 아닌 창업가정신 교육인가? 창업가정신은 '실패를 두려워하지 않는 혁신적이고 창의적인 사고를 바탕으로 예측 불가능한 사회에 능동적으로 대응해 새로운 가치를 창출하려는 태도'를 뜻한다. 그 하위 핵심역량은 '자기 주도, 도전, 가치 창출, 집단 창의'이며, 여기서 중요한 것은 앞서 언급한 '태도'이다. 즉, 중학교급에서는 창업 결과의 산출물보다 창업 체험 교육과정에서의 역량 함양에 초점을 맞추어야 한다는 것이다. 즉, 창업 자체가 아닌 창업가정신 함양을 목표로 접근해야 한다.

청소년 창업가정신 핵심역량은 4차 산업혁명 시대와 그에 따라 격변하고 있는 산업 구조에 대응할 수 있는 역량으로서, 창업 여부와 관계없이 급변하는 사회에 능동적으로 새로운 가치를 창출하여 미래 사회의 건강한 사회 구성원으로 청소년이 성장하는 데 필요한 역량이다. 창업

가정신 핵심역량 진단 도구[46]를 통해 청소년이 자신의 창업가적 역량을 발견하고, 이를 기반으로 효과적인 진로 설계를 할 수 있다.

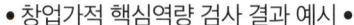

• 창업가적 핵심역량 검사 결과 예시 •

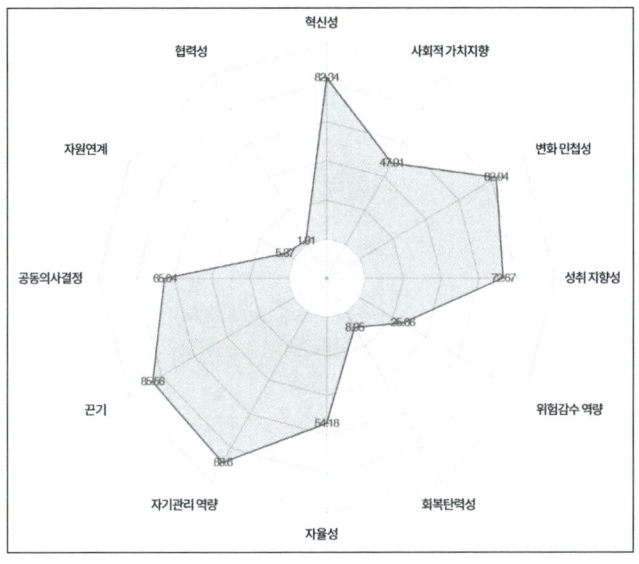

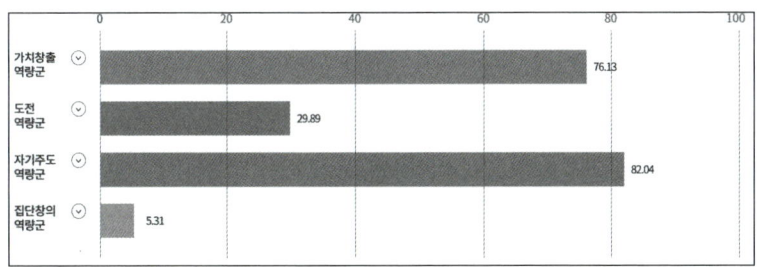

더 구체적으로 창업가정신의 핵심 하위 역량들을 살펴보고 이를 진로개발역량으로 전이시킬 수 있는 맥락적 연결 고리를 파악해 보자.

---

46 온라인 창업체험 플랫폼(https://yeep.go.kr)

• 창업가정신 역량 들여다보기 •

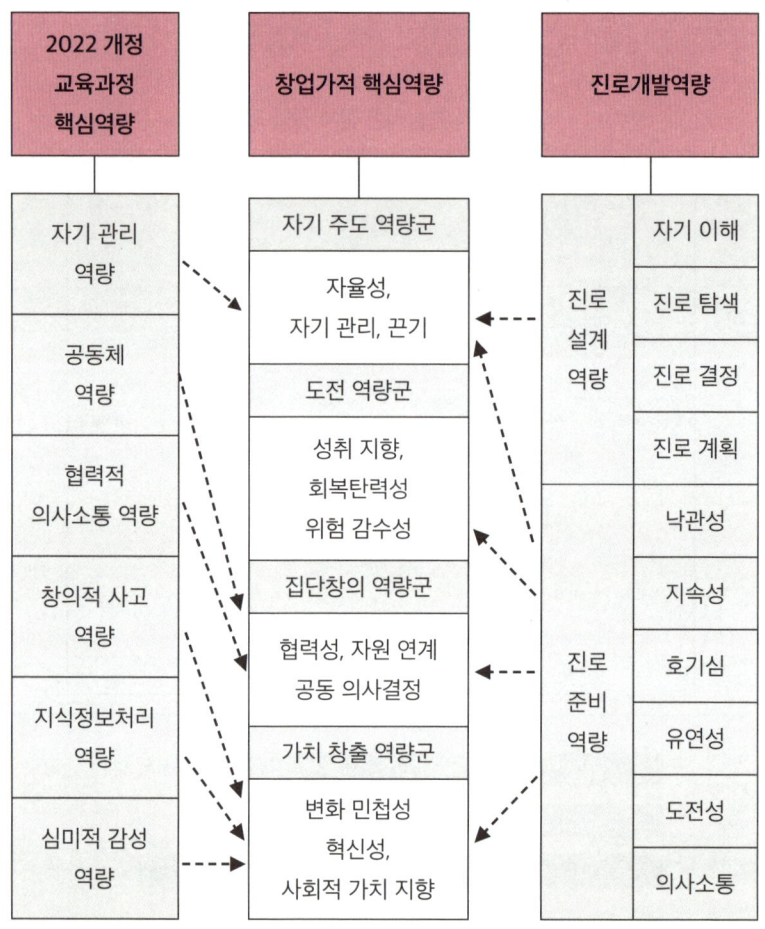

　　이상에서 살펴본 바와 같이 진로개발역량이나 창업가정신은 결국 학습자의 주도성 함양이라는 지향점을 공유함을 알 수 있다. 이렇게 하위 역량 간의 분석 과정에서 많은 시사점을 얻을 수 있다. 역량에 대한 개념적 접근을 바탕으로 진로교육 프로그램이나 학생 참여형 활동을 설계한다면 자기 관리, 협업, 독창성, 비판적 사고, 소프트 스킬(감성 지능 및 내적 동기)과 같이 좀 더 복잡한 역량도 평가가 가능하다. 또한 각종 진로적성 검사나 진로체험, 진학 상담 등의 경험(지식)의 파편들을 연결할 수 있는 경험까지 확장시킬 수 있다.

다음은 ○○중학교 1학년을 대상으로 자유학기제의 진로 탐색 시간에 진행했던 창업가정신 교육 사례이다.

전체 8개 학급의 학생들이 4명씩 팀을 이뤄 총 48개 팀이 참여하는 팀 프로젝트이다. 주제는 우리나라 제과 업체들의 과대 포장으로 인한 환경오염 문제를 해결하기 위한 친환경 과자 포장재를 개발하는 것이다. 산출물 위주의 창업교육이 아닌 창업가정신 함양을 목표로 하므로 진로교육 과정의 「Ⅰ. 자기 이해와 사회적 역량」, 「Ⅱ.1. 직업 세계의 탐색」, 「3. 창업과 창직」 단원을 3단계로 연결하였다.

1단계인 긍정적인 자기 이해를 통한 성장 마인드셋의 바탕 위에 2단계에서 친환경적 요소를 고려한 미래 직업이자 그린잡(green job)들을 탐색해 봄으로써 자연스레 자신의 진로 탐색 영역을 확장시킬 수 있도록 하였다. 아래 소개된 사례는 마지막 3단계에서 진행한 '미니 창업대회－개념 있는 과자 패키지' 프로젝트이다. 이 과정을 통해 자연스레 창업가적 핵심역량을 습득하고, 이를 자기 주도적 진로개발역량으로 발전시킨다.

먼저 과자 봉지를 연결해 만든 뗏목으로 한강을 건너는 대학생들의 퍼포먼스 영상, 유명 제과회사 앞에서 플라스틱 용기 반대 1인 시위를 하는 시민단체 관련 뉴스 등을 보며 문제에 대한 공감대를 형성하였다. 학생들은 평소 아무 생각 없이 소비하던 과자가 환경오염의 주범이라는 사실에 흥미를 보였다. 수업의 중요한 탐구 대상인 실제 과자를 모둠마다 안겨주니 수업 자료를 먹지도 못하고 괴로워했다. 그러다 사뭇 진지하게 과자 봉지를 떨어트려도 보고 냄새도 킁킁 맡아 보며 관찰하기 시작하였다. 각종 사이트를 뒤져 친환경적인 재료와 외국의 사례를 찾아보고 충격 방지용 디자인에 대해 서로 의견을 주고받았다. 저마다 과자에 대해서는 일가견이 있는 전문가였고 그 누구도 졸지 않고 100% 참여하는 모둠 활동 시간이었다.

프로젝트	개념 있는 과자 패키지 프로젝트	운영	진로 탐색 6차시 8개 학급
단원	I. 자기이해와 사회적 역량의 함양 II. 2. 창업과 창직 IV. 진로디자인과 준비		
성취 기준	[9진로02-04] 다양한 경험과 진로활동을 자신의 진로와 연계하며 주도적인 진로 탐색 태도를 함양한다. [9진로02-06] 창업의 특성과 창업가정신을 이해하고 그 중요성을 인식한다.		

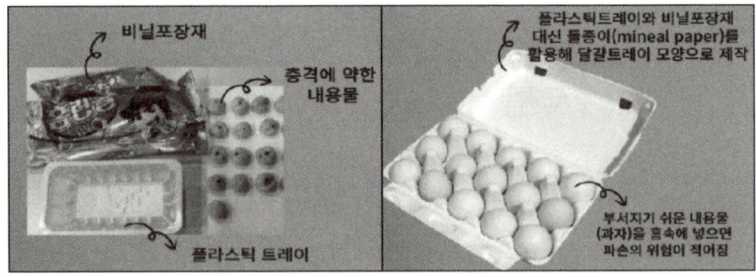

과자의 과대 포장 문제해결을 위한 아이디어로 탄생한
친환경 과자 패키지 아이템

아이디어 제안서 작성, 데모데이, 피칭과 펀딩 단계를 거쳐 미니 창업 대회의 최종 우승은 '돌종이 패키지'를 개발한 팀이 차지했다. 그리고 이 아이템을 실제 H제과 고객 게시판에 제안하였다. 또 지역 중학교 대표팀으로 선정되어 대한민국 청소년 창업 경진대회까지 참가하게 되었다. 대회를 준비하며 학생들은 하루아침에 열네 살 스타트업 CEO가 되어 오만가지 돌발 문제들을 풀어내야 했다. 그 과정에서 온라인 창업 체험 플랫폼(YEEP)에서는 실제 스타트업 CEO의 멘토링을 받는 기회를 얻었고, 돌종이 수입업체에서는 흔쾌히 샘플북을 보내주기도 하였다. 브이로그 영상을 만들고 밤새 프레젠테이션을 연습하며 자신들이 가진 모든 역량을 총동원하였다.

대회 현장에는 전국의 창업 동아리 100여 개의 아이템별 부스가 설치되었다. 과학고, 영재고 등 유명한 고등학교 부스 옆에서도 학생들은 기죽지 않고 서로 의지하며 자기 몫을 해냈다. 또한 다른 지역, 다른 학교의 친구들과 자연스레 소통하며 즐겼고, 평소 선망의 대상이었던 유명 과학고 선배들의 피칭에는 존경의 박수를 보냈다. 경진대회가 아니라 축제의 장이었다. 하지만 갤러리워크로 진행된 심사 시간이 조금 걱정이 되긴 했다.

교사: 연우야, 교수님들이 돌발 질문할 때 당황하지 않았어?
학생: 조금 쫄았지만, 어차피 우리가 다 한 거니까 있는 그대로 말하면 됐어요!

교사는 따로 가르친 적이 없는 것 같은데 학생들은 이미 자기 안의 창업가정신을 꺼내 쓰고 있었다. 새벽부터 대회장에서 하루를 꼬박 보내고 집으로 돌아가는 지하철 안 곯아떨어진 아이들에게 오늘은 어떻게 기억될까?

이 학생들이 어느덧 3학년이 되었고 고입 원서를 쓸 때쯤 2명의 친구가 진로상담을 신청하였다. 시연(가명)이는 내신 따기 힘들어 모두들 꺼리는 타 지역의 외고를 희망했다. 본인이 좋아하는 일본 문화를 외식산업 분야와 융합한 유통 전문가가 되기 위해 일본어과에 소신 지원하겠다고 하였다. 그리고 이번 겨울방학에 해야 할 공부, 읽고 싶은 책 목록, 고등학교 입학 후 동아리에 들어가서 하고 싶은 프로젝트까지 스스로 세운 계획들을 신나서 이야기했다. 진로상담이 아니라 버킷리스트에 대한 브리핑 시간이었다. 또 상위권이었던 은서는 성적이 아깝다는 주위 만류에도 ○○특성화고 미디어 창작과에 지원하겠다고 하였다. 이미 관련 분야의 자격증과 그 고등학교만의 해외 교류 프로그램까지 찾아보았다고 했다.

진로교사가 한 것이라곤 그저 맞장구쳐 주는 일뿐이었다. 학생들이 직접 써 온 자기소개서와 학업 계획서에는 1학년 진로 교과 시간에 했던 미니 창업대회 관련 경험이 고스란히 담겨 있었다.

이상의 창업가정신 교육 사례는 학년 전체를 대상으로 하며 한 달간의 긴 호흡으로 팀을 이뤄 참여한 데 의의가 있었다. 그런데 이러한 학생 참여 활동이 단순히 활동에만 그치지 않기 위해 프로젝트 과정에 대한 성찰도 반드시 필요하다. 이를 위해 '유니콘 퀘스트'라는 게이미케이션 활동을 설정하였다. 이것은 창업 활동 결과의 산출물과는 별개로 오직 모둠 활동 중 협업 정도, 참여도, 의사소통 역량 등에 대한 팀별 보상(유니콘 스티커)이다. 매시간 교사가 관찰 평가한 후 피드백하고 학년 전체가 공유할 수 있도록 복도에 실시간으로 게시하였다. 학생들은 이 퀘스트를 통해 결과만큼 과정이 의미가 있으며 '팀보다 강한 팀원은 없다'라는 가치에 공감하였다.

복도에 유니콘 퀘스트 게시판을 공개하여 프로젝트 과정상의 정의적 영역에 대한 평가를 실시간으로 공유함.

프로젝트가 종료된 후 성찰을 위해 진로개발역량검사 도구를 활용하였다. 학생들의 개별 진로 인식 수준의 변화를 분석하고 개별 인터뷰나 학생 성찰지를 참고하여 양적 검증의 내용을 보완하였다. 학생들은 교과서 속의 지식을 활용해 자신의 삶과 연결된 문제들을 해결하는 활동 주제에 흥미를 보이며 각자의 역할을 수행해 나갔다. 팀별 활동에서 나타나는 갈등도 점차 교사의 개입 없이 해결해 나갔다. 그리고 프로젝트 초반부터 계속 강조해 온 탓에 '역량'의 의미를 어렴풋이 인지하게 되었다. 꼭 창업을 하지 않아도 창업가정신은 나의 진로를 설계하고 탐색하는 데 중요한 역량이며, 이를 자기 주도적 진로개발역량으로 발전시키려는 지점이 관찰되었다. 진로교육의 본질은 결국 '세상 속에서 나는 어떻게 가치 있고 행복하게 살아갈 것인가'에 대한 답을 찾는 과정이다. 그리고 그 과정을 주도적으로 이끌어 갈 수 있는 힘, '꿈 자본'을 길러 주는 것이 학교 진로교육의 목표임을 다시 한번 확인하였다.

• 학생 성찰 내용 •

• 개별 진로 인식 수준의 변화 내용 •

이름	진로개발역량에 따른 4가지 유형[47]	교사 관찰 내용
송○○	멈춰 있는 진로개발자 → 실천하는 진로개발자	스스로에 대해 긍정적인 인식이 높아졌으며 미니 창업대회에서 팀 리더로 자원하는 등 자신감이 향상됨.
이○○	잠재력 있는 진로개발자 → 실천하는 진로개발자	아이템 브랜드 디자인에서 자신의 아이디어가 채택되어 자신감이 생김. 미술 관련 특성화고 진학으로 관심이 확대됨. 진로상담에도 자발적으로 참여함.
노○○	실천하는 진로개발자 → 자기 주도 진로개발자	창업 아이템 제품 설명회에서 발표 준비와 프레젠테이션에서 자신의 역할을 다하며 의외의 강점을 발휘함. 이후 프로게이머라는 구체적 희망이 생김.

---

47 커리어넷 출처
　① 자기 주도 진로개발자: 진로 설계 높음, 진로 준비 높음.
　② 실천하는 진로개발자: 진로 설계 높음, 진로 준비 낮음.
　③ 잠재력 있는 진로개발자: 진로 설계 낮음, 진로 준비 높음.
　④ 멈춰 있는 진로개발자: 진로 설계 낮음, 진로 준비 낮음.

6
행복한 평생학습자 되기

　진로교사로 전과 이후 가장 잘한 일은 벌써 5년 차인 창업 동아리를 운영하고 있는 것이다. 동아리 이름인 '메타몽'은 사실 애니메이션 캐릭터 이름에서 따온 것이지만 꽤 철학적인 의미를 담고 있다. 바로 메타(meta)와 몽(夢)의 합성어로 '꿈을 초월하는 경험의 가치 추구'를 목표로 한다. 이 동아리는 그동안 많은 문제를 찾아내고 해결하기 위해 노력하였다. 학교 주변 유기묘, 인기 없는 우리 지역 축제, 플라스틱 쓰레기, 스승의 날을 기념할 수 있는 공간 디자인 등이다. 물론 문제해결에 성공한 것도 있고 실패한 것도 있다. 하지만 학생들은 분명 그 과정에서 자기 안의 역량을 꺼내어 확인했을 것이다.

　여러 교육 이론과 프로그램에서 '역량'이 강조되고 있으며, 이러한 공감대는 결국 '학습자 주도성'이라는 지향점으로 향하고 있다. 그리고 진로교육의 관점에서는 자기 주도적 진로개발역량으로의 전이까지 고려해야 한다. 이러한 시대적 요구, 교육 환경의 변화를 녹여내어 교사가 주도성을 가지고 학습자 주도성이 발휘될 수 있는 수업과 평가를 설계하고 실천하고자 고민해야 한다. 교사 주도성은 곧 교사의 전문성을 뜻하는 것이며, 이는 교사 스스로 배움을 즐기는 평생학습자가 되어야 한다는 뜻이다.

다음은 "중학생이 알려 주는 진로 선생님에게 필요한 역량은?"이라는 질문에 대한 학생들의 응답 내용이다. 공통적으로 공감, 경험, 긍정, 수용 등의 단어가 많이 보인다. 그중에 '선생님 자신의 도전 정신도 키워야 한다.' 라는 내용에 눈길이 갔다. 학생들에게 성공과 실패에 연연하지 않고 도전하는 태도에 대해 늘 강조하면서 '교사인 나는 과연 어떠했나?' 를 되돌아보게 되었다. 결국 교사와 학생 모두 행복한 평생학습자가 되는 것이 진로교육의 목표인 것이다.

5장

중학교 진로교육, 자기 경험에서 배우고 성장하기

정현주

1
진로교사, 활동 중심 '맞춤형 학교 진로교육과정'을 기획하다

중학교에 입학하여 진로 수업과 진로교사를 처음 만나는 학생들은 첫 시간의 만남에서 무엇을 준비해야 하는지 어리둥절하다. 초등학교에서 경험하지 못한 무언가를 기대하며 자신이 무엇을 해야 하는지 알려 달라고 한다. 때로는 진학 세상을 먼저 경험한 학생은 성적에 반영되는지를 묻기도 한다. 시험을 보고 그 결과를 성적으로 표시하지는 않으나 선생님이 수업 중 활동 내용을 관찰하고 그 결과를 학교생활기록부에 글로 기록한다는 설명을 해 주면 무슨 말인지 이해한 학생들은 자신이 무엇을 해야 하는지 대충 가늠한다. 자신의 미래를 위해 공부하는 학생들[48]이 아직 진로 수업을 경험하지 않아서 이 수업을 기대하고 궁금해 하는 이때, 중학교 3년간의 생활을 어떻게 보내면 좋을지 스스로 결정할 수 있도록 자신을 만들어 가야 하는 소중한 시간임을 알려 주고, 진로의사결정을 위한 정보 수집과 개인적인 준비를 어떻게 할지 학습 경로와 목표를 그려 주는 과정이 필요하다. 학생들에게 중학교 생활에 대한 밑그

---

[48] 통계청의 2020년 사회조사 결과에 따르면 우리나라 중·고등학생의 79.6%가 '미래의 나를 위해서' 학습한다고 하였다.

림을 그려 주기 위해 진로교사는 입학생을 위한 3년간의 학교 진로교육 과정을 미리 기획할 필요가 있다.

　진로교사는 학교교육과정에서 앎의 지식을 세우는 데 직접적인 관여는 하지 않지만, 중학교의 전체적인 교육과정을 아울러 학생의 진로 성장을 도울 학습 경험을 설계한다. 학생의 보편적 환경과 상황을 이해하고 학교 내부 자원과 외부의 지역사회 자원을 활용하여 학생들이 참여하며 성장할 수 있는 적절한 진로교육과정을 기획한다. 개별 학생들의 필요를 반영한 프로그램도 개설하고, 학교 밖의 유용한 프로그램을 활용하여 학생들의 진로 탐색 기회를 확장하도록 돕는다. 때로는 외부 강사와 학교 내 교사들이 협력하여 프로그램을 개발하고 함께 운영하면서 학생들이 좀 더 다양한 자기 성장 경험을 하고, 진로개발역량이 커나갈 수 있는 기회를 마련한다. 교과 교육에서 배운 내용을 진로활동에서 적용해 볼 수 있는 프로그램도 설계한다. 교육과정에서 제시된 학생에게 필요한 역량을 어떤 경험을 통해 키워 갈지 역량 성장의 판단 근거를 제시하기도 한다. 교과 교사이면서 진로교육과 상담 전문가인 진로교사는 다양한 진로 경험을 어떻게 구성할지 섬세하게 고민한다. 매 학년말이면 다음 해의 교육과정을 구상하면서 아래와 같은 질문을 마음에 품는다.

- 진로에 대해 고민하고 미래에 대해 알 수 없는 불안으로 경계하면서 진로활동에 수동적일 수밖에 없는 학생들을 위해, 어떻게 학교 진로교육과정을 기획하고 프로그램을 구안하며 수업하여 학생이 바라는 삶의 목표, 진로교육의 목표를 성취할 수 있도록 직접적인 도움을 줄

수 있을까?
- 학생들이 자기 진로에 대한 정보를 수집하면서 자기 상태를 성찰하고, 학급 친구들과 학습공동체가 되어 함께 성장할 수 있는 자기 주도적인 학습을 스스로 하게 하려면 어떠한 방식으로 가르쳐야 할까?
- 학생들의 진로 성장을 위한 프로그램을 운영할 수업 시간, 운영할 인적 자원과 물적 자원을 얼마나 어떻게 확보할 수 있을까?

이 질문에 대한 답은 국가와 지역의 교육과정을 살피고, 근무하는 학교 현장을 들여다보면서 찾아간다. 학교의 진로교육과정을 기획하기 위해서는 국가 및 지역 교육과정의 지침을 반영하고 학교 구성원의 기대와 요구, 진로활동 운영 시수, 학교의 지정학적 상황과 지역 문화, 학교 내 진로교육 배정 예산과 협력적 교과 교사의 분포, 지역사회의 진로 지원 프로그램 등을 전체적으로 살피고 조율하여 매년 적절하게 체계화하는 작업이 필요하다.

맞춤형 학교 진로교육과정은 학교교육과정으로 운영되어야 하는 교과와 자율·자치 활동 프로그램, 자유학기제 프로그램, 학교자율과정이나 학교자율시간, 진로연계교육, 현장체험, 진로활동 등을 고려하여 기획한다. 진로교사가 학교교육과정을 총체적으로 이해하여 진로교육과정이 학교교육과정 안에서 계속성과 통합성, 자기 주도성, 미래 지향성을 갖도록 학년의 특징과 필요에 따라 기획할 때 활동의 의미를 부여하고 구성원으로부터 참여와 협력을 구할 수 있다. 학교교육과정에서 구성원이 함께 만든 학교 비전을 학년 중심 교육활동을 통해 구현할 때, 진로교육 역시 학년 교육목표와 방향에 맞춰 프로그램을 구성하고 운영하게 되면 일관성 있는 학교교육이 진행되어 학생 성장에 시너지를 더할 수 있다. 정윤경(2017)[49]은 학교에서 운영하는 진로교육과정이 교육과정 편성의 편의성을 고려하고 지식 중심으로 운영되어 진로개발역량을 함양하는 데 한계가 있음을 지적하였다. 지식 중심이 아닌 진정성 있는 역량 개발을 위해 학생의 진로 성장을 이뤄낼 프로그램으로 운영되어야 함을 강조하였다.

학교 진로교육과정을 기획하고 운영하는 것은 학생의 주도적인 진로개발역량을 함양하는 3년간의 경험 체계를 구축하는 것이며, 학생에게 진로교육을 안정적으로 보장하겠다는 약속이다. 다른 부서에서 운영하는 프로그램과 교과 교육 내용을 함께 살펴 학년별 운영될 프로그램이 좀 더 보완될 수 있는 촘촘한 진로교육과정이 진로교사에 의해 제안될 수 있어야 할 것이다.

○○중학교에서 운영한 맞춤형 학교 진로교육과정은 아래와 같은 흐름으로 기획하였다. 학교 진로교육과정 기획은 전년도 12월에 당해 연도 교육평가 내용을 반영하여 12월 말부터 2월 중에 이뤄진다. 상세 프로그램 운영 계획은 3월 초에 확정하여 학교 진로교육 운영 계획서를 작성하고 내부 결재하면서 프로그램 운영이 시작된다.

① 우선 학교 비전과 학년 교육목표에 따라 학년별 진로교육목표와 운영 방향을 수립한다. 자유학기제의 진로 탐색 프로그램, 진로연계교육, 학교자율시간(학교자율과정) 등 학년에 따라 이뤄져야 할 진로와 관련된 교육과정과 내용이 무엇인지 확인한다.

---

[49] 진로교육과정과 학교진로교육 운영. 한국진로교육학회 학술대회지.

② 학교교육과정의 교과와 비교과 활동으로 배정된 진로활동 운영 시간을 파악한다. 배정된 진로활동 시간은 '진로와 직업' 선택 과목, 창의적 체험활동-진로활동, 교과의 진로 융합수업, 자유학기제의 진로 탐색 시간을 모두 포함한다. 이때 학년별로 운영 시간이 편중되어 있다면 좀 더 운영 시간 확보가 필요한 학년이 있는지 살펴본다. 운영 시간이 더 필요하다면 교과 시간을 사용해야 하므로 운영이 필요한 프로그램을 함께 제안하여 구성원 내의 협의를 진행해야 한다. 사례 학교에서는 '진로와 직업' 교과를 선택하지 않아서 1학년의 자유학기제 진로 탐색 17시간, 3학년의 창의적 체험활동-진로활동 연간 34시간만 교육 과정상 시수로 배정했다.

③ 학년별 진로교육목표와 방향, 구성원의 요구를 반영하여 어떤 프로그램을 운영할지를 결정한다. 학년별 진로교육목표를 달성할 최소 시간과 적절한 프로그램을 구안하고, 소요되는 예산과 운영 장소 등에 대한 정보를 수집하고 정리한다. 교육과정부와 교무부, 관리자와 상의하여 운영할 프로그램과 시간을 확정하고, 전체 교과 교사에게도 운영 방향을 공유한다. 또한 진로활동으로 배정된 시수 외에 일반 교과 시간에서 운영할 진로 프로그램 운영 시수가 확정되는 과정이므로 상세 프로그램 운영 일정이 정리되는 대로 전체 교사에게 미리 알린다. 수행평가나 지필고사 전 학급별 진도 차이를 가져올 수 있어서 미리 안내하고 양해와 협조를 구하는 소통의 과정으로 중요한 부분이다.

④ 이후 각 프로그램의 운영 방향에 적합한 상세 내용 계획을 구안하

고 적절한 프로그램을 개발해야 한다. 직접 개발이 어려우면 지역사회에서 지원되는 관련 프로그램이나 꿈길, 커리어넷, 청소년 기업가 체험, 한국과학창의재단 등의 사이트를 통해 제공되는 무료·유료로 확보할 수 있는 프로그램이 있는지 정보를 탐색한다. 예산이 부족한 경우 관리자와 상의하여 예산을 좀 더 확보하여 운영 가능한지를 상의한다. 학교 내 예산 확보가 어려운 경우 여러 기관에서 운영하는 교육지원사업을 살펴 적절한 분야의 사업 신청을 고려한다.

⑤ 다른 학교에서 운영한 우수 진로교육 사례를 살펴 기획된 프로그램의 양질을 점검한다.

⑥ 전체 학생을 대상으로 운영할 프로그램이 기획되고 나면, 학생들이 개별적으로 선택해서 참여할 학생 맞춤형 진로 프로그램을 기획한다. 단일 학년으로 운영할지 통합 학년으로 운영할지도 프로그램 내용에 따라 고려하는데, 전년도에 운영된 내용과 중복이 있는지, 해를 이어서 확장하는 프로그램으로 준비해야 할지, 전혀 새로운 프로그램을 준비해야 할지 함께 고려한다.

구분	1학년 (중학교 적응)		2학년 (자기주도학습)		3학년 (고등학교 이해와 의사결정)	
진로교육목표	자기 이해와 진로 탐색		자기 이해와 진로 탐색		진로 설계와 준비	
학기 활동주제	1학기	2학기	1학기	2학기	1학기	2학기
창의적 체험활동 (진로활동/진로 탐색) 주 1시간	진로 탐색 (17시간)				창체_진로 (17시간)	창체_진로 (17시간)
	• 진로 포트폴리오 작성		• 진로 포트폴리오 작성		• 진로 포트폴리오 작성	
마을 연계 프로그램 - 진로 시간/전체	3월 위클래스 활용 법(1시간) 4월~6월 "나는야, 마을 지킴이: 체인 지메이커"(10시간)					
진로심리검사 - 진로 시간 (1, 3학년), 교과 시간(2학년)/전체	3월 대인관계 역량 검사(1시간)		5월 학습전략검사 (1시간)		3월 진로종합심리검사 (2시간)	
진로역량캠프 -교과 시간/전체	4월 나는 나비(학습 코칭 4시간, 혁신부) 7월 도덕공감연극 캠프(4시간) "도덕아, 놀자"		7월 자기 주도 학습 전략 캠프(4시간) "나 는야, 학습 마루치"		8월 미리고고(GO高) (4시간): 고교학점제 이해와 진로 설계 12월 노동인권교육 (4시간, 혁신부) 12월 미래전략가 나 를 계획하다(6시간, 혁신부)	
	7월, 1월 방학생활 계획하기(1시간)		7월, 1월 방학생활 계획하기(1시간)		7월 방학생활 계획 하기(1시간)	
진로직업체험 -교과 시간/전체	4월 잡월드 직업체 험(학년부) 9월 두드림 직업체 험(2~4시간)		9월 생생미래직업 체험(4시간)		10월 찾아가는 스누 로, 학과 진로 멘토 링(2시간, ○○대학교)	

지역사회 기관 연계 진로체험 - 교과 시간/희망자	9월 ○○청소년진로설계박람회 (1학년 80명 이내)		9월 특성화고 설명회 (3학년부)
	10월 ○○축제 진로체험 프로그램 (특성화고 학과와 직업체험)		
진학 지원 프로그램	이룸학교		이룸 학교/이룸 대학
	진로진학상담/진로진학정보안내	진로진학상담/진로진학정보안내	진로진학상담/진로진학정보 안내
			10월~11월 고입 면접 컨설팅(6시간, 방과후, 희망자)
			12월 진로진학특강 (2시간, 전체, 혁신부)
진로 멘토링 - 희망자	• 선배 멘토링(점심시간, 수시, 희망자) • 4월 영상으로 만나는 직업 멘토 이야기(월, 화 점심시간) • **5월 직업인 멘토링(2시간) 30명, 항공산업 분야 직업인**		

※ ○○중학교의 학교 진로교육과정의 개요이다. 소통과 공감으로 모두가 행복한 학교 비전을 실현하는 학교교육과정 중 진로교육 프로그램을 학년별 활동 주제에 따라 정리하였다. 진로프로그램은 진로부와 혁신부, 학년부가 협업하여 운영하고 있다.

위 ○○중학교 맞춤형 학교 진로교육과정을 개괄적으로 정리한 표를 살펴보면 전체 프로그램을 학년의 운영 방향에 맞춰 기획된 것이 쉽게 발견된다. 이 표를 통해 특정 학년에 어떤 프로그램이 치우쳐 있는지, 운영 내용은 학년 목표에 맞게 적절히 구성되었는지 살펴볼 수 있다.

○○중학교는 진로교육목표인 자기 이해와 다양한 직업 탐색을 통한 진로 설계와 준비가 가능하도록 1학년은 중학교 생활 적응, 2학년은 자기주도학습의 실천, 3학년은 고등학교 이해와 의사결정에 도움을 주는 진로 프로그램을 구성하였다. 학생들이 단계적으로 제공되는 학년 맞춤형 진로교육과정에 참여하면서 '심리적 자신감을 회복하고 자기 삶의

문제를 주체적으로 해결하며, 원하는 변화를 이끌어 가는 자기주도학습을 할 수 있다.'는 성취 목표에 도달하고, '학생이 삶의 변화를 창조하는 데 도움이 되는 도구를 학습하여 스스로 성장을 이끌어 갈 수 있는 실용적인 훈련 프로그램을 구성해야 한다.'는 진로교사의 프로그램 운영 의도가 반영되어 전체 프로그램이 계획되었다.

학년별로 운영 방향에 맞춰 진로심리검사, 진로역량캠프, 진로직업체험을 전체 학생이 참여하도록 프로그램을 제공한다. 1학년은 사회적 관계 역량을 확인하는 도덕인성검사, 2학년은 자기주도적 학습 역량을 점검하는 학습전략검사, 3학년은 자기 이해와 진로 탐색과 설계를 위한 진로종합심리검사를 실시한다. 이후 진로역량캠프와 진로활동 수업에서 학년별로 진로심리검사 결과 해석 활동을 반영하여 자신을 이해하고 깊이 있는 성찰과 진로의사결정에 도움이 되도록 활동 중심 프로그램을 운영한다.

1학년은 중학교 생활 적응력 및 관계 능력 증진을 위한 프로그램이 운영된다. 대부분 학생이 새로운 친구를 만들고 유지하는 것에 어려움을 느끼고 표현을 어려워하여 서로 친근감을 형성하면서 자신의 사회적 행동 성향을 이해하고 확장하는 연극 놀이 '도덕아, 놀자' 프로그램을 운영하였다. 이 프로그램에 참여하면서 친구들과 시나리오를 만들고 아주 짧은 연극을 하게 되는데, 자신과 다른 사람의 감정 상태를 이해하고 표현하는 경험을 하게 된다.

2학년은 자기 주도 학습력 배양을 위한 활동을 구성하였다. 1학년 1학기에 학습 코칭 활동 수업을 진행했다. 1학기는 학습 부담이 적지만 2학기가 되면서 학습량이 늘고 과목마다 공부 방법이 달라져야 해서 스스로 공부할 수 있도록 공부의 의미, 시간 관리 방법, 다양한 학습 방법을 미리 알려 주었다. 2학년이 되어 수행평가와 정기고사를 처음 경험하는데 이 과정에서 자기만의 학습 스타일이 만들어진다. 몹시 긴장하고 노력했음에도 성과가 드러나지 않는 경험에서 많은 학생들이 방황하고 힘들어 하는데, 이때 1학년 때 배운 것을 떠올려 적용해 보는 학생들이 적다. 그래서 중간고사 후 학습전략검사를 실시하여 학습 습관과 환경을 이해하는 정보를 수집하고, 기말고사 후에는 '나는야 학습 마루치' 프로그램에 참여하여 검사 결과를 해석하고 현재의 공부 습관을 점검하면서 좀 더 시도해야 할 자기 학습 방법을 탐색하게 한다. 새로운 습관이 필요하다면 어떻게 그 습관을 만들 수 있을지도 알아보면서 방학 기간을 통해 스스로 도전해 볼 수 있도록 안내하고 있다.

3학년은 진로종합심리검사를 통해 흥미와 적성, 가치관과 진로 성숙도 검사 결과를 종합적으로 살펴볼 수 있다. 진로활동 시간에 검사 결과들이 무엇을 보여 주는지 해석을 함께하고, 관심 가는 직업과 직업 실현 경로를 탐색한다. 이후 교과 시간을 배정하여 미리고(go)고(高) 프로그램을 운영하는데, 고등학교 교육과정을 이해하고 고교학점제로 인해 진로 설계를 어떠한 방식으로 하면 좋을지, 자기 진로에 어떻게 연계되는지를 미리 살펴보고 진로 설계를 해 보는 경험을 제공한다. 이후 진로활동 수업에서 자기 진로를 좀 더 구체적으로 설계하여 발표 자료를 만들고, 진로 설계 개인 발표를 진행한다. 친구의 발표를 경청하면서 다양한 직업 정보를 알고 서로 지지하고 응원해 주며 피드백하면서 더 성장하는 시간을 이어간다. 평소 '진로'라는 단어에 거리두기 하는 학생들도 이 시간을 보내고 나면 자신도 무엇을 하면 좋을지 고민하면서 정보도 찾아보고 지금까지의 생각을 정리하면서 좀 더 진지한 모습을 드러낸다.

진로직업체험은 1학년은 두드림 직업체험(일반산업 분야), 2학년은 생생미래직업체험(4차 산업 관련 미래 기술 영역), 3학년은 학과계열체험(대학 계열학과 탐색)으로 2학기에 운영하였다. 이외에도 지역사회 진로박람회에 희망자를 중심으로 참가하거나 학교 축제에서 자유롭게 직업 탐색이 가능하도록 체험 기회를 제공하고 있다.

1학년 자유학기에 운영되는 진로 탐색은 마을 강사와 함께 체인지메이커의 문제해결 과정을 배우는 '나는야, 마을지킴이' 과정을 10차시 운영한다. 그동안 살아오면서 경험하고 배운 것들을 삶에 적용해 보는 과정으로 공동체의 문제를 발견하고 서로 협업하여 문제를 해결하는 과정을 경험 및 학습한다. 교과별 시수에 따라 여러 명의 교과 교사가 진로 탐색 수업을 담당하는데, 마을 강사가 수업을 진행하고 교과 교사가 강사와 함께 수업을 이끌어 가도록 했다. 교사가 마을 강사와 함께 수업을 운영하면서 학생들의 수업 참여 과정을 지원하고, 학생의 성장 변화를 관찰하고 피드백하도록 구성하였다. 이를 위해 진로교사는 진로 탐색을 담당하는 교과 교사와 미리 만나 수업의 큰 계획과 과정을 공유하고, 마을 강사와 서로 어떻게 협력할 것인지 상의한다. 프로그램을 갈무리하면서 학생들은 진로활동 보고서를 작성하는데, 교과 교사가 적극 수업에 개입하고 지원하는 경우 학생들의 성찰이 깊어지고 타인 공감 역량이 커지는 것을 발견할 수 있었다. 또한 외부 강사와 함께 수업을 운영하는 내부 교사들의 협력적 교육 태도가 학생들에게 협력 조직의 모범으로 인식되어 수업에 더 열심히 참여하는 것 같다고 느껴졌다.

3학년의 창의적 체험활동-진로활동은 학급별 주 1시간 활동 수업으로 진행하는데, 진로역량캠프와 직업체험, 진로심리검사 등에서 운영되는 진로 프로그램들을 통합하고, 그 시간에 학습한 결과물을 활용하는 진로활동으로 운영하였다. 3학년 진로활동은 고등학교 진학을 준비하고 진로를 설계하는 교육 방향에 맞춰 운영하는데, 자기소개, 고등학교 진로 선택을 위해 학교 정보를 탐색하고 의사결정하는 과정을 연습한다. 5단계 스토리텔링 실습과 모의 면접 연습, 진로심리검사 결과 해석과 직업 정보 탐색, 미래 진로 설계와 개별 발표를 한다. 이 시간을 통해 3년간 학교 진로교육과정을 아울러 통합하고 평가하며, 성찰을 통해 스스로 배우도록 하였다.

이렇게 전체 학생을 위한 학년 단위 맞춤 진로 프로그램 외에도 희망자를 모아서 운영하는 개별 진로 멘토링과 진로체험 프로그램도 운영하였다.

진로교사는 한 학교의 전체 진로교육과정을 기획하는 전문가로서 학생의 학습 경험을 설계한다. 국가와 지역의 교육과정, 중·고등 '진로와 직업' 교과과정, 창의적 체험활동 등을 포함한 학교교육과정을 잘 알고 있으면서 학교 진로교육과정을 학년과 개별 학생의 요구에 맞춰 설계한다. 다른 부서와 교과의 교육활동을 살피고 상의하여 학교교육과정의 목표를 완수할 진로교육 프로그램을 효율적으로 기획하고, 교육공동체 구성원의 협력적 시너지를 만든다. 이것은 학생이 자기가 배워 온 '앎'을 통합하고 현재 삶의 과정으로서 미래 생애를 설계하고 자기 주도성을 발휘하여 준비하도록 도우며, 모든 경험하는 것들을 성찰하여 깊게 배움이 일어나도록 한다. 진로교사는 교육과정 설계를 통해 학생의 학습 성장 경험을 창조하는 중요한 역할을 하는 것이다.

2
참여와 신뢰를 높이는 오리엔테이션, 교사와 학생의 자기소개하기

진로 수업을 통해 학생들을 처음 만날 때는 다른 교과에서처럼 오리엔테이션을 진행한다. 보통은 간략한 자기소개, 연간 수업 활동 내용 안내, 학생들의 수업 참여 약속을 정하면서 첫 시간을 마친다. 첫 만남의 기대감을 잘 활용하기 위해 도입에 신경을 많이 쓰는 편인데, 진로활동 시간에는 간단한 환영사와 더불어 교사의 다소 긴 자기소개를 먼저 한다. 교사의 자기소개 후 학생들의 자기소개가 이어 진행될 예정이라 자기소개의 교본으로 활용할 목적이 커서 교사의 자기소개는 일상적이지만 의미를 부여하는 방식으로 내용을 구성한다. 나름의 인생에서 결정적인 생애 경험을 지금까지 어떠한 삶의 태도로 살아왔는지 생애 진로 관점에서 삶을 바라볼 수 있도록 서사하는 방식을 선택한다. 인생의 전환점에서 무엇이 중요했는지, 왜 그런 선택을 했는지 교사의 중요한 가치와 신념에 대해 이해할 수 있도록 이야기한다.

헨리 뢰디거(Henry Roediger) 외(2014)[50]에 따르면, 지능을 노력과 학습의

---

[50] 헨리 뢰디거, 마크 맥대니얼, 피터 브라운(2014). 어떻게 공부할 것인가. 김아영 역. 와이즈베리.

결과로 믿는 성장 사고방식(growth mindset)은 자기 능력을 향상시키는 학습목표를 설정하게 하여 계속 도전하고, 장애물을 만나면 오히려 집중력을 높이고 더 창의적인 생각을 하게 만든다고 한다. 교사 스스로 지속적인 잠재력을 확장하기 위해 도전하고, 좌절해도 다시 일어나 성장해 왔음을 설명하여, 교사 역시 노력하는 보통 사람임을 이야기한다.

"선생님은 너희들이 건강하고 성숙한 어른으로 성장해 주길 원해. 사회 안에서 자기 역할을 찾고, 해야 할 일을 해내는 사람이 되어 우리 사회에 긍정적 영향을 줄 수 있는 멋진 사람이 되길 바란다. 나도 일하기 싫고 힘든 날도 있지만 그래도 힘내서 완주하려 노력하는 것은 나의 제자들에게 부끄럽지 않은 선생님으로 기억되고 싶기 때문이야. 그래서 힘을 내기 위해 슬로건을 자주 외친단다. 어떻게 하는지 보여 줄까?"

그리고 마침내 현재 진로교사로서 무엇을 위해 일하는지 보람과 비전을 선언하고, 학생들의 성장을 위해 교사로서 어떤 역할을 할 것인지 설명한다. 이러한 과정에서 학생들은 교사를 이해하고 자신이 신뢰할 만한 사람인지 가늠하고, 수업에 참여할 때 자신이 어떤 행동을 할지 판단하게 된다. 교사의 첫인상을 착하거나 엄격한 이미지로 꾸미는 것이 아니라 학생이 교사와의 만남을 통해 자신이 존중받고 성장할 수 있을 것이라는 기대감을 갖도록 동기부여하는 도구로 활용한다.

그림과 같이 비전과 슬로건을 선언하는 것은 교사에게도 큰 도전이 되는데, 학생들에게 먼저 자기 생각을 열어 보이며 학생들이 두려움의 벽을 허물고 용기 내서 도전하는 과정을 함께하겠노라는 구두 계약서를 보내는 것과 같다. 교사가 용기 낸 것처럼 학생들도 자기소개를 준비하도록 안내하고 3~4시간의 수업 시간을 할애하여 학생 한 사람 한 사람의 자기소개를 진행하고 궁금한 것을 질문하면서 좀 더 알아 가는 시간을 갖는다. 그저 이름과 소속만 말하는 자기소개가 아니라 서로가 생각과 삶의 태도를 조금이라도 알 수 있도록 연관된 자기 경험을 이야기하고, 현재 자기 삶에서 가장 집중하고 있는 것이 무엇인지 탐색하여 말한다. 이렇게 자기소개는 자기가 살아온 시간 동안 쌓아 온 신념과 욕구를 성찰할 수 있는 중요한 경험을 제공한다.

교사가 아주 진지하게 율동하면서 슬로건을 외치는 교실 모습을 상상해 보자. 크게 소리 내서 웃고 따라 하거나 당황하는 학생들이 간혹 있다. 수업 후 선생님을 놀리는 팬이 생긴다. 그럼에도 교사는 늘 즐겁고 당당하다.

자기소개를 모두 마치면서 학생이나 교사 모두가 각자의 삶을 잘 살아내고자 노력하는 사람이며, 학교라는 공간에서 우연히 함께 만나게 된 것임을 인정하고, 각자의 성장을 돕기 위해 서로 협력해야 하는 동지임을 공유한다. 도전하고 연습하는 과정을 함께하므로 서로 응원하고 공감하고 수용해야 함을 약속한다. 모두가 살기 위해, 잘하기 위해 최선을 다하고 있으니 서로를 응원하고 배려하자고 말한다. 이 약속의 순간을 기억하기 위해 교사가 외쳤던 슬로건을 알려 주고, 함께 율동을 하면서 외친다. 더 오래 기억되도록 몸으로 학습하는 것이다.

3
자기조절의 힘을 키우는
건강한 습관 만들기 프로젝트

　인체의 에너지를 가장 많이 소모하는 뇌는 효율성을 높이기 위한 방향으로 구조와 기능을 변형한다고 한다. 효율성이 가장 높은 뇌의 변형 구조는 사람의 행동이 습관이 되어 무의식적으로 드러날 때를 말하고, 가장 에너지를 적게 사용하면서 원하는 결과를 얻을 수 있다고 한다. 이렇게 습관은 이미 효율성이 높아진 상태로 우리의 무의식 안에 들어와 있다. 일상에서 의사결정의 대부분은 이 무의식적인 습관이 주도하고 있다.[51] 무의식의 선택을 신뢰하려면 내가 신뢰할 수 있는 좋은 습관을 충분히 갖추고 있어야 한다. 좋은 습관을 만드는 방법을 알고 실천하는 것은 자신이 바라는 삶을 살 수 있는 확률을 높이는 행동이 된다.

　진로는 자기 삶의 이야기를 결정하고 행동으로 실천하는 과정이다. 삶

---

[51] 데이비드 이글먼(2024)은 인간이 의식적인 시스템이 아닌 무의식에 의해 이뤄진 익숙한 행동과 의사결정을 좀비 시스템에 의해 처리하고 있다고 말한다. 뇌신경가소성이란 뇌가 경험이나 환경 변화에 의해 따라 구조와 기능을 효율적으로 변화시켜서 유연성과 적응성을 높이는 능력을 의미한다. 이는 뇌신경과 생리기능이 학습 경험과 신체 활동, 심리적 요인에 영향을 받아 유연성과 적응성을 높이는 방향으로 구조와 기능을 효율적으로 변화하는 것을 말한다.

의 과정에서 의사결정, 즉 선택은 점점 더 많아지고 순간마다의 선택이 현재와 미래의 삶을 주도한다. 그렇다면 좀 더 나은 의사결정을 위해 학생들은 무엇을 학습해야 할까?

첫째, 무의식적인 행동 경향성을 알고, 스스로 조절하는 것을 연습한다.

둘째, 무의식 중에 자신이 바라는 좋은 습관이 풍부해지도록 학습한다.

먼저 무의식적인 행동 경향성을 조절하기 위해서는 내가 무엇을 하고 왜 하는지를 스스로 아는 것이 중요하다. 지금 하는 모든 행동을 잠시 멈추고 자기 몸의 감각과 건강 상태, 감정 상태와 행동을 느끼고 평가하여 현재의 자기 상태를 아는 '알아차림'을 한다. 그다음 스스로 다음 행동을 결정하는 훈련을 반복하여 무의식적인 행동을 의식적인 상태로 조절하는 연습을 반복한다. 이러한 무의식 조절 훈련 방법[52]을 '건강한 습관 만들기 프로젝트'로 만들어 지난 8년간 진로활동에서 진행하고 있다.

건강한 습관 만들기 프로젝트는 첫 시간에 왜 이 프로젝트가 필요한

---

52 엘렌 랭어(2016)의 『마음챙김 학습혁명』에서는 잘못된 통념을 가진 사람이 좀 더 유연하고 생산적인 학습을 통해 변화될 수 있음을 설명한다. 마음챙김을 통해 지금 여기에 주의 집중하고, 자기 경험에서 놓치고 있는 것이 무엇인지 성찰하며 바라는 선택을 할 수 있도록 돕는 학습법을 제안하고 있다. 마음챙김 접근법은 ①계속해서 새로운 범주를 만들고 ②열린 마음으로 새로운 정보를 받아들이며 ③여러 가지 다른 관점이 존재할 수 있음을 인정한다. 마음놓침은 ①기존 범주에 갇혀 있으며 ②새로운 신호에 반응하는 것을 막는 습관화된 행동을 하고 ②한 가지 관점에서만 행동하는 특징을 지닌다. 랭어는 연구를 통해 학습을 어렵게 하는 잘못된 통념 7가지를 제시하고, 습관적인 마음에서 벗어나 자신을 통제하고 의사결정하는 방법을 알려 준다.

지 학생들의 이해를 구하는 설명이 필요하다. 인간의 내면 상태는 행동으로 드러나며, 행동을 통해 그 사람이 어떤 사람인지 알게 되기 때문이다. 사실 자기가 어떤 무의식적인 행동을 자주 하는지 스스로 잘 파악하는 학생은 드물어서, 시간이 충분하다면 자기 이해를 위한 활동으로 '조하리의 창' 활동을 먼저 해 보면 좋다. 나만 알고 있는 나(Hidden), 다른 사람이 알고 있는 나(Blind), 나와 다른 사람들이 모두 알고 있는 나(Open), 나도 남도 모르는 나(UnKnown)를 알아보면서 내가 나에 대해 무엇을 알고 모르는지 성찰하는 경험을 해 보길 권한다.

정서 과학적 연구에서는 감정이 감각적으로 느끼고 평가하고 해석하는 과정을 통해 자신이 다음 행동을 결정할 수 있다고 한다. 다만 청소년 시기는 추상 개념을 포함해서 인지능력이 완전하지 않은 상태이고, 복잡한 인간 감정을 인식하거나 자기감정을 조절하여 어떻게 다음 행동을 할 것인지에 대한 의식적 결정 경험이 적어서 연습이 좀 더 많이 필요한 상태일 뿐이다.[53]

그래서 건강한 습관 만들기 프로젝트를 시작하면서 첫 시간에는 이 활동의 취지나 프로젝트 운영 효과, 참여할 때의 태도를 안내하고 활동지의 작성 방법을 찬찬히 설명하면서 단계별로 작성을 안내하며 진행한다.

---

[53] 패트리샤 주리타 오나(2024), 루이즈 L. 헤이스, 조셉 V. 치아로키(2023)는 알아차림이 자기조절을 위한 첫 단계라고 소개한다. 알아차림은 몸과 사고와 감정의 상태와 맥락을 느끼며 메타사고(관조기법)를 통해 관찰하고 감정을 수용하고 이름 붙이며 흘려보내는 것이다. 감정은 자신에 대한 정보이다. 느낌을 식별하는 활동이 정서를 잘 다루게 하여, 사회관계 역량을 향상하는 매우 중요한 활동임을 강조한다.

• 건강한 습관 만들기 프로젝트 1단계 •
: 멈추고 자기관찰하기

활동 취지를 이해한 뒤 1단계 자기관찰이 진행되는데, 자기관찰은 매 수업 도입부에서 짧게 5분 정도씩 8회를 반복하여 운영한다. 주 1시간 운영하는 진로활동 시간의 8주간 진행되는 과정이다. 활동지에 날짜를 적고 잠시 모든 것을 멈춰서 자기 몸에 집중하도록 안내한다. 천천히 호흡하면서 몸의 상태를 느끼고, 마음과 생각을 느끼고, 감정의 상태를 느낀다. 이 느낌을 구분하여 관찰하면서 자기 행동과 상태를 주도하는 원인을 찾아보고 활동지에 메모하도록 안내한다. 자기 느낌의 강도를 감지하여 현재의 자기 상태가 자신에게 도움이 되는지 인지하고, 5점을 평소 상태로 기준을 삼고 1~10 사이 수를 자신에게 도움이 되는 정도에 따라 적어 본다. 이 과정은 스스로 느낌의 가늠자를 만들어 가는 과정이다. 이 과정을 진행하는 초기에는 자기 집중을 어떻게 해야 하는지 익숙하지 않고, 몸과 마음과 감정을 구분하거나 나름의 상태 측정값을 숫자로 표현할 때 자기 기준을 잡지 못하여 어려워하는 경우가 있다. 하지만 반복 활동으로 자기에게 집중하는 것이 익숙해지면 자기 나름의 기준을 갖게 되니, 학생들이 익숙해지도록 교사는 반복하여 친절하게 설명하는 태도가 필요하다.

학생들이 작성한 8주간의 내용을 살펴보면 학원 과제를 하지 않아 걱정이 되거나 수행평가 준비와 시험 불안, 수면 부족, 배고픔, 친구와의 갈등으로 화, 짜증, 답답함을 느낀다고 되어 있다. 일상의 지루함, 오래된 피곤함, 진로 문제로 갈등을 겪는 등 다양한 감정과 정서, 개인적 상황 안의 크고 작은 문제들이 작성된 내용 속에 나타난다. 일부 학생은 사용하는 단어 표현이 한계가 있어서 몸과 마음, 감정의 상태를 적절하게 표현하는 것을 어려워하기도 하는데, 프로젝트 사전 활동에서 감정이나 몸, 마음의 상태 표현 단어를 미리 제공하여 살펴봐도 좋을 것이다.

구체적으로 자기 상태를 작성한 학생들은 평소 자기 상태를 잘 인지하고 표현하는 학생들이었고, 순간의 감정이 흘러 지나갈 때 자기의 행동적 변화를 확인하는 과정을 흥미롭게 여겼다. 1단계 활동 후 학생들에게 오늘의 상태에 대해 말해 달라고 하고 피드백을 하기도 하는데, 늘 감정은 지나가는 것이고 상태를 알고 있으면 내가 상황을 변화시킬 수 있다는 메시지를 반복하여 전달하였다. 프로젝트 진행 과정에 좀 더 집중하도록 메시지를 일관성 있게 주었다. 교사가 학생들에게 하는 피드백은 조급하게 직접적인 문제해결 방법을 제시하는 것은 제한하고, 학생들이 스스로 답을 찾도록 믿고 기다리는 시간을 주는 것이 필요하다. 교사가 조급하게 답을 주면서 개입하면 학생이 스스로 성장할 수 있는 기회를 놓칠 수 있다.

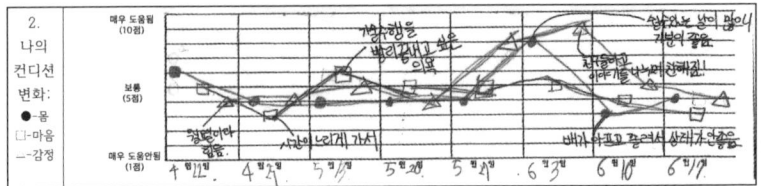

• 건강한 습관 만들기 프로젝트 2단계 •
: 자기관찰 결과를 그래프로 옮겨 컨디션 변화 살피기

학생들이 관찰 기록을 마치면 척도의 수치를 그래프에 옮긴다. 몸(◯)−마음(□)−감정(△)의 그래프가 급격히 높아지거나 낮아진 때의 원인을 찾아 그래프 안에 적게 한다. 사례의 그래프처럼 학생마다 몸−마음−감정의 선이 서로 교차되고 출렁이는 것을 살펴볼 수 있는데, 우연인지 몰라도 활동이 효과적인 학생의 경우 세 선이 5~7 사이로 모이는 것을 볼 수 있었다. 이 프로젝트를 통해 스스로 조율하는 과정이 보이는 것 같아 흥분되기도 했다. 그래프 분석은 학생들이 나름대로 자기 생체리듬을 발견하고 특정 행동에 영향을 주는 원인을 찾거나, 제한된 자기 신념이 있는지 더 살펴볼 수 있어서 도움이 되었다.

• 건강한 습관 만들기 프로젝트 3단계 •
: 관찰 결과 PMI 분석과 성찰하기

이후 누적된 자기관찰 내용과 그래프 변화를 해석하고 발견한, 자신에게 도움이 되거나 혹은 도움이 되지 않은 무의식적인 몸과 마음과 감정의 습관을 작성하게 한다. 발견한 습관 중 어떤 습관을 좀 더 개발하고, 어떤 습관을 버리고 다른 습관으로 대체하면 좋을지 결정[54]하게 한다. 4인 모둠을 만들어 현재까지 자기가 발견한 것을 공유하고 친구들과 서로 긍정적 피드백을 나누는 시간을 갖는데, 나눔의 과정에서 친구를 통

---

54 PMI 기법은 에드워드 드 보노(Edward De Bono)가 1973년에 처음 소개한 수렴적 사고 기법이다. 아이디어 평가, 의사결정 과정에서 장점(Plus), 단점(Minus), 흥미로운 점(Interesting)의 3가지 측면에서 아이디어를 분석한다. 제안된 아이디어의 긍정적인 면과 부정적인 면, 흥미로운 요소를 모두 고려하여 개인과 조직에 도움이 되는 의사결정을 하도록 돕는다.

해 배운 것을 만들고 싶은 습관과 성찰 내용에 보완하여 반영하도록 안내한다.

이 과정에서 학생들은 몸과 마음과 감정이 서로 한 덩어리로 움직이는 자기 모습을 발견하고 조절이 필요하다고 인식하였다. 의식적으로 실천을 하면 나쁜 습관이 개선되지만, 의식하지 않으면 조절되지 않은 경험을 하였다고 했다. 8주간 학생들은 무의식적인 자기 습관을 발견하고 좀 더 발전적이라고 생각하는 습관이 무엇인지 생각하였다. 다음 실천 행동을 결정하는 과정을 연습하고, 실천 의지를 다지며 스스로 실천하는 것을 확인할 수 있었다. 더 나은 삶을 사는 일상의 습관들인지라 거침없이 도전하는 자신감이 있었다.

건강한 습관 만들기 프로젝트 성찰 과정에서 모둠 내에서 나눔 활동을 했다. 서로의 이야기를 듣고 친구에게 응원과 지지의 메시지를 작성하여 교환했다.

학생들은 교사의 특별한 개입 없이도 자기 정보에 바탕을 둔 변화를 위한 목표를 세우고 실천하기 위해 노력하였다. 학생들의 수업 중 산만한 행동은 학생이 의식적으로 선택한 것이 아니라 무의식적으로 다른 것에 주의가 분산된 결과임을 확인할 수 있다. 빨리 자기 상태를 알아차리고 주의를 자신에게, 지금 여기에 펼쳐진 좀 더 중요한 상황을 선택하여 그 선택에 집중하고 참여하는 것은 주도성을 발휘하는 기본 태도이다.

학생들이 작성한 건강한 습관 만들기 프로젝트 활동지는 함께 상담으로 다뤄야 할 개인적인 삶의 정보도 담고 있다. 이 활동을 완료하면 활동지를 취합하여 스캔을 떠서 담임교사와 공유하였고, 개별 상담에 활용할 수 있게 하였다. 교실에서는 직접 학생들의 작성 내용을 살펴보면서 대화를 나누고 일반 상담이나 진로상담을 좀 더 권해 보기도 한다. 학생들이 스스로 점수 매긴 몸-마음-감정의 상태가 5점 이하로 지속되거나 점수 편차가 크게 오르내리는 것이 반복되는 경우, 8주간의 자기 관찰 기록이 없는 경우 상담이 좀 더 필요할 수 있다. 현재의 상태를 파악하여 어떤 도움이 필요한지 확인하고, 적절한 지원을 받을 필요가 있음을 학생에게 안내하면 좋다.

이 프로젝트를 통해 세운 '만들고 싶은 습관'은 자기만의 챌린지를 통해 도전한다. 짧은 기간에 먼저 실천이 가능한 것부터 챌린지를 만들도록 안내하여 1~2주 동안에 실천 결과를 확인할 수 있도록 계획을 세우고, 실천 후 챌린지 보고회를 하였다. 시험 1개월 전이라서 시험공부를 비롯하여 자기 방의 정리정돈, 미술의 원근 표현 연습, 기악곡의 완주 등 자기만의 목표를 세우고 실천한 학생들은 저마다의 스타일로 보고서를 만들어 왔다. 학생들은 실천 과정에서 스스로 문제점을 발견하여 중간에 수정하면서 더 나은 방법을 찾아 실천하기도 하고, 성실하지 못한 자신을 다시 만나 실망하기도 했다. 또, 계획한 일정을 모두 수행하면서 더 나은 상태의 자신을 경험해 보고 만족감과 자신감을 느끼기도 했다. 무엇에 도전하든 그것을 통해 배우고 탐색하고 성장하며 작은 변화를 만들어 냈고, 이 변화가 자기 이야기를 만드는 시작이 되었다. 도전과 실천 과정 중 예상치 않은 곳에서 우연한 즐거움을 경험하고 또 다른 도전을 하는 학생들을 발견할 수 있다.[55] 작은 챌린지는 작은 성공을 자주 하기 위한 방편이다.

작은 챌린지 발표 사례. 정리를 좀 더 잘하게 된 자신을 만난 학생은 자신감 있는 발표를 했다.

---

[55] 존 크럼볼츠와 라이언 바비노(2014)는 자신이 성취하고 싶은 것들을 제한하지 않고 크게 생각하고, 성취하기 위해 현실적으로 당장 실천할 일이 무엇인지 살펴, 적은 비용으로 긍정적인 결과를 불러올 행동을 먼저 실천하라고 권한다. 적은 성공으로 즉각적 보상과 즐거움을 만끽하다 보면 우연이 가져다주는 기회를 극대화할 수 있다고 하였다. 작은 행동을 선택하는 방법으로 다음 7가지를 제안하였다. ①행동을 구체적으로 정의(누가, 무엇을, 어떻게, 왜, 어디서, 언제)한다. ②행동은 쉬워야 한다. ③즐거워야 한다. ④당장 행동하고 단기간에 끝맺을 수 있어야 한다. ⑤비용이 적게 들어야 한다. ⑥현실적인 행동을 한다. ⑦다른 사람과 상호작용하고 피드백을 받을 수 있어야 한다.

4
5단계 스토리텔링, 자기 경험에서 배우고 성장하기

경험은 사람의 역량을 키우는 중요한 자원이다. 자신의 이야기를 명료하게 표현하는 것은 자기가 무엇을 경험하는지 알게 하고, 그 가운데 무엇을 배우고 있는지, 무엇을 좀 더 수행하면 좋을지 알게 하여 삶의 방향을 새롭게 설계하고 긍정적인 변화를 이룰 수 있게 돕는다. 이를 위해 5단계 스토리텔링을 진로교육의 핵심 방법으로 활용하고 있다.

진로교육과 상담의 영역에서 '이야기'는 개인이 경험하는 세계를 어떻게 구성하였는지 살펴볼 수 있는 소재가 된다. 신념과 가치, 행동과 사고의 구조를 유추할 수 있어서 진로상담과 코칭에서는 내담자의 성장을 목적으로 질문하고 구체적 경험을 말로써 표현하게 한다. 채용이나 입시에서는 바라는 기회를 구하기 위해 자기소개서를 제출하거나 인터뷰를 진행하는데, 자기소개서와 인터뷰 상황에서도 개인의 경험에 대해 질문한다. 개인의 경험은 자기만의 이야기로 구성되어 기억되는데, 기억된 이야기는 배움의 과정에서 말과 글로 재구성된다. 내 안에 있는 이야기는 나를 구성하는 자원이 되어 상황에 따라 호출되고 활용된다. 학생이 말하고 구성하는 이야기가 학생 그 자체이며, 현재이면서 미래가 되는 것이다.

우리 공동체 역시 우리의 이야기가 우리의 미래가 된다. 학교에서 학생을 위해 만들어 내는 교육 환경은 학생과 현재와 미래의 우리에게 영향을 미친다. 우리가 만든 교육 환경 안에서 학생은 경험하고 자기 이야기를 만든다. 학교교육과정과 더불어 학생이 경험하는 물질적인 환경과 문화적 환경을 디자인하는 일도 경험을 디자인하는 교사가 전문성을 갖고 주도적으로 고민하고 개입해야 하는 것은 그런 이유이다.[56] 그래서 진로와 관련된 학생의 경험을 다루고 구성하는 일을 하는 진로교사뿐 아니라 학교 안의 모든 교사가 자신과 만나는 학생에게 미치는 영향을 중요하게 여기고 학생의 경험을 섬세하게 다루어야 할 것이다.

5단계 스토리텔링은 자기 생각을 담은 이야기를 말로 하거나 글로 쓸 때 사용하는 구조이다. 진학과 취업 준비 과정에서 말과 글로 자기 생각을 반영하여 전달하는 것을 두려워하는 학생들에게 좀 더 조리 있게 자기 생각을 담아 전달하는 방법이 절실히 필요했다. 질문에 쉽게 말하지

---

[56] 메리 맥마흔, 마크 와슨(2022)은 『구성주의 진로상담기법』에서 사회구성주의에 따른 진로발달이론의 체계를 설명한다. 이야기는 개인 내, 대인관계, 환경과 사회적 영향 요인, 시간이라는 4가지 차원이 이론 틀로 반영되는데 내담자의 경험 이야기는 상담자와 함께 오가는 말과 행동에 영향을 받아 공동 구성된다고 하였다. 사회구성주의에 대한 근본적 전제는 ①개인의 현실은 사회적으로 구성되고 ②현실은 심리적으로 경험되며 ③경험은 시대에 따라 문화적으로 매개되는 담론에 대한 정신적 표상으로 개인 안에 본질적 자기는 없다. 개인의 자기감은 개인이 경험하는 현재와 기대하는 미래의 현실 속에 나타난 담론을 드러낸다. 개인의 자기감은 담론과 문화에 구속되어, 이야기와 이야기하는 것은 모두 주관적으로 경험되고 객관적으로 기술되어 정체성의 핵심으로 드러난다고 하였다.

못하는 학생들을 위해, 자기 경험을 깊이 있게 성찰하고 효과적으로 표현할 수 있는 틀을 만들었다. 그리고 학생들이 쉽게 기억하고 활용할 수 있도록 이 틀을 반복 학습하게 했다. 구조를 익혀 활용한 학생들은 학교의 발표와 글쓰기에도 도움이 되지만, 각종 입시 준비, 교육 기회를 얻거나 일자리를 얻기 위해 자기소개서와 면접을 준비하는 데도 도움이 되었다고 했다. 더 좋은 것은 친구와 화해할 때나 부모님과 용돈을 협상할 때 등 일상에서 늘 사용할 수 있어서 실용적이라고 했다.

명확하게 소통할 수 있는 이야기 틀을 학습하고 반복하여 연습하면, 발표 경험이 없던 학생들도 점차 자신감을 갖고 말하기 시작한다. 최근 들어 극도의 불안으로 공개 발표를 거부하는 학생이 종종 있는데, 이 구조를 익히기까지 반복하여 도와주니 점점 발표가 나아지면서 마침내 교실에서 발표를 완주하는 것을 볼 수 있었다. 지금은 조금 서툴러도 용기 내서 반복하면 마침내 더 나아질 것이라고 믿고 교단에서 발표해 보자고 매번 설득하고 학생들에게 발표 기회를 주고 있다. 사회성을 학습하는 학교에서 의사소통을 잘할 수 있게 연습하는 것은 너무도 당연하다.

진로활동 시간에는 5단계 스토리텔링의 필요성과 구조를 설명한다. 이후 모든 진로 수업과 학교생활 지도 상황에서 5단계 스토리텔링을 사용하여 말하도록 한다. 학생이 5단계 스토리텔링에 익숙해져서 스스로 자기 이야기를 구성해 갈 때까지 교사는 학생의 이야기가 잘 완성될 수 있도록 확장적 질문을 지속해 주어야 한다. 이때 소위 '꼬리 질문'을 하게 되는데, 학생이 먼저 지쳐서 포기할 수 있으니 적절한 선, 비계를 학생의 속도에 맞추는 유연함이 필요하다.

- 1단계 주제와 주제 부연 설명
- 2단계 주제와 연관된 자기 경험
- 3단계 경험하면서 알게 된 나와 타인에 대한 신체적 느낌과 감정
- 4단계 경험하면서 새롭게 배운 점
- 5단계 나와 사회에 긍정적 도움이 되는 실천 전략

5단계 스토리텔링은 위 흐름을 따른다. 일상의 의사소통은 질문과 답변으로 이뤄진다. 상대가 나에게 원하는 것이 무엇인지, 나에게 전하는 메시지가 무엇인지 맥락을 파악하여 자기 생각을 정리한 후 조리 있는 말로 전달하는 것이 중요하다.

1단계는 상대의 질문에 내가 할 말을 요약하여 말하는 것이다. 너무 요약하여 말하면 상대방이 말하는 사람의 상황 맥락을 모르니 부연 설명이 필요하면 덧붙여 설명하는 것이 좋다.

2단계는 전하고 싶은 나의 메시지와 연관되어 있는 자기 경험을 가져와 이야기하는 것이다. 자신이 1단계와 같이 생각하게 된, 결정하게 된 이유를 경험 사례를 포함하여 설명한다. 자기 경험을 전달하는 이야기는 학생들이 가장 익숙한 육하원칙(언제, 어디서, 누가, 무엇을, 어떻게, 왜)으로 구성하고, 상대를 설득하기 위해서 '얼마만큼 많이 ~했는지' 성과를 드러내기 위한 설명을 덧붙인다. 모든 경험은 이야기가 될 수 있으며 상황에 맞는 경험 자원을 끌어오는 순발력과 표현하는 이야기의 내용 안에서 개인의 잠재 역량과 태도가 드러난다.

3단계는 자기의 경험 이야기에서 오감으로 느낀 감동이나 감정을 설명한다. 자신의 느낌은 경험할 때의 느낌과 돌이켜 생각해 볼 때의 느낌

이 다를 수 있다. 자기 느낌과 상대의 입장이 되어 느끼는 느낌이 다르다. 이런 면을 충분히 생각하고 해석하여 풍부한 어휘로 표현한다. 3단계에서 표현하는 내용 수준을 보면 개인의 정서적 성숙도나 독서량, 공감 능력을 가늠할 수 있다.

4단계는 자기 경험 안에서 새롭게 알게 된 배움을 말한다. 경험을 하기 전과 후 무엇이 달라졌는지 차이를 발견하는 것이다. 이 차이를 발견하는 것이 바로 학습이다. 경험을 통해 학습하였다면 기존에 알던 사실이 새롭게 바뀌거나 전에 알던 것보다 좀 더 많이 혹은 깊게 알게 되는 경험을 하게 될 것이다. 4단계에서는 경험학습의 수준을 전환학습과 확장학습의 차원에서 확인할 수 있다. 또한 학습의 주도성 수준도 가늠할 수 있다.

5단계는 3단계와 4계에서 배운 것들을 삶에 반영하여 실천한 것이 무엇인지 표현한다. 아직 실천하기 전이라면 배움을 삶에 어떻게 실천할 것인지 말한다. 다소 추상적인 언급이 아니라 정말 삶에서 바로 실천할 수 있는 행동, 가치와 태도 변화를 위한 구체적 도전 과제와 전략을 말한다. 자기 수준에서의 실천 혹은 사회 속에서의 실천으로 자신과 다른 사람들에 대한 긍정적인 영향을 준 정도에 따라 실천력의 확장 수준을 확인할 수 있다. 주변 사람들이 상호 영향을 주고받으며 공진화하는 깊이를 가늠하게 한다.

다음은 5단계 스토리텔링을 자기소개서 작성에 적용한 사례이다.

- 1단계: 저는 그림으로 사람들과 즐거움을 나누는 일러스트레이터가 되고 싶습니다.
- 2단계: 그림을 잘 그리고 싶어서 초등학교 2학년 때부터 지금까지 총

400장 이상의 그림을 그렸고, 초등학교 6학년 때부터 지금까지 100장 이상의 그림을 SNS에 올린 적도 있습니다. 중학교 1~2학년 때부터는 게임 장르의 캐릭터에 맞는 설정과 주제로 그림을 그렸습니다. 제 그림을 보는 사람들은 "캐릭터 해석을 잘하는 것 같다.", "캐릭터 설정과 잘 맞게 그린다."라는 평가를 해 주었습니다.

- 3단계: 사람들의 이런 공감을 받으니 신기하고, 사람들이 생생하게 느낄 수 있도록 표현을 더 열심히 연습해야겠다고 느꼈습니다.
- 4단계: 그림으로 보는 사람들의 감정을 끌어올릴 수 있다는 것을 알게 되었습니다.
- 5단계: 앞으로 주제에 맞게 캐릭터를 더 잘 표현하도록 색채 기법과 표정, 행동, 배경 등을 책이나 인터넷에서 찾아보고 공부하여, 제 그림을 보는 사람들이 즐거워하는 더 좋은 그림을 그리겠습니다.

이 글을 작성한 학생의 경우 자기소개서를 완성하기까지 상담실로 여러 차례 찾아와 개별 지도를 요청하였는데, 그 과정에서 자기 진로에 대한 확신이 생겨 가고 싶은 고등학교를 결정하기도 했다.

학생들에게 5단계 스토리텔링의 구조는 처음엔 생소하여 여러 차례 반복 학습이 필요하다. 5단계의 구조를 이해하고 자기 생각을 효과적으로 표현하는 것을 활동 목표로 수업에서는 교사가 설명한 후에 짝과 함께 이해한 만큼 설명하기를 하고, 사례 실습을 진행한다. 5단계 스토리텔링을 1시간 정도 설명하고 실습을 한 뒤, 이후 반복 학습을 일정 시간 간격을 두고 5회 정도 진행한다. 반복할 때는 일상의 경험을 질문하여 5단계 스토리텔링으로 답하도록 하고, 10여 분의 시간 동안 구조에 맞춰 내용을 완성하도록 안내한다.

　이렇게 5단계 스토리텔링을 학습하면 학생들은 마침내 일상의 작은 경험이 자신이 성장하는 중요한 순간임을 알게 된다. 자기 경험 안의 행동과 감정을 기억하고 배움을 찾도록 의도적인 자기조절을 연습하여 실천하게 된다. 더 익숙해지면 스스로 자기 경험에서 의미를 찾고 자신에게 도움이 되는 긍정적인 해석을 하는 데 이르게 된다.

　5단계 스토리텔링은 진로활동 보고서에도 활용된다. 행사처럼 진행되는 프로그램도 자기 성장에서 어떤 의미가 있는지 스스로 찾아보도록 하며, 전체적인 진로 성장에 통합되도록 의도하였다. 입학 시 진로활동 보고서를 모을 수 있는 파일을 제공하면, 학생들은 3년간 자기 성장 기록이 되는 진로활동 보고서를 포트폴리오로 관리하여 활용할 수 있다.

　이렇게 5단계 스토리텔링으로 3년간 훈련된 학생들은 자기 경험을 바라보는 관점이 확장되었고, 다른 사람과의 대화에 자신감이 생겼으며, 자기 생각을 정리하여 명확하게 말할 수 있게 되었다고 스스로 평가한다. 반복하는 과정에서 점점 깊게 생각할 수 있게 되었다고도 하였다.

[양식2] 진로체험보고서_6월4일 도덕아, 놀자

진로 활동 보고서

____ 학년 ___ 반 ___ 번 성명: _____

활동 내용 및 소감	
	1~2단계(주제, 나의 경험 5W2H로 말하기) : 내가 참여한 활동의 제목과 활동 내용은 무엇인가요? (5W2H ; where, when, who, what, why, how, how much/how many)
활동 내용	친구를 배려, 존중 하여 서로 단합하는 게임을 했습니다 (과일샐러드, 눈치게임 등등) 그리고 도덕의 핵심덕목을 배우며 어떠한 상황에서의 이러한 행동은 도덕의 핵심덕목 무엇에 속하는지 발표하였습니다 또 친구들과 협동하여 가출한 도덕이에 대한 이야기를 만들고 직접 연기하고 관람 하였습니다
	3~4단계(경험 중 느낀 점과 배운 것) : 활동하면서 혹은 그 활동에서 무엇을 느꼈나요? 그리고 무엇을 좀 더, 무엇을 새롭게 알게 되었나요?
활동 소감	연극을 하며 친구들과 상의하고 이야기를 하는 부분에서 약간의 충돌이 있었지만 잘 마무리함으로 뿌듯함, 즐거움 등을 느꼈습니다 또 같은 상황으로 다른 이야기를 만든 것을 보며 저 상황도 따른 방식으로 해석하고 표현한 것이 흥미로웠습니다.
	5단계(실천과 도전) : 이 경험을 바탕으로 좀 더 실천해보거나 발전시켜보고 싶은 것은 무엇인가요?
	도덕 핵심덕목중 친절, 관용, 존중이 부족하다는 것을 깨닫고 이 세가지를 발전 시켜 보고 싶습니다. 또 친구들과 더 원만한 소통은 할수 있도록 소통하는 능력과 리더십을 더 발전시켜보겠습니다.

5단계 스토리텔링으로 구성된 진로활동 보고서이다. 중1 학생이 '도덕아, 놀자' 프로그램에 참여 후 작성한 보고서이다. 학생들의 활동 보고서를 읽은 담임교사는 학생들의 성장 의지와 방향을 확인할 수 있어 학생 지도와 학교생활기록부 작성에 매우 도움이 된다고 하였다.

5
자기 경험과 성장 과정을 통합하는 진로활동 갈무리

중학교 3학년 마지막 진로활동 시간에는 3년간의 진로활동을 평가한다. 활동에 참여하는 가운데 '나는 어떻게 성장하였는가'를 살펴본다. 단순히 활동의 내용을 평가하는 것을 넘어, 참여를 통한 자기 성장을 돌아보는 데 목적이 있다.

구분		1학년 2022.3.2.~2023.1.4	2학년 2023.3.2.~2024.1.5.	3학년 2024.3.4.~2025.1.9.
1학기		· 진로탐색 17시간 - 나는야, 마을 지키미(체인지메이커, 10시간, 마을강사, 예산지원) · 도덕지능검사 결과와 해석 · 도덕아 놀자(연극캠프 4시간, 예산지원) · 방학생활계획하기(1시간) · 나는 나비(학습코칭 4시간) · 집밥 - 직업체험(1일, 현장체험)	· 방학생활계획하기(1시간) · 감정수업(2시간)	· 창체(진로) 17시간 - 진로종합심리검사(2시간, 커리어넷 자필) - 고등학교 탐색과 의사결정연습 - 몸/마음/감정툴에, 건강한 습관만들기 - 5단계 스토리텔링 · 방학생활계획하기(1시간)
2학기		· 두드림진로체험(2개 직업 개별 선택 체험, 4시간, 지역) · 방학생활계획하기(1시간)	· 행복수업(2시간) · 생생미래직업체험(2시간) · 진로멘토링-뮤지컬 갈라쇼와 진로탐색(2시간, 교육청지원) · 창체(진로) 2학기 17시간 - 상징이미지를 활용한 자기소개 - 진로 챌린지 프로젝트, 결과 발표하기 · 진로개발역량검사와 해석 (←MLST-Ⅱ)	· 창체(진로) 17시간 - 진로심리검사 해석과 자기이해 (4시간, 활동지) - 관심직업탐색과 진로설계, 보고서 작성과 발표 - 5단계 스토리텔링(모의면접과 자소서 작성) · 미리 高GO(4시간) - 고등학교 교육과정 이해하기, 진로설계하기 · 진로학과멘토링 서울대스누로(2시간, 지역) - 학과탐색+학습방법 · 미래전략가, 나를 계획하다(6시간, 지역)
개인 참여		1.사이버진로교육(경기도교육청) 2.이룸대학, 이룸학교, 공유학교 (20명) 3.시흥 진로교육과정 박람회(40명) 4. 고입 면접특강, 특성화고 설명회(65명) 5.은계 진로멘토링(글로벌직업멘토특강, 선배멘토링, 영상으로 만나는 직업인) 6.서울대학교 스누로 진로멘토링 부트캠프		

2025학년도 졸업생을 대상으로 진로 갈무리 시간에 활용된 장표이다. 전체 학생들에게 제공된 진로 프로그램은 1학년 34시간, 2학년 26시간, 3학년 47시간으로 107시간이 운영되었다.

학생들이 참여한 입학에서 졸업 전까지 진행된 학교 진로교육과정을 위 표와 같이 정리하여 기억이 가물가물한 학생들을 위해 하나하나 설명을 진행한다. 어떤 프로그램인지 간략한 내용을 안내하면 그때서야 학생들이 기억하는데, 그러면 프로그램을 기획한 이유와 의도, 프로그램 준비를 위해 어떤 노력을 했는지 기획자 관점에서 설명한다. 프로그램의 목적과 준비 과정을 학생들에게 설명하는 이유는 학생들이 교사의 수고와 진심을 이해하고, 장차 그들도 누군가를 위해 헌신하는 사람이 되기를 바라는 마음에서다. 그리고 첫 만남에서 선언하고 보여 준 교사의 비전과 약속을 스스로 지켜 내기 위해 노력하였고, 마침내 그 약속을 모두 지켜 냈다는 것, 책임감 있는 어른의 모습을 보여 주고 싶었다.

학생들이 참여한 모든 프로그램을 설명하는 10여 분의 시간 동안 3년의 시간이 순식간에 지나간다. 그 시간을 통과하면서 학생들은 그동안 자신이 얼마만큼 성장했는지, 자신을 성장시킨 프로그램이 어떤 것이었고 어떤 도움이 되었는지, 진로활동 수업을 통해 배운 것과 좀 더 실천하고 싶은 것이 무엇인지, 이어지는 질문에 생각하며 답하였다.

● 진로활동 갈무리 시간에 작성한 설문지 ●

- 입학 초기 진로에 막연함과 답답함을 느꼈으나, 3년간의 진로교육을 통해 자신을 더 이해하고, 미래에 대한 불안을 덜어내는 방법을 배우게 되었다.
- 생소한 진로 수업이 익숙해지면서 발표에 대한 자신감이 점점 생겨나고, 바라는 것을 구체적으로 상상하고 계획하여 실천하는 방법을 알게 되었다.
- 진로는 직업 체험과 직업적 지식이 중요하다고 생각했는데 자신을 잘 아는 것이 더 중요하다는 것을 알게 되었고, 자신을 어떻게 발전시키면 좋을지 생각하게 되었다.
- 꿈이 생겼고 노력도 하게 되었다.
- 입학 때에 비해 스스로 성숙해지고 많이 성장했다고 느꼈으며, 진지하게 자기 진로를 고민하고 의사결정하게 되었다.
- 생활 속에서 문제를 발견하고 해결하려고 할 때 좀 더 유연해지고, 꼭 해결해야겠다는 마음가짐이 생겼다.
- 공부하는 방법도 알게 되고, 시간 관리도 하게 되었으며, 필요 없다고 느껴졌던 진로 수업이 중요하다는 것을 알게 되었다.
- 직업에 대한 이해 폭이 넓어지고 아는 것이 많아졌다.
- 진로 수업 때 배운 5단계 스토리텔링을 연습하면서 말을 잘하게 되었고 자존감이 향상되었으며, 원하는 고등학교에 합격했다.
- 생각이 넓어지고 깊어졌으며 건강해졌다.
- 스스로 자기주도학습을 실천하게 되었다.
- 이제는 진로가 바뀌어도 괜찮다는 생각을 하게 되었다.

진로에 대한 의사결정 능력도 향상되고, 생각도 넓어지고, 적응력과 유연성도 높아진 학생들을 발견할 수 있었다. 진로활동을 통해 학생들은 자기 주도적으로 미래를 설계하고, 장점을 강점으로 전환하며 성장했다. 자기 인식을 넓히고 관점을 깊이 있게 확장하는 성취를 이루었다.

학교 진로교육은 진로 프로그램이 일회적 행사로 운영되는 것처럼 보이지만, 일회적인 진로교육 활동의 서로 다른 내용들이 각각 점이 되고 엮여 학생의 성장을 지속시키는 의미의 선을 이어가고, 비로소 학교 진로교육과정의 목표가 완성되어 가는 것을 보여 주고 있다.

진로교사는 학생들이 진로교육을 통해 스스로 완성되는 경험을 할 수 있도록 명확한 목표와 의도를 갖고 통합적인 교육과정을 설계해야 한다. 성장하는 학생을 소중하게 여기고, 다양한 꿈 탐색의 기회를 풍부하게 제공할 수 있는 양질의 학교 진로 프로그램을 계획하여 제공할 수 있어야 한다. 학생들이 다양한 진로를 고민하고 의사결정하는 충분한 경험을 할 수 있도록 구성하고, 학생 스스로 자신을 잘 알아서 흔들림 없이 자기의 속도로 삶을 일궈 갈 학습의 기회와 진로 탐색의 기회를 학교교육에서 안정적으로 제공할 수 있어야 한다. 지역사회와 국가적 교육정책은 그러한 방향에서 이해되고 다양하게 지원되어야 할 것이다.

6장

고등학교 진로교육, 주도성에 포커스를 맞추다

박선희

1
진로 결정 유형은 다양하다

고등학생에게 진로 선택은 해결해야 할 가장 큰 진로 문제이며, 학습이나 친구 관계만큼이나 최고의 고민거리이자 도전 과제이다. 겉으로는 드러나지 않는 내면에는 나름의 수많은 고민으로 힘겨워할 것을 알기에 안타까운 마음이 앞선다. 이런 고민을 해결하기 위한 첫 단추가 진로를 결정하는 일일 것이다.

그런데 진로를 결정하는 유형도 여러 형태가 있다. 하렌(1979)[57]은 의사결정 유형을 합리적 유형, 직관적 유형, 의존적 유형으로 나눴다. 2022 개정 교육과정과 고교학점제 도입은 진로에 따른 과목의 선택과 학생들의 주도적인 진로 선택에 중요한 방점이 있다. 그렇기에 고등학생들은 자기가 무엇을 하고 싶은지 잠정적으로 정해 보는 것이 필요해지는 시기임이 분명하다.

---

[57] Harren, V. A.(1979). A model of career decisionmaking for college students. Journal of Vocational Behavior, 14, 119-13.
의사결정을 할 때 합리적 전략 또는 정의적 전략 사용 정도와 자신의 결정에 책임지는 정도에 따라 합리형, 직관형, 의존형으로 나눈다.

학생들의 진로 결정에 대한 사례를 살펴보면, 30명으로 이루어진 학급에서는 30명이 모두 다른 이야기의 미래를 담고 있다. 그렇기에 각각의 사례를 유형화하는 것도, 개별화하는 것도 교사의 몫이 아닐까 싶다. 각각의 이야기 속에서 정말 원하는 것이 무엇인지를 찾아낼 수 있도록 하며, 그들이 자신의 진로에 주체적인 탐색자가 되도록 도와줘야 할 필요도 있다. 이를 위해 진로 결정 과정에서 주도성에 대해 생각해 보고, 학생이 주도적으로 자신의 미래를 설계할 수 있도록 도와줘야 할 것이다. 따라서 진로 결정 유형의 특징에 대해 정리해 보고 사례를 통해 유형을 이해하며, 주도성을 발휘할 수 있는 방법에 대해 생각해 보고자 한다.

가. 의존적 의사결정 유형을 위한 주도성

진로 결정에 있어서 의존적 의사결정 유형의 학생들은 다른 사람의 조언이나 지도를 받는 방식을 중시하며, 결정에 대해 타인에게 책임을 전가하거나 다른 사람의 탓으로 돌리는 경향이 있다. 사회적 인정에 대한 욕구가 높으며, 자기 신념보다는 주변의 의견이나 사회적 기준에 맞추려고 한다. 다른 사람들의 도움을 적극적으로 수용하기 때문에 타인의 의견에 영향을 많이 받으며, 이를 통해 진로 결정에 대한 불안감을 감소시키려고 하는데, 이로 인해 실패의 위험성은 상대적으로 증가할 수 있다. 자신에 대한 이해를 바탕으로 주도적인 결정을 하는 것이 어렵기 때문에 진로 결정에서의 자신감을 갖지 못하고 방황할 수도 있다. 진로 결정에서 의존적인 성향을 나타내는 경우의 상담 내용을 살펴보자(의존적 의사결정 유형에 해당하는 학생과의 상담 내용을 재구성함).

A는 다양한 진로 선택지로 인해 압도감과 혼란스러움을 느끼고 있다. 그래서 자신의 흥미나 적성, 강점이나 성격을 탐색하기보다는 부모님의 의견과 조언을 구하기로 하였다. A의 부모님은 경제적 안정과 사회적 지위를 중시하는 분들로 A에게 의학 관련 직업을 추천해 주었다. 그런데 A는 과학에는 약간 흥미가 있지만, 특별히 잘하지도 못하고 열정을 느끼는 과목도 아니다. 그러나 부모님의 판단을 신뢰하고 실망시키고 싶지 않아 부모님의 의견에 따라 의대에 진학하기 위해 준비하고 있다. 시간이 지남에 따라 A는 흥미가 없는 결정으로 힘들어 하고 학업에 대한 동기가 저하되어 성적이 하락하는 문제와 직면하게 되었다.

의존적 진로의사결정 유형의 경우 진로 결정 과정에서 학생의 주도성을 향상시킬 수 있는 방안은 무엇일까?

첫째, 독립적인 진로의사결정자로서 성장하도록 돕는 것이다. 진로 정보를 수집하고 스스로 갖추고 있는 강점을 분석하여 진로 결정의 결과를 예측해 보는 과정을 통해 의사결정 과정을 연습하는 방법을 활용할 수 있다. A의 경우에 부모님의 의견에 따른 선택으로 인해 고민과 방황의 시간을 갖게 되었다. 자신이 잘할 수 있는 것이 아닌 외적 환경으로 인해 결정과 준비 과정에서 문제를 겪게 되는 것을 수정할 필요가 있다. 잠정적인 진로 선택에 대해 더 많은 정보를 수집하고, 자신의 강점과 맞춰 보고 성취 가능성을 진단하는 과정을 통해 좀 더 독립적으로 진로를 정하는 방법을 활용하도록 돕는 것이 필요하다.

둘째, 적극적으로 진로를 탐색할 수 있는 태도를 형성하도록 하는 것이다. 다양한 정보원을 활용하여 관심 분야를 찾아보고, 진로 목표를 세운 후 실행 계획을 적용해 볼 수 있다. A는 의사결정 과정에서 부모님에게 의존적 태도를 보이고 있는데, 다양한 정보를 탐색하고 자신에게 적합한지 여부를 결정할 수 있도록 해 주는 것을 고려해 봐야 한다. 관심 분야에 대한 정보 수집을 바탕으로 목표를 설정하여 실행 계획을 수립하고 실천할 수 있도록 권할 수 있다.

셋째, 자기 주도적 진로 계획을 수립할 수 있도록 하고, 자발적인 정보 수집과 결정 과정 연습을 바탕으로 성찰하는 과정을 실행해 보게 하는 것이다. SMART 목표 설정 기법[58]을 활용하여 목표 설정을 구체화하고 현실 가능한 목표를 세워 실천하도록 할 수 있다. A의 경우에 진로 설정에서의 부담감과 관련된 교과 공부에 어려움을 느끼는 것이 학업 성적 하락의 요인으로 작용하였다. 이를 해결하기 위해 학업에 대한 목표를 구체적이고 실현 가능하도록 세워 보는 것부터 시작하는 것이 필요하다. 진로와 관련된 선택 과목을 선정하였다면 단기 목표와 장기 목표를 세워서 실천해 볼 수 있도록 해 주는 것이 필요하다.

진로의사결정에 있어서 의존적인 유형은 작은 결정부터 시작하여 점진적인 책임 부여 및 성공 경험 축적 등 단계적 접근 방법을 활용할 수 있다. 공감적 경청, 긍정적 피드백, 실패해도 안전한 환경 조성 등의 정서

---

[58] 1954년 피터 드러커(Peter F. Drucker)가 『경영의 실제』에서 제안한 경영 기법 중 목표 관리법의 5단계의 약어로 목표가 구체적이고(Specific), 측정 가능하며(Measurable), 수용 가능하고(Acceptable), 실제적이며(Realistic), 시한(Time-bounded)이 정해져 있어야 한다는 것이다.

적 지지도 필요하며, 성공 경험과 작은 진전에 대한 인정, 구체적인 부분에 대한 칭찬을 통한 자기효능감을 강화하는 방안을 활용해 보는 것도 유의미하다. 시행착오를 인정하고, 작은 도전도 지지하며, 지금보다 나아질 수 있다는 변화 가능성에 대한 지속적인 공감을 통해 자기 이해를 증진시키고 의사결정 능력을 향상시키는 것이 중요하다. 이를 통해 자신감을 향상시킬 수 있고, 스스로 진로의사결정과 진로 준비에 있어서의 책임감을 발달시킬 수 있을 것이다.

나. 직관적 의사결정 유형을 위한 주도성

진로 결정에서 직관적 의사결정 유형의 학생들은 자아나 문제 상황에 대해 감각이나 직감으로 의사를 결정하며, 즉흥적이고 창의적인 접근을 선호한다. 자신의 결정에 대해 책임지려고 하려는 경향이 있으며, 논리적인 분석보다는 직감이나 순간적인 영감으로 진로를 결정하려는 경향이 있다. 진로 결정에서도 결정에 대한 속도가 빠르며, 상황에 따라 적응이 쉬우나 진로 결정에 대해 너무 섣부른 판단으로 인해 실패할 가능성도 있다. 진로 결정 과정에서 직관과 체계적이고 논리적인 분석이 균형을 이룰 수 있도록 돕는 것이 필요하고, 신중하고 다각적인 절차적인 접근 방법을 배우도록 하는 것도 필요할 것이다. 진로 결정에서 직관적인 성향을 나타내는 경우의 상담 내용을 살펴보자(직관적 의사결정 유형에 해당하는 학생과의 상담 내용을 재구성함).

B는 자신의 진로를 선택할 때 직감과 순간적인 느낌에 의존하여 결정

하였다. 특정한 직업에 대해 깊이 생각하고 철저히 조사하지 않았지만, 진로 프로그램에서 마음에 와닿은 직업에 대해 매우 강한 확신을 갖게 되었다. 진로 프로그램을 통해 크리에이터에 대해 접하게 되었으며, 직업인이 설명하는 것에서 자유로운 활동과 영상 촬영과 편집에 매료되었다. B는 주변 친구들이나 부모님의 조언보다는 자신의 직감을 따라 진로를 결정하였다. 그런데 아직 어떤 시작을 하진 않았지만, 자신에게 딱 맞는 것 같다고 생각하고 있다.

직관적 의사결정 유형의 경우 진로 결정 과정에서 학생들의 주도성을 향상시킬 수 있는 방안은 무엇일까?

첫째, 직관과 논리적 분석이 균형을 이룬 의사결정 능력을 향상시키는 것이다. 직관적인 판단을 먼저 기록하고, 논리적인 분석을 추가하여 두 관점을 비교·검토하게 하는 방법을 활용할 수 있다. B 학생의 경우는 한 번의 활동에 참여한 것으로 진로를 선택하였다. 이러한 진로 선택에 대한 논리적인 분석의 과정을 거칠 수 있도록 하는 것이 필요하다. 크리에이터에 대해 정보를 탐색하고 자기 이해를 바탕으로 적절성 여부를 판단하는 과정을 통해 진로 결정에 대한 다각적인 분석을 시도할 수 있도록 도울 수 있다.

둘째, 체계적이고 계획적인 진로 탐색을 통해 진로개발역량을 키울 수 있도록 하는 것이다. 실천적이고 지속적인 진로 개발을 위한 구체적인 목표 설정과 현실적인 계획을 수립하는 것이 중요하다. 이를 돕기 위해 다양한 경험(직무 체험, 인턴십, 봉사활동 등)을 통해 직업에 대한 구체적인 경험의 기회를 마련해 주는 것이 효과적이다. 또한 장기 목표를 먼저 세운 후, 이를 달성하기 위한 단기 목표를 구체적으로 세워 보도록 하는 것이다. B의 경우에 자신이 선택한 진로를 준비할 수 있도록 필요한 부분이 어떤 것이 있는지 찾아보게 한 후 진로 목표를 수립하고, 우선순위를 정하여 먼저 이루어 내야 할 부분과 장기적으로 노력을 기울여야 하는 부분을 정하게 한다. 그리고 이를 토대로 체계적인 접근을 할 수 있는 역량을 키울 수 있도록 해 주는 것이다.

셋째, 객관적인 근거에 기반하여 판단할 수 있도록 정보 수집과 분석에 대한 훈련을 하는 것이다. 특정 진로 분야 조사 시 다양한 출처를 통해 정보를 수집하고, 이를 비교·분석할 수 있도록 해 주는 것이 효율적이다. B의 경우에 직감적으로 하나의 진로를 선택하였다면 이를 객관성에 근거한 자신의 내·외적인 특성과 환경을 바탕으로 진단할 수 있는 기회를 부여해 주는 것이 좋다.

직관적 의사결정 유형의 학생에게는 직관의 장점을 인정해 주면서 점진적 변화를 유도하고, 진로에 대한 균형 잡힌 시각을 갖도록 하는 접근 방식을 활용할 수 있다. 이를 지원할 수 있도록 체계적인 도구를 제공하고, 분석 틀과 시각적 자료를 이용하는 전략을 세워 보도록 이끌 수 있다. 또한, 동기 유발을 위해 신중한 결정의 이점을 강조하며, 다른 직업인의 성공 사례를 공유하면서 구체적인 피드백을 제공하는 것도 유용할 것이다. 실천을 지원하기 위해서는 단계별 가이드 제공, 체크리스트 활용, 정기적 점검을 통해 논리적 사고력을 향상시키고 체계적 의사결정 습관을 형성하도록 한다. 이를 바탕으로 균형 잡힌 판단력을 개발하고, 장기적인 안목을 키우며, 장점을 인정하면서 보완적으로 논리적 접근의 발달을 돕도록 할 수 있다.

다. 합리적 의사결정 유형을 위한 주도성

진로 결정에서 합리적 의사결정 유형은 자신의 상황에 대해 정확하고 철저하게 정보를 수집하고, 현실적으로 평가하고 장단점을 비교하여 선택에 이른다. 진로 결정 과정에서 장기적인 전망을 가지고 논리적이고 체계적인 접근을 선호하며, 결정을 내리기 전에 충분한 시간을 가지고 계획을 세우고 분석하기 때문에 의사결정 과정에서 시간이 많이 걸릴 수 있다. 꼼꼼하게 분석하고 다각적인 시각으로 분석하는 시간을 거치기 때문에 진로 결정에서 실패할 확률은 상대적으로 낮을 수밖에 없다. 진로 결정에서 합리적인 성향을 나타내는 경우의 상담 내용을 살펴보자 (합리적 의사결정 유형에 해당하는 학생과의 상담 내용을 재구성함).

C는 진로를 선택할 때 체계적이고 논리적인 접근을 중요하게 생각한다. 먼저 자신이 관심을 갖고 있는 다양한 직업 분야의 목록을 작성하고, 각 직업에 대한 정보(평균 연봉, 안정성, 취업 전망, 자신의 능력과의 적합성 등)를 철저히 조사하였다. 이러한 목록 표를 보며 각 직업의 장단점을 비교하고 자신의 진로 목표와 일치하는지 여부를 신중히 고려하였다. 이러한 분석 과정을 통해 C는 기계공학 연구원이라는 직업을 선택하고, 이 진로를 결정하고 준비하고 있다. 결정을 내리기 전에 부모님과 선생님의 조언도 구하였으며, 가장 적합한 선택을 했다는 확신을 갖게 되었다.

합리적 의사결정 유형의 경우 진로 결정 과정에서 학생들의 주도성을 향상시킬 수 있는 방안은 무엇일까?

첫째, 진로의사결정 과정에서의 효율성을 향상시키는 것이다. 상황 적응력을 키워 주는 것과 다양한 대안을 수용하고 변화에 대한 대처 능력 등의 유연성 수준을 점검하여 균형 잡힌 의사결정력을 키워 주는 것이다. C는 논리적으로 자신의 잠정적인 진로 목표를 분석하고 적합 여부를 판단하여 진로를 선택하고 있다. 그러나 한 번의 선택으로 진로 결정이 끝나지 않을 수도 있다. 이런 경우에 자신의 잠정적인 진로 결정에 대한 다른 대안을 찾거나 변화를 겪는 상황에 놓이게 되더라도 당황하지 않고 대안을 분석하여 합리적인 결정을 할 수 있는 역량을 키워 줄 필요가 있다.

둘째, 진로의사결정에 대한 실행력을 증진시키고, 의사결정 과정에서의 시간 관리 능력을 키워 주는 것이다. 실행으로의 전환에 대한 연습 과정을 거치도록 하며, 시행착오를 수용하고 상황 변화에 따른 계획 수정 및 적응에 대한 훈련을 하도록 하는 것이다. 또한, 시간 관리 능력을 향상시키기 위해 분석 시간의 제한, 적정 정보량 설정으로 스스로 정한 기간 내에 최선의 결정을 내릴 수 있도록 돕는다. 의사결정이 진로의 끝은 아니다. 진로의사결정이 최선으로 이루어졌다면 진로 목표를 이루기 위해 실천할 수 있도록 해 주는 것이 필요하며, 적응의 과정을 거치는 데 있어서의 어려움을 헤쳐 나갈 수 있는 힘을 키워 주는 것이 중요하다.

셋째, 진로 목표 설정과 지속적인 피드백을 하는 것이다. 장기 목표를 세우고 주기적으로 검토하며, 목표에 대한 성과를 피드백하여 개선 및 조정할 수 있는 주도적인 진로 관리 능력을 키워 주는 것이다. C의 경우 합리적인 결정의 과정을 잘 진행하였다면, 목표를 수립하고 자신의 진로 설계에 있어서 주도성을 발휘하여 진로 준비를 잘할 수 있도록 실천력을 키워 줄 수 있다.

합리적 의사결정 유형의 학생을 돕기 위해서는 분석적 성향의 장점을 인정하고, 유연성의 증진을 도모하며, 감정적 요소를 존중하는 접근 방식이 유용하다. 이 유형을 지원하는 전략으로는 시간 관리 도구를 제공하고, 실천 중심의 활동을 권장하며 경험학습을 강조하는 것이다. 이성과 감정의 조화, 분석과 직관의 균형, 계획과 유연성의 조화를 통해 의사결정의 균형을 도모하고, 적정 시점에서 결정하도록 지원해 준다. 이를 바탕으로 실천적 과제를 부여하며, 단계적 도전을 격려하여 실행을 촉진시킬 수 있다. 즉, 의사결정의 유연성을 향상시키고, 감정적 요소의 통합과 실천 중심적 태도를 개발하여 균형 잡힌 판단력 함양을 고려해 볼 수 있다.

라. 진로 미결정 유형[59]을 위한 주도성

진로 결정에 있어서 머뭇거림이 있는 학생들이 있으며, 여러 가지 이

---

[59] 김하늬, 손은령(2020). 대학생의 진로 미결정 관련 변인 간 메타분석. 진로교육연구. Vol. 33, No. 4, 43-68.
진로 결정 상태를 결정과 미결정의 이분법적으로 구분하는 것이 진로 결정 개념의 시작이었다. 이후 발달주의적 관점에서 진로 미결정을 성격적 결단성 부족과 발달단계상 정보 부족으로 인한 미결정으로 구분하였다. 현재는 진로 미결정은 다차원적인 복잡한 구인으로 인해 아직 진로를 구체화시키지 못하고 결정하지 못한 상태를 의미하는 것으로 변화하였다. 필자는 진로 미결정 상황을 부정적으로 바라보기보다는 개인의 내·외적인 환경적 특성으로 인해 결정을 유보하거나 보류한 상태로 정의하고자 한다. 고등학생은 발달단계상 진로 정체감이 아직 확립되지 않은 시기이므로 결정을 하거나 아직 결정을 하지 못한 상황 모두가 존재할 수 있는 시기이다.

유로 결정에 대한 어려움을 겪는 유형이 존재한다. 진로 발달단계상 미성숙이나 자기 이해의 부족, 충분한 정보나 경험의 부족으로 인한 미결정 상태에 있을 수도 있다. 낮은 자아존중감이나 심리적인 어려움으로 의사결정에 두려움을 가져 미결정 상태에 놓이거나, 중요한 타인과의 의견 차이나 현실적 또는 환경적인 제약으로 인해 진로 결정을 미룰 수도 있다. 또한 다재다능한 성향으로 다양한 분야에 관심을 갖고 있어서 선택에 어려움이 있거나, 진로 결정에서 지연이 이루어지는 경우도 있다. 고등학생은 자신에 대한 이해 정도나 주변의 도움 정도, 자신의 의지 등을 적극적으로 반영하여 선택을 잘하는 경우도 있지만, 학교 현장에서 만나는 모든 학생이 자신의 진로에 대해 뚜렷한 확신이 있는 것은 아니다. 그러나 대부분의 고등학생들은 사회에 진출하거나 대학에 진학해야 하는 선택의 기로에 설 수밖에 없다. 따라서 개인 내·외적인 환경에서 오는 어려움으로 인해 주저하는 학생들이 자신의 진로 문제에 있어 주도적으로 이끌어 갈 수 있는 능력을 키워 주는 것은 정말 중요하다. 진로 미결정 성향을 나타내는 경우의 상담 내용을 살펴보자(진로 미결정 유형에 해당하는 학생과의 상담 내용을 재구성함).

D는 수업 시간에 얼굴을 거의 본 적이 없다. 모둠 활동에도 참여하지 않아 같은 모둠이 되는 학생들이 불편해 하는 모습을 볼 수 있었고, 수업에도 적극적으로 참여하지 않는다. 상담을 통해 진로에 대한 관심이 없고 뭘 선택한다는 것에 대한 생각을 해 본 적이 없다는 것을 알게 되었다. 자신의 미래에 대해 고민해 보거나 무슨 일을 해야겠다는 결정에 대해 부담스러워했다.

진로 미결정 상태인 학생들의 유형은 다양하다. 이러한 학생들에게 주도성을 향상시킬 수 있는 방안은 무엇일까?

첫째, 자기 탐색을 통한 자신에 대한 이해력을 증진시키는 것이다. 진로 결정에 대한 자신감을 높일 수 있도록 진로를 결정하지 않은 원인을 정확히 파악하는 것이다. 정보가 부족한 유형인지, 다양한 진로에 관심이 있는지, 불안을 회피하기 위해 자신의 진로 결정에 어려움을 겪는지 등 자신의 상황에 대해 이해하는 것이 중요하다. D의 경우에는 자신의 진로에 대해 무관심한 경우에 해당한다고 볼 수 있다. 자신의 현재 상황에 대해 이해할 수 있는 프로그램을 투입하여 진로에 대한 인식을 향상시키는 것도 필요하다.

둘째, 진로 결정 과정을 훈련하는 것도 생각해 볼 수 있다. 진로 결정 연습, 적용 가능한 대안 탐색 및 평가를 통해 합리적인 진로를 선택하는 연습을 시행하는 것이다. 진로 탐색 능력 향상을 통해 진로 결정 능력을 키울 수 있도록 진로 정보를 수집하고, 자신에게 적합한 진로를 주도적으로 탐색하는 태도를 형성하게 도울 수 있다.

셋째, 지속적인 실천 능력 강화를 통한 주도적인 진로의사결정 능력을 향상시키는 것이다. 진로 로드맵을 통한 진로 결정에 대한 계획 및 실행 훈련을 하고, 작은 목표의 성취를 통해 점진적으로 실행에 있어서의 난이도를 높여 가며 결정에 대한 실행 능력을 향상시키는 것이다.

진로를 결정하지 않은 상황에 대한 불안감을 인정하고, 공감적 경청과 지지적 환경 조성을 통해 정서적 지원을 해 주는 것도 필요하다. 선택을 너무 강요하지 않으며, 점진적인 탐색 과정을 거치면서 작은 성공 경험을 쌓고 구체적인 행동 계획을 수립하도록 단계적 접근 방법을 활용해 볼 수 있다. 자신의 강점을 발견하고 성공 경험을 상기하며, 스스로에 대한 긍정적 피드백을 통해 자기효능감을 강화시킬 수 있다.

실천을 지원하기 위한 방법으로 구체적 과제 제시 및 정기적인 점검과 지속적 격려를 해 주는 것도 유용하다. 이를 통해 불안감을 감소시키고 자기 이해를 증진시키며, 진로 탐색의 동기와 의사결정 능력을 향상시킬 수 있다. 진로심리검사 실시와 직업 체험 및 멘토링 프로그램, 집단 상담 프로그램 참여 등을 활용하여 진로 정보를 획득하고 실천 의지를 강화할 수 있도록 지원할 수 있다.

2
학생 주도적 진로 설계를 향하여

진로를 탐색할 때 학생들이 주도적으로 활동할 수 있도록 하는 것이 진로교육의 출발점이다. 학생은 자신이 원하는 것은 무엇인지, 잘할 수 있는 것은 어떤 것인지, 자신의 성격과 강점에 맞는 것인지, 직업의 선택에서 가치 있게 생각하는 것은 무엇인지 등 자신의 특성에 대한 이해를 기반으로 탐색할 수 있어야 한다. 또한 자신의 현실적 상황, 외부 환경 등을 잘 조합하고 분석하여 진로 분야를 구체화하는 것에 주도적인 능력을 발휘하도록 해야 한다.

물론 학생 혼자의 힘으로 해내는 것이 주도적인 역량을 발휘하는 것은 아닐 것이다. 자신에 대한 이해를 바탕으로 학생이 다양한 경험을 할 수 있도록 체험의 장을 마련해 주기 위해서는 교사와 학교, 지자체 등 여러 주체와의 상호작용도 필요하다. 즉, 학생이 자신의 진로의사결정 과정에 주도적이면서 협력적인 의사소통의 주체로서 임할 수 있도록 주도성을 키워 줘야 할 것이다. 또한, 교사는 학생이 자신의 특성에 대해 이해할 수 있도록 교육과정을 구성해 제시해야 하며, 학교에서는 관심 있는 진로에 대한 탐색의 기회를 부여할 수 있어야 한다. 이때 학교 안에서 해결할 수 없는 진로 탐색 과정에 지자체의 자원을 활용할 수 있도록 지역사회의 주도적인 역할이 뒷받침되어야 할 것이다.

2022 개정 교육과정에서 중요하게 생각하는 진로교육의 방향은 진로탐색을 바탕으로 학생의 미래 일자리에 진입하기 위한 준비를 돕는 것이다. 즉, 진로를 준비해 나가는 데 필요한 역량인 학습자 주도성 함양과 이를 뒷받침하기 위해 인공지능을 활용할 수 있는 디지털 소양을 갖추도록 하는 것이다. 학생이 자신의 진로를 탐색하고, 진로의사결정을 바탕으로 진로를 개발하는 역량을 키울 수 있는 힘이 주도성일 것이다.

학생이 자신의 진로를 위해 주도성을 발휘할 수 있도록 하는 것, 즉 진로의사결정 과정의 주도성은 '반성적 성찰을 통해 진로를 탐색하여 결정하고, 계획한 진로로 진출하기 위해 진로 목표를 정하고 책임감 있게 능동적으로 성취해 가고자 하는 역량을 갖추고 있는 것'이라고 해석할 수 있다. 따라서 학생이 진로 개발을 위한 행동을 적극적이고 주도적으로 이끌어 가는 힘을 키울 수 있는 교육 환경이 무엇보다 중요하다. 그럼 학생의 주도적 진로 개발을 위해 제공할 수 있는 교육적 노력을 살펴보자.

가. 진로 성장 마인드셋을 키워라

학생들이 진로를 결정하거나 준비할 때 무기력하거나 좌절을 겪는 경우가 있는데, '내가 잘할 수 있을까?', '난 할 수 있는 것이 없네.', '내가 꿈꾸는 미래를 난 이룰 수 없어.' 등 진로 앞에서 자신에 대한 신뢰가 무너질 때이다. 이런 상황을 이겨 낼 수 있는 힘이 마인드셋(mindset)의 교체이다. 마인드셋은 자신의 성격이나 능력의 변화 가능성에 대한 신념

체계이다.[60] 학생들이 좌절할 때는 '실패해도 괜찮아.', '이만큼 더 성장했네. 다음엔 어떤 것을 해 볼까?', '나의 오늘의 노력이 내일의 미래를 열어 줄 거야.' 같은 성장 마인드셋을 갖추도록 유도해 볼 수 있을 것이다. 이러한 진로에 대한 성장 마인드셋을 장착하면 실패해도 다시 도전할 수 있고, 실패를 통해서도 성장한 자신의 노력을 긍정적으로 볼 수 있는 힘이 생긴다.

'성장 마인드셋'[61]은 '인간의 자질과 능력은 가변적이어서 노력에 따라 향상될 수 있다고 믿는 것'이다. 즉, 자신이 발전할 수 있는 가능성을 가진 존재라는 신념을 바탕으로 지속적으로 성장할 수 있다는 긍정의 힘을 가진 것이라고 할 수 있다. 진로 영역에서도 이러한 향상적인 마음가짐(마인드셋), 즉 진로 성장 마인드셋을 갖는 것은 진로에 대한 자기효능감을 키워 주고, 스스로 잠재 능력의 발휘를 통해 진로를 탐색하고 결정하며 필요한 준비를 해나가기 위해 효과적인 접근 방법이라 할 수 있다. 이러한 진로 성장 마인드셋을 갖춘다면 진로 문제에 유연하게 대처하게 해 줄 것이며, 주도적인 문제해결 전략을 활용하여 진로에서의 몰입을 이끌어 줄 수 있는 영향력을 발휘할 것이다.

진로 성장 마인드셋을 통해 주도적으로 진로를 탐색하고, 진로 결정 및 준비 상황에서 필요한 노력을 해낼 수 있도록 진로교육적 지원이 필요하다. 다양한 방법 중 2022 개정 교육과정에서 제시하는 진로교육을 교과와

---

60 Dweck, C. S (2006). Mindset: The new psychology of success, New York: Random House.

61 성장 마인드셋(Dweck, 2006)은 자신의 능력이나 성격 등이 노력을 통해 향상할 수 있다는 믿음으로 정의된다.

연계하는 방향과 접목시켜 볼 수 있다. 진로 수업만이 아니라 타 교과와 연계하여 진로의 방향을 정하고, 학생의 가능성을 향상시킬 수 있도록 해 준다면 긍정적으로 진로교육이 이뤄질 것이다.

고등학생에게 필요한 진로교육의 주제를 살펴보면 진로 탐색, 진로 결정, 진로 준비의 영역으로 나눠 볼 수 있다. 교육과정을 통해 진로 탐색 및 결정을 통한 준비 과정의 과제를 성취하도록 하고, 진로에서 주도성의 함양을 위해 진로교육이 다양한 교과와 연계될 수 있도록 하는 것이 유용할 수 있다. 즉, 진로에서 주도성을 함양할 수 있도록 진로 탐색, 진로 결정, 진로 준비의 영역에 대해 다양한 교과 연계 교육을 접목해 볼 수 있다.

나. 주도적 진로 탐색을 위한 교과 연계

"진로 탐색 행동은 미래 진로 결정이나 선택을 위해 자신의 특성에 대해 평가하고 직업에 관한 정보를 수집하려는 의도적인 행동이다."[62]

자신이 가지고 있는 특성을 이해하고, 이를 바탕으로 직업에 대해서도 이해할 수 있도록 돕는 것, 즉 진로와 관련된 내용을 교과에서 다룸으로써 학생들이 주도적으로 진로를 탐색하는 기회를 부여할 수 있다. 예를 들어, 자기 이해를 위한 검사와 해석을 기반으로 하여 자기 이해 프로젝트를 수행하는 것을 생각해 볼 수 있다. 이를 통해 자기 이해 역량을 향

---

[62] 최동선, 정철영(2003). 대학생의 진로탐색행동과 동기 요인 및 애착의 관계 분석. 직업교육연구 22권 1호. 한국직업교육학회.

상시키고, 수업의 과정에 대한 자신의 성찰일지를 평가에 반영하는 것이다. 또한, 국어 교과에서 자신의 진로 탐색 과정을 바탕으로 자서전 쓰기 활동을 할 수 있는데, 이를 통해 미리 자신의 진로를 설계하는 수업을 진행해 볼 수 있다. 자기 이해와 진로 및 진학 정보를 찾아보며 스스로 진로 설계를 할 수 있도록 수업에 활용할 수 있는 사례를 살펴보자.

(1) 자기 이해를 위한 자기 분석
① 나의 특성(적성, 흥미, 성격, 강점, 가치관 등) 이해하기
② 진로 정체성 형성하기
③ 진로 검사 실시 및 결과 분석하기
④ 교수·학습 방법 : 자기 이해 프로젝트
⑤ 역량 개발 과제 : 자기 분석을 통한 진로 탐구 역량
⑥ 평가 방법 : 과정중심평가(프로젝트 수행, 자기평가 성찰일지, 관찰 평가, 발표 및 모둠 토의)
⑦ 수업 활동 주제 : 나를 발견하는 여행(강점 탐색, 진로 정체성 형성, 진로 스토리텔링, 독서 토론)
⑧ 교과 연계 활동 주제 : 국어(자서전 쓰기, 진로 에세이, 독서 토론), 영어(롤모델 인터뷰 기사), 수학(집합의 연산), 예체능(역할극)

(2) 진로 정보 탐색하기
① 온·오프라인 진로 정보 탐색하기
② 커리어넷 등을 활용하여 진로 정보 탐색 보고서 작성하기
③ 교수·학습 방법 : 팀 프로젝트, 진로 탐색 프로젝트
④ 역량 개발 과제 : 협력적 문제해결 역량, 정보처리 역량

⑤ 평가 방법 : 과정중심평가(프로젝트 수행, 성찰 기록, 발표 및 토론 참여 과정 평가)

⑥ 수업 활동 주제 : 진로 탐구 프로젝트, 진로 설계 활동을 통한 진로 탐색

⑦ 교과 연계 활동 주제 : 각 교과별 관련 진로 탐색 및 발표

(3) 진로 설계 활동을 통한 진로 탐색

자기 이해를 바탕으로 직업을 탐색하고, 잠정적인 진로 목표를 설계하고 준비하는 과정을 실천해 볼 수 있다. 자신에 대한 종합적인 이해와 관심 분야의 직업 정보를 탐색한 후 진학 목표와 실천 사항을 정리하기 위해 아래 표를 활용해 보도록 하자.

이름			학번		
자기 이해	개인 특성	유형	관련 진로		추천 학과
	흥미				
	적성				
	성격				
	강점				
	직업 가치				
	개인 특성에 따른 나의 진로 우선순위는? 1순위(이유) : 2순위(이유) : 3순위(이유) :				

	직업 분야	직업 정보(하는 일, 취득 자격, 특성 등)
직업 탐색	1.	
	2	
	3.	
진학 준비 및 학과 탐색	나의 현재 상황	내신평균 모의고사 등급
	관심 대학 및 학과	1순위 : 2순위 : 3순위 :
	대학 및 학과 인재상	
	전형 방법	
	전년도 입결	
	진로 선택 과목 결정	
	졸업 후 진출 분야	
목표 달성을 위한 진로 설계		

다. 주도적 진로의사결정을 위한 교과 연계

진로의사결정은 다양한 직업 세계를 준비하기 위해서 선행되어야 하는 과정이다. 진로의사결정 과정을 돕기 위해 직업 세계와 시대의 변화를 다각적으로 볼 수 있는 시각을 키워 주는 것이 필요하다. 그리고 관심 진로로의 진출을 위해 해결해야 하는 문제에 어떻게 접근해야 하는지와 미래 직업 세계를 미리 경험해 보게 하는 것도 좋은 사례가 될 수 있다. 이를 위해 창업과 창직의 마인드를 키워 줄 수 있는 수업을 기획해 주도적인 진로의사결정을 도울 수 있다. 교과와 연계해서 분석해 보고 창작해 보는 사례를 다음과 같이 제시해 본다. 미래 직업을 탐구해 보는 수업과 교과 연계를 통해 진로의사결정을 돕기 위한 수업 지도 자료를 활용해 보자.

(1) 직업 세계의 이해
① 산업 구조의 변화 이해하기
② 미래 직업의 변화 예측하기
③ 교수·학습 방법 : 팀 프로젝트, 직업 체험 프로젝트
④ 역량 개발 과제 : 협력적 문제해결 역량, 디지털 리터러시
⑤ 평가 방법 : 과정중심평가(프로젝트 수행, 성찰 기록, 발표 및 토론 참여 과정 평가)
⑥ 수업 활동 주제 : 미래 직업 탐험(직업에 대한 심층 분석 토크, 직업 전문가 인터뷰, 직무 체험 활동)
⑦ 교과 연계 활동 주제 : 수학(직업 분야 통계 분석, 함수로 경제 성장과 고용에 대한 예측 분석), 사회(산업의 변화), 과학(기술의 발전), 사회문화(사회 변동

과 직업, 다문화와 진로), 기술(신기술과 일자리, 미래 직업 전망)

(2) 진로 문제해결 방안

① 자신의 진로의사결정 유형(미결정, 의존형, 직관형, 합리형 확인하기)
② 진로 장벽을 극복할 수 있는 방안 만들어 보기(SWOT 분석)
③ 진로 대안 탐색하기
④ 교수·학습 방법 : 문제해결 미션 프로젝트, 의사결정 연습
⑤ 역량 개발 과제 : 문제해결 역량
⑥ 평가 방법 : 과정중심평가(프로젝트 수행, 성찰 기록, 자기평가 및 동료평가)
⑦ 수업 활동 주제 : 나의 진로의사결정 유형 탐구, 진로 장벽 해결하기
⑧ 교과 연계 활동 주제 : 기술가정(라이프스타일과 진로)

(3) 창직과 창업의 적용

① 새로운 직업의 생성 구조 이해하기
② 창직 및 창업 역량 키우기
③ 교수·학습 방법 : 팀 프로젝트, 협력학습
④ 역량 개발 과제 : 협력적 문제해결 역량, 창의성
⑤ 평가 방법 : 과정중심평가(프로젝트 수행, 성찰 기록, 발표 및 토론 참여 과정 평가)
⑥ 수업 활동 주제 : 직업 연구소(신직업 창직, 창업 프로젝트)
⑦ 교과 연계 활동 주제 : 경제(창업과 경영)

(4) 미래 직업 탐험 프로젝트 수업 지도 계획안

진로의사결정 과정을 돕기 위해 직업 탐색을 위한 수업을 다음과 같

이 설계해 볼 수 있다. 진로 정보를 탐색하고 직업에 대해 분석할 수 있도록 직업 카드와 디지털 도구를 활용한 수업 활동으로 구성할 수 있다.

학습 주제	미래 직업 탐험 프로젝트	핵심 아이디어	미래 직업 세계를 이해하고, 진로 분야에 대한 정보를 탐색하고 직업 정보를 분석할 수 있도록 한다.
학습 목표	1. 미래 직업 환경의 변화를 이해할 수 있다. 2. 관심 직업에 대한 정보를 수집하고 분석할 수 있다.			
단계	교수·학습 활동		교수·학습 자료
도입	1. 동기 유발 ① 미래 직업 트렌드 영상을 시청한 후 소감을 나눈다. ② 4차 산업혁명과 관련된 퀴즈 풀기 2. 학습목표 제시 ① 미래 직업 환경의 변화와 직업에 대한 정보 탐색을 할 수 있다.		• 미래 직업 트렌드 영상 • PPT
전개	활동 1 직업 카드 탐색 및 분류 ① 전 수업 시간에 배부한 직업 흥미, 적성 검사 결과지 이해하기 ② 직업 카드에서 검사 결과로 나온 직업에 대한 카드 내용 확인 ③ 직업 카드를 흥미에 따라 분류하기 활동 2 직업 정보 탐색 활동 ① 커리어넷을 통해 직업에 대한 정보 탐색하기 ② ChatGPT, 뤼튼 AI 등을 활용하여 직업 정보 탐색하기 활동 3 모둠 활동 ① 모둠 활동지를 통해 모둠원과 직업 정보에 대해 나누기 ② 모둠 토의 활동 및 활동지 작성하기 ③ 모둠 결과를 패들렛에 공유하기		• 직업 카드 • 태블릿 • AI 활용 정보 검색 • 모둠 활동지
정리	1. 활동 내용에 대한 정리 2. 차시 학습 예고		• PPT

(5) 주도적 진로 결정을 위한 교과 연계 진로 수업

 교과 연계 진로 수업을 위한 사례를 다음과 같이 제시하고자 한다. 슈퍼(Donald. E. Super)의 발달단계에 따르면 고등학생 시기는 '탐색기'에 해당되며, 흥미, 능력, 가치, 성격, 강점 등 자신의 진로 특성을 고려하여 진로를 탐색하는 것이 중요한 발달 과업이다. 실생활 및 수학적 문제 상황에서 자료를 탐색하고, 합리적 의사결정의 태도를 기를 수 있도록 하고, 주도적인 학습 경험을 할 수 있도록 수학과 진로를 연계하여 수업을 계획하였다. 진로의사결정을 위해 자신의 내·외적인 환경을 고려하는 것이 중요하며, 자신에 대한 종합적인 이해가 선행되어야 하기에 수학의 문제해결 능력과 주도적인 진로 탐색 및 진로의사결정 능력을 함양할 수 있는 수업을 계획하고, 지도안과 활동지를 설계하였다. 에듀테크를 활용하여 디지털 정보처리 역량을 향상시키고, 모둠 협력학습을 통해 공동체 역량을 바탕으로 진로의사결정 능력을 키울 수 있도록 하였다.

• 교과 연계 수업 계획[63] •

연계 교과	공통수학2	학교급	☐ 중학교 ☑ 고등학교	학년 (군)	1
단원명	Ⅱ. 집합과 명제 1. 집합					
핵심 아이디어	집합의 연산으로 진로를 탐색하고 진로의사결정에 대한 주도성을 키우도록 한다.				
연계 교과 성취기준	[10공수2-02-03] 집합의 연산을 수행하고, 벤 다이어그램을 이용하여 나타낼 수 있다. [12진로03-01] 진로의사결정의 요인과 변화의 가능성을 고려하여 의사결정을 재평가함으로써 보완하고 지속적으로 점검한다.				
「진로와 직업」 연계 영역	☑ 진로와 나의 이해 ☑ 직업 세계와 진로 탐색 ☑ 진로 설계와 실천				
통합 성취기준	집합의 연산을 통해 자신에게 적합한 진로를 탐색하고 진로의사결정에 필요한 주도성을 함양할 수 있다.				
범주 및 내용 요소	지식·이해	집합과 명제-집합, 관심 직업의 진로 경로			
	과정·기능	적절한 전략을 사용하여 문제해결하기, 집합과 명제를 실생활과 연결하기, 관심 진로 정보 탐색 및 선별하여 활용하기			
	가치·태도	실생활과의 연결을 통한 집합과 명제의 유용성을 인식, 진로 탐색의 주도성			
자료(텍스트)	1. 활용 사이트 : 커리어넷(https://www.career.go.kr/) 2. 교집합과 합집합을 통해 자신의 흥미와 적성, 가치관에 맞는 진로 탐색하기 : ChatGPT, 뤼튼 AI 활용 3. 진로의사결정 나무 만들기 4. 모둠 토의 학습 및 발표 : 패들렛 활용				

---

[63] 출처: 2024 경기중등 진로연계교육 수업자료집

• 교과 연계 수업 지도안[64] •

학습 주제	진로의사결정 나무 만들기 및 진로결정을 돕는 모둠 토의 활동	차시	5차시/5차시
		학습 장소	1-1 학급 교실

핵심 아이디어	집합의 연산으로 진로를 탐색하고 진로의사결정에 대한 주도성을 키우도록 한다.

교수 학습 방법	☑ 협동학습 ☑ 탐구학습 ☐ 문제중심학습 ☑ 토의·토론 학습 ☑ 프로젝트학습 ☐ 거꾸로학습 ☐ 블랜디드러닝 ☐ 기타( )

단계	교수·학습 활동
도입	**1. 동기 유발** ① 전시 학습을 통해 진로 탐색에서 관심 갖게 된 진로 분야에 대해 조사한 결과 나누기 **2. 공부할 문제 제시 및 확인** ① 진로의사결정의 상태에 대한 의견 나누기 ② 진로의사결정의 유형에 대해 이해하기
실행	**활동 1** 진로의사결정 유형 이해하기 ① 진로의사결정 유형에 대한 설명하기 ② 의존형, 직관형, 합리형에 대한 자료 제시하며 진로의사결절 유형에 대해 탐색하기 **활동 2** 진로의사결정 나무 완성하기 ① 자신의 진로 검사 결과와 전시 학습에서 집합의 연산 결과로 찾은 내용을 통해 관심 진로 분야 확인하기 ② 진로의사결정 과정에 대해 활동지에 작성하기 ③ 각 결정 단계에서 찾은 진로 분야에 대한 내용 요소 채우기 ④ 커리어넷, ChatGPT, 뤼튼 AI 활용하여 진로 분야에 대한 정보 찾아서 정리하기

---

[64] 출처: 2024 경기중등 진로연계교육 수업자료집

실행	**활동 3** 모둠 토의 활동 ① 자신의 진로 분야에 대한 결정 내용을 정리하여 활동지 작성하기 ② 자신과 모둠원의 내용을 비교해 보면서 공통점과 차이점 찾아보기 ③ 진로를 결정하는 데 어려움을 주는 요소들이 무엇인지 모둠원과 토의 활동 진행하기 ④ 미래 진로를 위해 필요한 노력과 준비 계획에 대해 생각해 보고 나누기 ⑤ 결과에 대한 패들렛 공유 및 발표하기
성찰	1. 자신의 진로의사결정 유형에 대한 이해와 진로 설계 및 준비 계획에 대해 정리 ① 모둠별로 작성한 진로 탐색 활동지를 토대로 생각 나누기(산출물 평가)

• 수업 활동지[65] •

모둠학습 및 프로젝트 학습	2. 진로의사결정 나무로 찾는 나의 진로	( )반 ( )번 이름 : ( )

• 진로의사결정 나무를 완성해 보세요.

```
                관심 진로가 있는가?
              YES            NO
                           → 진로를 선택하지 못한 이유는? [    ]
         흥미와 일치하는가?
       YES            NO
                    → 흥미와 일치하는 진로는 어떤 것일까? [    ]
    적성과 일치하는가?
  NO            YES
  ↓                  가치관과 일치하는가?
  적성과           NO              YES
  일치하는         ↓                ↓
  진로는          가치관과           진로를 선택하기
  어떤 것일까?     일치하는           위해서 고려해야
                  진로는            할 다른 요소는
                  어떤 것일까?       무엇인가?
```

• 모둠 토의 활동

나의 관심 진로 분야	
우리 모둠원의 진로 분야의 공통점과 차이점	
진로 결정에서 어려움을 겪는 이유는 무엇인가?	
진로 결정을 위해 필요하거나 중요한 요소는 무엇인가?	
미래 진로를 위해 어떻게 준비하고 실천할 것인가?	

---

65 출처: 2024 경기중등 진로연계교육 수업자료집

라. 주도적 진로 준비를 위한 교과 연계

진로를 결정하는 것으로 진로교육의 마침표가 찍히는 것은 아니다. 고등학생은 자신의 잠정적인 진로 목표를 점검하는 것과 진학 및 취업을 준비하는 활동도 뒷받침되어야 한다. 자신의 진로 목표를 세우고 필요한 역량을 키울 수 있도록 하는 것이 중요하며, 진학과 취업을 위한 진로 준비 방법을 설계해 보는 활동을 통해 진로 목표를 구체화시켜야 한다. 진로 결정에 따른 준비 과정과 관련된 교과 연계 활동을 다음과 같이 제시하였다. 또한, 진로 로드맵을 작성해 보는 과정을 통해 나아가야 할 방향을 설정해 주도적인 진로 준비가 완성될 수 있도록 지원이 필요하다.

(1) 진로 목표 점검

① 진로 목표(단기, 장기) 세우기(SMART 기법 활용하기)

② 진로 진출 방법 및 역량 개발, 자격 취득 방법 계획 세우기

③ 교수·학습 방법 : 모둠 협력학습, 프로젝트 학습

④ 역량 개발 과제 : 상황 대처 및 미래 준비 역량, 창의성

⑤ 평가 방법 : 과정중심평가(프로젝트 수행, 성찰 기록, 발표 및 토론 참여 과정 평가)

⑥ 수업 활동 주제 : 진로 계획 및 실천 프로젝트

⑦ 교과 연계 활동 주제 : 정보(온라인 취업 정보 검색), 기술가정(직장생활 준비), 영어(글로벌 취업 준비)

(2) 진학 준비 방법

① 진학 전략 세우기

② 평생교육기관에 대해 이해하기
③ 진로 진학 로드맵 작성하기
④ 교수·학습 방법 : 모둠 협력학습
⑤ 역량 개발 과제 : 문제해결 역량, 진로 디자인 역량
⑥ 평가 방법 : 과정중심평가(발표 및 토의 과정 평가)
⑦ 수업 활동 주제 : 진로 진학 로드맵
⑧ 교과 연계 활동 주제 : 국어(면접 대화 연습, 자기소개서)

(3) 취업 준비 전략
① 직업 체험을 통한 직무 체험하기
② 기업의 인턴십 프로그램 조사하기
③ 교수·학습 방법 : 모둠 협력학습
④ 역량 개발 과제 : 문제해결 역량, 진로 디자인 역량
⑤ 평가 방법 : 과정중심평가(발표 및 토의 과정 평가)
⑥ 수업 활동 주제 : 취업 프로젝트
⑦ 교과 연계 활동 주제 : 국어(면접 대화 연습, 이력서), 수학 (취업 통계 분석), 영어(해외 취업 정보 분석), 법과 정치(노동법, 근로계약)

(4) 진로 로드맵을 통한 학생 주도적 진로 설계

로드맵은 어떤 일을 추진하기 위해 필요한 목표, 기준 등을 담아 만든 종합적인 계획이다.[66] 그렇다면 진로 로드맵은 진로와 관련된 목표를 이루기 위한 종합적인 계획이라고 할 수 있다. 진로와 관련된 목표를 가시

---

[66] 출처 : 고려대 한국어대사전

화해 앞으로 진로 목표를 이루기 위해 어떤 준비가 필요하고, 어떻게 삶을 설계할지를 보여 줄 수 있는 진로 로드맵을 작성해 보는 활동은 진로 설계를 위한 청사진이 될 수 있다. 다음 두 학생의 진로 로드맵 작성 사례를 살펴보자.

첫 번째 사례(좌)는 초등학교 교사가 되고 싶어 하는 학생의 진로 로드맵 작성 사례이다. 진로 로드맵은 꿈을 꾸게 된 계기, 진학 방법에 대한 진로 정보 탐색, 하고 있는 노력, 앞으로 해야 할 일, 직업인의 모습 등으로 구성하였다. 아이들을 좋아하는 마음으로 꿈을 꾸기 시작했고, 사회에 기여할 수 있는 일을 하고 싶어 하는 학생이다. 지금까지 어떻게 고등학교 생활을 해 나가고 있는지와 꿈을 이루기 위한 진로 및 진학 계획을 담았다.

두 번째 사례(우)는 군인이 되고 싶어 하는 학생의 사례이다. 진로 로드맵은 연령대별로 구성하였다. 10년 단위로 10대, 20대, 30대, 40대, 50대에 자신이 이루고 싶은 진로 목표와 준비 방법을 표현했으며, 군인이 되기 위해 다양한 정보를 찾아보고 필요한 자격과 체력 관리 등 군인에게 필요한 것을 꼼꼼히 나타냈다.

고등학교 시기를 누구보다 열심히 공부하고 준비했던 두 학생은 진로 활동에도 늘 성실하게 참여하였다. 현재 두 학생 모두 자신의 꿈을 위해 원하는 곳에 진학하여 열심히 공부하고 있다. 이러한 사례들을 통해 주도적인 진로 설계 과정이 미래 진로 목표를 성취하는 데 중요한 요소임을 알 수 있다.

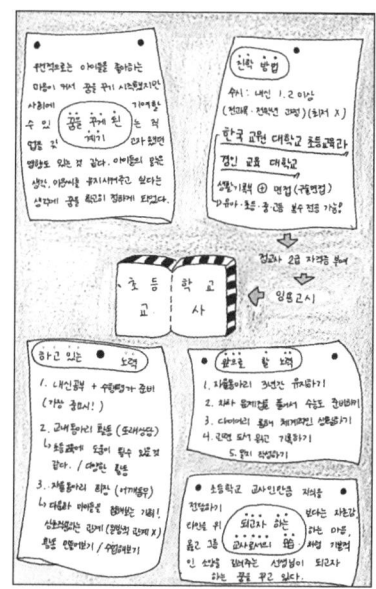 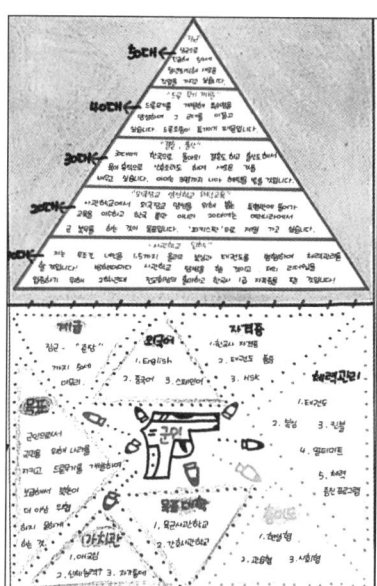

진로 로드맵(좌)   진로 로드맵(우)

3
티칭에 코칭을 더하다

가. 질문에서 진로교육의 길을 찾다

 티칭은 교사가 학생들을 위해 해야 하는 중요한 역할로, 학생들의 학습력을 향상시킬 수 있는 교육과정을 마련하여 가르치는 능력이다. 더 나아가 학생의 잠재력을 개발하고 학업 수행을 극대화하기 위해서는 가르치는 것도 중요하지만 학습하도록 돕는 것도 필요하다. 학습력을 향상시키기 위해서 교사가 주도적으로 교육을 이끌어 가는 것이 티칭의 방법이라면, 학생이 수행해야 하는 교육 목적을 달성할 수 있도록 지원하는 역할을 하는 것이 코칭[67]이다. 교사는 학생이 학업 능력을 향상시키기 위해 능동적으로 참여하고 문제해결의 주체자가 되도록 티칭뿐만 아니라 코칭까지도 고려하는 것이 중요하다.

---

[67] Peterson, D. B., Hicks, M. D.(1996). Leader as coach: Strategies for coaching and developing others. Personnel Decisions International. Minneapolis: MN. 코칭은 개인이 스스로 성장하기 위해 필요한 지식과 기회 및 수단을 제공하는 과정이라고 정의하였다.

학생들의 잠재력을 이끌어 내어 주도적으로 자신의 학습에 활용할 수 있도록 이끄는 코칭의 전략은 '잘 질문하는 것'이다. 코칭을 위한 중요한 기법으로 효과적인 질문, 적극적 경청, 건설적 피드백, 성찰 돕기 등의 방법이 있다. 질문을 강조하는 것은 생각하는 힘과 연결될 수 있기 때문이다.

효과적인 질문하기를 통해 학생들의 사고를 확장시킬 수 있으며, 스스로 생각하는 힘을 바탕으로 답을 찾아가는 과정 속에서 주도성을 향상시킬 수 있다. 만약에 답을 깨달아 가는 과정을 거친다면 이를 통해 자신감과 동기를 촉진할 수 있으며, 자신의 감정과 생각을 더 깊이 성찰할 수도 있다. 더 나아가 책임감을 가지고 수행할 수 있는 실천 능력에도 도움을 줄 수 있다.

코칭하는 교사는 적극적 경청하기를 통해 학생과의 신뢰감을 형성할 수 있으며, 학생의 내면을 깊이 들여다볼 수 있어 무엇을 원하는지를 파악할 수 있는 단서들을 찾는 데 유용하다. 이는 학생들의 성장을 돕기 위한 구체적이고 건설적인 피드백을 제공할 수 있는 기반이 된다. 학생이 자신의 문제를 파악할 수 있도록 피드백하기 때문에 자기 성찰을 통해 자신의 현재 상황을 점검하고, 목표를 설정해서 행동으로 이어질 수 있도록 한다.

진로 영역에서도 학생들이 진로 문제에 대한 해결 방안을 스스로 찾아보고, 대안을 실행하며 자기계발이 가능하도록 조력하는 코칭이 필요하다. 현재 진로에 대한 고민과 해결해야 할 과제를 찾아갈 수 있도록 스스로 질문하고 생각하게 하며, 성찰을 돕는 질문을 통해 도움을 줄 수 있다. 즉, 교사가 안내자이자 조력자로서 역할을 하면 진로 문제의 주체인 학생 스스로가 해결의 리더가 되는 것이 진로 코칭의 방향이다. 교사가 학생의 주도적인 진로 설계를 이끌어 줄 수 있도록 티칭도 꼭 필요한 교육의 방법이다. 여기에 학생이 주도적이고 능동적으로 자신의 진로를 찾아 결정하고, 목표를 세워 준비할 수 있도록 하는 코칭이 더해진다면 진로에서의 주도성을 발휘할 수 있을 것이다.

질문이 주는 유용성은 질문이 사고를 자극하고 통찰을 이끌어 낼 수 있다는 것이다. 학생들에게 이런 능력을 키워 줄 수 있다면 진로에 대한 문제를 풀어 가는 일에도 도움이 될 것이다.

질문은 자기를 이해하고 성찰하며 진로를 탐색하는 데 중요한 도구가 될 수 있다. '내가 즐거워하는 일은 무엇인가?', '내가 잘할 수 있는 일은 무엇인가?', '내가 직업에서 가치 있게 여기는 것은 무엇인가?' 등의 질문을 통해 자신에 대해 성찰할 수 있는 기회를 갖게 한다. 조금 더 구체적으로 파악할 수 있도록 '언제 성취감을 느끼는가?', '일은 나에게 어떤 의미인가?', '어떤 환경에서 일하는 것이 행복할 것 같은가?' 등의 질문도 좋은 예가 될 수 있다.

진로를 결정하고 목표를 세워 준비할 수 있도록 실천적인 질문도 필요하다. '나의 단기, 장기 목표는 무엇인가?', '내가 현재 갖추고 있는 능력은 무엇이고, 어떤 부분에 보완과 노력이 필요한가?', '목표를 이루기 위해 준비할 것에 대한 우선순위는 어떻게 되는가?' 등의 질문을 통해 실현 가능한 진로 계획을 세우고 지속적으로 성장할 수 있도록 도울 수 있다.

이러한 질문을 할 때는 개방형 질문을 통해 열린 답을 할 수 있도록 하고, 깊이 있는 탐색과 성찰을 유도하는 것도 중요하다. 주도적인 진로 탐색과 의사결정을 통해 자신의 미래를 준비하고 적응하는 능력을 키우기 위해 질문을 잘 활용할 수 있어야 한다. 다음의 사례는 질문의 변화를 통해 자신의 꿈을 찾아가는 여정에 대한 것이다.

　A는 고등학교 때 친구들과 에어쇼를 관람하고 비행기 조종에 관심을 갖게 되었다. 그래서 비행기 조종사는 어떻게 될 수 있는지를 찾아보았고, 공군사관학교에 가거나 항공운항학과에 가는 방법이 있음을 알게 되었다. 그리고 조종사가 되기 위해서는 신체검사를 받아야 하는데, 공군사관학교에 가기 위해서는 162cm 이상의 키가 제한 조건이었다. A는 160cm의 여학생이었기에 실망하였다. 또한, 국내 항공업계에는 여자 조종사의 수가 남자에 비해 현저히 적어서 고민도 된다고 하였다.

"선생님, 키 작은 여자도 비행기 조종사가 될 수 있을까요?"
　처음 상담에서의 질문이었다. 이 학생은 꼼꼼한 성격으로 노트 필기의 달인으로 불리며 공부를 열심히 하는 이과 여학생이었다. 공군사관학교를 갈 수 없는 신체적 조건으로 인해 비행기 조종사의 꿈을 접어야 한다고 생각하는 것이 안타까웠다. 코칭을 통해 학생에게 생각의 변화를 주고, 비행기 조종사가 되는 길은 다양하다는 것을 알게 해 주어 자신의 길을 찾아갈 수 있도록 안내하기로 했다.
　먼저 질문을 통해 학생이 자신에 대해 어떻게 이해하고 있는지를 점검하였다. 즐거워하는 일과 잘하는 일은 무엇인지, 직업을 정하는 데 있어서 가치 있게 여기는 것은 무엇인지 등의 질문을 통해 스스로에 대해 성찰할 수 있는 기회를 갖도록 했다. 대화 중에 학생은 뭔가를 잘 만들어 내는 능력이 있으며, 과학에도 흥미가 있어 과학의 날 행사에서 물로켓이나 고무동력기를 만들어 발사했던 기억을 이야기했다. 또, 학급에서 부회장을 맡아 봉사했던 일, 축제 때 반 학생들을 모아 댄스팀을 만들고 자신이 편곡하여 무대에서 발표했던 것이 기억에 남는다고 이야기했다. 그리고 자신은 명예로운 일을 하고 싶으며, 한번 시작한 일은 끝까지 해내려고 노력하는 책임감을 중요하게 생각한다고 하였다. 이 학생에게는 도전하여 성취할 수 있다는 자신에 대한 신뢰를 키워 주는 것이 필요하다고 여겨졌다. 학생이 스스로에게 질문을 던지고 답을 찾아가는 방법을 안내하고, 직접 실천해 보도록 권유하였다.

"비행기 조종사가 되기 위해 현재 내가 갖고 있는 능력은 무엇이고, 어떤 부분에 보완과 노력이 필요한가?"라는 질문에 직업 정보와 학과 정보를 탐색하는 시간이 필요하다고 하였다. 직업인의 인터뷰 영상도 찾아보며 조종사가 되는 길이 다양하다는 것과 민간항공사에서는 신체 검사에서 키 제한이 없다는 것을 알게 되었다. 이후 민간항공사의 비행기 조종사라는 목표를 갖게 되었다.

이어 "비행기 조종사가 되려는 목표를 이루기 위해 어떤 것을 준비해야 하고, 어떻게 우선순위를 정하지?"라는 질문에 항공운항학과에 입학하여 비행과 관련된 지식과 경험을 쌓는 방법을 택하겠다고 자신의 진로 경로를 설계했다. 고등학교에서 수학과 물리, 영어를 열심히 공부해야겠다는 다짐을 하기도 했다. 스스로에게 질문을 던지는 과정 속에서 불가능한 상황에 매몰되지 않고 가능한 미래를 열어 갈 수 있다는 것을 깨달았으며 학업에도 더욱 몰두할 수 있게 되었다고 한다. 또, 스스로에게 '나의 오늘의 노력이 내일의 미래를 열어 줄 거야.'라는 신뢰를 갖게 해 주었다고 한다.

학생은 계획한 바를 이루기 위해 열심히 노력하는 모습을 보여 주었고, 원하는 대학의 항공운항학과에 입학하였다. 대학에서도 열심히 공부하였으며, 자가용 조종 면허를 취득하고 국내 비행교육원에서 사업용 조종 면허 취득 후 교관 과정을 거쳤다. 그리고 민간항공사에 취업하여 현재 부기장으로 비행을 하고 있다. 자신에게 필요한 것이 무엇인지 질문하며 목표를 이루기 위해 도전하는 과정을 통해 이루어 낸 성과이다. 주도적으로 자신의 진로를 설계하고 해결해 가는 경험이 쌓이면서 어려움을 헤쳐 나가는 역량으로 발휘되었다.

2022 개정 교육과정은 '진로와 직업' 교육과정을 '진로와 나의 이해', '직업 세계와 진로 탐색', '진로 설계와 실천'의 3개 영역으로 구분하였다. '진로와 나의 이해' 영역은 관심 있는 진로 분야의 직업인의 진로 특성과 자신의 특성을 비교해 보며 자신의 진로에 대해 심도 있게 이해할 수 있도록 구성되었다. '직업 세계와 진로 탐색' 영역은 직업의 변화와 관련된 사회·기술·환경의 변화에 대해 주도적이고 비판적인 정보 수집과 자신의 진로에 활용할 수 있는 정보 탐색에 중점을 두고 있다. '진로 설계와 실천' 영역은 진로의사결정에 영향을 주는 요인을 파악하고 진로의 변화 가능성에 유연하게 대처할 수 있도록 하며, 잠정적인 진로 분야를 설정하고 필요한 준비를 해 나갈 수 있도록 돕기 위한 내용으로 구성되었다. 즉, 관심 진로 분야에 비추어 나를 분석하여 급변하는 직업의 변화에 대처할 수 있도록 하며, 잠정적인 진로 목표를 세우고 주도적으로 진로를 설계할 수 있는 역량을 키우는 것을 목표로 하고 있다. 진로와 직업의 영역에서 스스로를 돌아보고 깊이 생각할 수 있도록 질문의 힘을 활용해 보도록 하자.

나. 주도성 발휘를 위한 '진로와 나의 이해' 발문 사례

'진로와 나의 이해' 영역에서는 관심 분야 직업인의 삶과 진로 특성에 대한 탐구를 통해 전공 분야에서 요구되는 진로 특성을 이해하도록 하고 있다. 자기 이해를 통해 관심 있는 진로 분야에 필요한 진로 특성과의 일치도를 확인하고, 이 과정에서 강점을 강화하고 부족한 부분을 스스로 돌아보아 보완할 수 있는 기회를 주는 것이 중요하다. 또한 직업인으로서 갖춰야 할 자세와 직업의 가치에 대해 성찰해 볼 수 있는 질문을 활용할 수 있다.

다음은 진로와 관련하여 자기 이해를 돕는 코칭에 활용할 수 있는 발문이다. 참고하면서 진로상담이나 수업의 사례로 활용해 보도록 하자.

- 시간 가는 줄 모를 정도로 몰입하여 활동한 적이 있나요? 만약 있었다면 어떤 활동이었나요?
- 다른 사람들로부터 칭찬을 받았던 경험이나 뿌듯함을 느꼈던 경험이 있나요? 만약 있었다면 어떤 경험이었나요?
- 직업을 선택할 때 가장 중요하게 생각하는 가치는 무엇인가요?
- 현재 꿈꾸고 있는 이상적인 직업인의 모습은 어떤 모습인가요?
- 내가 남들보다 잘한다고 생각하는 것은 무엇인가요?
- 어떤 목표를 이루기 위해 노력했던 경험이 있나요? 만약 있었다면 그때 어떤 느낌이 들었나요?
- 만약 관심이 있는 직업이 여러 개가 있다면 어떤 기준으로 한 가지 직업을 선택할 것 같은가요?
- 내 삶에서 가장 중요한 것은 무엇이고, 어떤 상황일 때 행복감을 느

끼나요?
- 자신의 성격에 대해 어떻게 표현할 수 있을까요?
- 미래 직업인이 되었을 때, 일과 여가 활동 중 어떤 것을 우선적으로 고려할 것인가요? 그 이유는 무엇인가요?

다. 주도성 발휘를 위한 '직업 세계와 진로 탐색' 발문 사례

미래 직업 세계와 관심 분야의 직업 세계 변화를 예측하고 탐색할 수 있도록 돕고, 관심 직업의 구체적인 정보를 수집하여 자신에게 적합한 진로 경로를 살펴보는 것이 필요하다. 다양한 진로 경로를 탐색하고 관심 분야의 진로 문제 해결을 통해 새로운 가치를 창출할 수 있도록 도울 수 있으며, 직업을 바라보는 다양한 시각을 갖게 하여 미래 직업에 대해 열린 자세로 대처할 수 있는 주도적 능력을 키워 줄 수 있다.

다음은 직업 세계의 변화에 대처하면서 진로를 탐색하는 것을 돕는 코칭에 활용할 수 있는 발문이다. 참고하면서 진로상담이나 수업의 사례로 활용해 보도록 하자.

- 앞으로 미래 직업은 어떻게 변화할 것이라 생각하나요?
- 직업에 대한 정보를 찾아본 경험이 있나요? 만약에 있다면 어떻게 정보를 찾아보았나요?
- 자신이 관심 있는 진로에 대해 어떤 역량을 갖추고 있다고 생각하나요?
- 자신이 흥미를 느끼는 활동과 직업을 연결한다면 어떤 직업이라고

생각하나요? 그 이유는 무엇인가요?
- 현재 자신이 가지고 있는 능력이나 지식이 어떤 진로에 적합하다고 생각하나요? 그 이유는 무엇인가요?
- 기술의 발달과 직업 환경의 변화로 인해 직업 세계는 어떤 변화가 있을 것이라고 생각하나요? 이런 변화에 어떻게 대처할 수 있을까요?
- 지금 관심을 가지고 있는 직업에서 일하고 있는 직업인을 인터뷰할 기회가 생긴다면 어떤 것을 물어보고 싶은가요?
- 관심 있는 진로에 진출하기 위해 어떤 준비를 해야 할까요?
- 학교생활을 하면서 겪었던 어려움이 있나요? 만약 있었다면 어떤 것이었고, 어떻게 해결했나요?
- 앞으로 사회에 진출한다면 몇 개의 직업을 가질 것 같은가요? 만약에 새로운 직업을 가져야 한다면 어떤 것을 우선적으로 고려해야 할까요?

라. 주도성 발휘를 위한 '진로 설계와 실천' 발문 사례

진로 설계와 실천을 위해 잠정적인 진로 목표를 설정하고 진로를 계획할 수 있도록 질문을 활용할 수 있다. 진로의사결정에 대해 평가하고 자신의 진로 목표를 점검할 수 있도록 하고, 장기적 목표와 단기적 목표를 세우고 필요한 노력을 할 수 있도록 도울 수 있다. 진로 계획을 바탕으로 자기를 관리하며, 환경의 변화에 유연하게 대처할 수 있도록 하여 진로를 준비하는 과정에 성실하게 참여할 수 있도록 이끈다.

다음은 잠정적인 진로 목표를 설정한 후 진로를 설계하고 실천하는 것을 돕기 위한 코칭에 활용할 수 있는 발문이다. 참고하면서 진로상담이나 수업의 사례로 활용해 보도록 하자.

- 현재의 상황에서 한 걸음 더 나아가기 위해 어떤 것을 실천해 볼 수 있을까요?
- 10년 후 나는 어떤 일을 하고 있을까요? 그런 내 모습을 만들어 가기 위해 지금 나는 어떤 일을 실천해 볼 수 있을까요?
- 진로 목표를 이루는 데 어려움이 있다면 어떻게 극복할 수 있을까요?
- 진로 목표를 이루기 위해 해야 할 일의 우선순위를 어떻게 결정할 수 있을까요?
- 나의 진로 목표를 위해 지금까지 이룬 성과는 어느 정도이고, 앞으로 어떤 노력이 필요할까요?
- 효율적으로 시간을 관리하고 있다고 생각하나요? 효율적으로 시간을 관리할 수 있는 방법은 무엇이라고 생각하나요?
- 진로와 관련된 단기 목표와 장기 목표는 어떤 것이 있나요?
- 진로 결정에서 가장 우선적으로 고려해야 할 것은 무엇이라고 생각하나요? 그 이유는 무엇인가요?
- 내가 결정한 진로를 준비하기 위해 어떻게 학업에 대한 계획을 세워서 실천하고 있나요?
- 만약 내가 정한 진로 목표에 도달하지 못한다면 플랜B는 무엇인가요?

마. 진로, 주도성에 포커스를 맞춰라

진로는 한 번의 결정으로 마무리되는 단순한 선택의 문제는 아니다. 100세 시대를 살아가야 하는 청소년은 한 번 갖게 된 직업으로 평생을 살 수 없는 것이 현실이다. 그렇다면 결코 쉽지 않은 진로에 대한 문제를 슬기롭게 헤쳐 나갈 수 있으려면 어떤 역량이 필요할까? 해법으로 제시하고자 하는 것이 '주도성'이다. 주도성에 포커스를 맞춘다면 학생들은 주도적인 진로 개발을 위한 역량을 발휘할 수 있을 것이다. 주도성은 학생들이 진로 결정의 전 과정에서 중심적인 역할을 할 수 있도록 하고, 자신뿐만 아니라 개인 외적으로 필요한 협력을 이끌어 내는 구심점이 될 수 있는 역량이기 때문이다.

2022 개정 교육과정에서 진로교육의 방향을 다시 한번 살펴보면, 변화하는 상황에 대처하며 자신의 삶을 주도적으로 계획하고 준비할 수 있는 역량을 키워 주는 것이다. 즉, 진로교육은 주도성과 맞물릴 수밖에 없다. 고등학생에게 진로를 설계하는 것은 친구 관계나 학업만큼 중요한 문제이다. 따라서 진로와 관련된 의사결정을 위해 자신의 진로 특성에 대한 깊이 있는 이해와 직업의 변화에 대처할 수 있는 정보 탐색 역량이 필요하다. 그리고 잠정적인 진로 목표를 세워 꾸준히 점검하고 주도적으로 준비하는 노력이 더해져야 한다.

이러한 해결 과제들은 학생들의 경험에서 출발할 수밖에 없다. 교육을 통해 어떻게 경험의 폭을 넓히고 다양화할 수 있을지에 대한 고민이 필요하고, 이를 진로교육에 어떻게 접목시킬지에 대해 교육 방법을 구안해야 할 것이다. 직업과 진로의 세계는 멈춰 있지 않고 역동적으로 움직이고 있으며, 앞으로는 그 변화의 폭이 더 커질 것이기에 '미래에 없어

지지 않고 남을 수 있는 직업', '어떻게 워라벨을 실현시킬 수 있을지', '어떤 것에 가치를 두고 선택할지', '어떻게 한 길이 아닌 여러 길이 있음을 보여 줄 것인지', '평생 한 번의 선택으로 끝나지 않을 진로의 세계에 어떻게 대처할 수 있을지'에 대한 고민 속에 주도성의 단추를 끼워 본다. 상황에 매몰되지 않고 헤쳐 나갈 수 있는 힘, 다른 이들의 생각에 자신을 맞추지 않고 자신을 돌아볼 수 있는 마음, 깊이 있게 생각하는 힘을 키워 주어 자신의 진로 목표에서 주도성을 발휘할 수 있도록 해 주어야 한다. 학생들이 뛰어들어야 할 변화무쌍한 진로의 세계를 준비하고 적응하게 해 줄 수 있는 역량을 키우는 교육을 주문해 본다.

7장

학교 밖 청소년과 진로교육

이영춘

1
학교 밖 청소년은 누구인가

가. 학교 밖 청소년의 삶

'학교 밖 청소년'은 과연 누구인가? 법률에서는 다음과 같이 정의한다.

학교 밖 청소년 지원에 관한 법률 제2조2
가. 「초·중등교육법」 제2조의 초등학교·중학교 또는 이와 동일한 과정을 교육하는 학교에 입학한 후 3개월 이상 결석하거나 같은 법 제14조제1항에 따라 취학 의무를 유예한 청소년
나. 「초·중등교육법」 제2조의 고등학교 또는 이와 동일한 과정을 교육하는 학교에서 같은 법 제18조에 따른 제적·퇴학처분을 받거나 자퇴한 청소년
다. 「초·중등교육법」 제2조의 고등학교 또는 이와 동일한 과정을 교육하는 학교에 진학하지 아니한 청소년을 의미한다.

다시 말해 학교 밖 청소년은 자의든 타의든 학교 안에 머무르지 않고 학교 밖으로 나온 청소년을 의미한다. 이렇게 말하면 학교는 그다지 신경 쓰지 않아도 된다고 생각할지 모르겠다. 하지만 청소년에게 학교 안과 밖은 크게 중요하지 않다. 정작 학교 안은 자신의 의지로 선택한 공간이 아니다. 다들 이렇게 살아야 한다고 하니 살아갈 뿐이다. 오히려 학교 안에서의 학습이 아니라 다른 곳에서 살아가는 삶을 선택할 때 청소년 당사자의 의지가 작동한다. 안과 밖은 그들에게 얼마나 오래 머무르냐의 차이가 있을 뿐이다. 언제든지 선택할 수 있는 공간이다.

교사들은 어떠한가. 학교 밖에 대한 인식은 학교나 교사가 비슷하다. 우리 영역이 아니라고 생각하기 쉽다. 학교 밖에서 일어나는 일이니 학교 안에 있는 교사가 책임질 수도 없다. 학교 안에 있는 청소년을 감당하기에도 벽찬 현실에서 학교 밖을 선택한 청소년은 역량 밖의 문제이다.

그렇다면 누가 해야 하나. 국가는 거대한 교육 시스템을 운영한다. 여기에는 학교 안과 밖, 영·유아, 청소년은 물론 성인까지 모두를 아우른다. 여기에 학교교육 시스템을 관리해야 하는 정부 조직이 있는가 하면, 학교 밖 교육 시스템을 관할하는 부처가 있다. 국가는 국민의 삶을 잘 보살펴야 한다. 보호 시스템이 촘촘하게 짜여지고 작동되어야 한다. 특히 보호가 필요한 사회적 약자에게는 더욱 세심하게 작동되어야 한다는 것은 두 번 강조할 필요가 없다.

이런 이유에서 청소년이 학교 안이나 밖을 선택한다고 해서 그들의 삶을 지탱하는 사회적 지원이 달라져서는 안 된다. 이런 점에서 청소년을 학습과 연계한 명칭으로 '길 위의 학습자'로 불러야 한다.[68] 우리 삶에서 선택할 수 있는 길은 매우 다양하다. 그중에 학교 안이라는 길이 있고, 밖이라는 길이 있을 뿐이다. 우리 사회가 쓰고 있는 '학교 밖 청소년'은 지금 그들이 걸어가는 길이 학교라는 공간 밖일 뿐이다. 이런 청소년이라 하더라도 사회적 지원은 차이가 없어야 한다.

학교 밖 청소년은 현재 약 17만 명일 것으로 추정하고 있다(한국대학신문, 2023.11.28.). 이는 주민등록인구 현황상 6~17세 청소년 인구에서 초·중·고 학생 수, 동일 연령대의 내국인 출국자 수를 제외해 계산한 간접 추정치이다. 학교의 규칙을 어겨서 내몰리거나, 자발적으로 학교를 나온 청소년이라 하더라도 대부분 학교에서 출발한다. 그러나 이들이 학교 밖으로 나왔다고 해도 현 교육 시스템을 뛰어넘기는 힘들다. 특별이수교육 혹은 공·사립 인가학교 형식의 대안학교를 선택하거나, 혼자서 학습하는 길을 선택하고 검정고시를 본다. 학업 중단 당시 69.5%가 검정고시 준비를 계획하였는데, 향후 진로 계획으로 정규학교로 되돌아가는 경우(대학 진학 포함)가 28.2%로 나타난다(여성가족부, 2024.5.9.).

---

68 '학교 밖'이라는 용어는 지극히 학교 중심적이다. 20세 이전의 청소년은 학교 안에 있어야 당연하다는 인식이 '학교 안', '학교 밖'이라는 용어를 만들어 낸 셈이다. 더구나 '학교 밖'이라는 용어는 부정적 인식이 내포되어 있다. 최근 들어 청소년은 주도적으로 '안'과 '밖'을 선택한다. 이들에게 학교 밖은 하나의 선택지일 뿐이다. 새로운 길을 모색하는 과정에서 찾아내는 여러 길 중 하나일 뿐이다. 그들은 '학교 밖'에 있다가 다시 '학교 안'을 선택하기도 한다. 이런 의미에서 '학교 밖 청소년'이라는 용어를 '길 위의 학습자'로 대체하기를 제안한다. '길 위의 학습자'는 '삶의 여러 길 중 하나를 선택하여 학습하는 사람'이라는 의미이다.

학교 밖 청소년 중에는 통계에 잡히지 않는 청소년이 있다. 어떤 경우에 통계에 잡히지 않을까?

첫째, 정부 지원 체계가 부족하거나 이러한 정보를 알지 못하는 경우이다. 지원 대상에서 제외되거나, 지원을 받더라도 필요한 수준의 지원을 받지 못한다. 지역사회 연계망이 부족하고, 종사자의 처우가 열악하며, 기관의 접근성 및 시설·기자재의 부족 등으로 인해 지원 서비스 이용이 어려운 경우에도 발생한다.

둘째, 학교 밖 청소년이 가정에서 쫓겨나거나 부모와의 갈등으로 인해 집을 떠나 생활하는 경우이다. 이들 중 일부는 자신의 정체성을 숨기거나, 주변의 시선 때문에 공식적인 지원을 받기를 꺼린다.

통계에 잡히지 않는 학교 밖 청소년은 은둔 생활이 길어지거나 각종 범죄에 쉽게 노출되어 있어 위험하다. 학교 밖 청소년이 은둔하게 된 계기는 '무기력하거나 우울한 기분이 들어서(28.6%)', '아무것도 하고 싶지 않아서(24.9%)', '무엇을 해야 할지 몰라서(13.7%)' 순으로 나타난다. 이러한 청소년은 지원 서비스의 이용으로 은둔 상태에서 벗어난다.[69] 은둔 상태를 벗어날 방법을 알지 못하거나, 그럴 의사도 없는 학교 밖 청소년은 은둔형 청소년, 가족돌봄청소년(young-carer) 등 기존 유형을 벗어난 위기 취약 청소년이 된다. 이들이야말로 취약계층 청소년으로 분류할 수 있다. 물론 국가 통계에도 쉽게 드러나지 않는다.

---

[69] 은둔 생활에서 벗어나게 된 가장 주요한 계기가 학교 밖 청소년지원센터, 청소년상담복지센터, 내일이룸학교 등 지원 서비스의 이용(27.3%)으로 나타났다(교육통계서비스, 2024년 5월).

나. 취약계층 청소년의 유형 및 지원체계

(1) 취약계층 청소년의 개념

취약계층 청소년은 '특정한 발생 원인으로 일반 청소년에 비해 상대적으로 불리한 위치에 있음으로, 자율적 행복추구권의 실질적 실현이 어려워 적절한 사회적 지원이 필요한 만 9세 이상부터 24세 이하의 청소년'으로 규정할 수 있다. 주로 저소득층, 다문화가정, 학교 밖 청소년, 장애 청소년, 학교폭력 피해 청소년 등 사회적·경제적 어려움을 겪는 청소년이 이에 해당된다.

취약계층 청소년은 일반 청소년에 비해 자신감, 자기조절, 진로 목표 설정, 진로 가치 건전성, 진로 목표 달성 효능감, 학습 태도, 학업적 효능감에 있어 유의미하게 낮은 잠재력 수준을 보인다(강민철 외, 아시아교육연구, 2015). 이들은 가정 문제가 있거나 학업 수행 또는 사회 적응에 어려움을 겪는 등 조화롭고 건강한 성장과 생활에 필요한 여건을 갖추지 못한다.

(2) 취약계층 청소년의 유형 및 지원체계

성윤숙(2022)[70]은 취약계층 청소년 유형을 6가지 영역으로 나누었다.

---

[70] 취약계층 청소년 지원정책 진단 및 제도 보완 연구Ⅰ. 한국청소년정책연구원.

• 발생 영역에 따른 취약계층 청소년 유형 분류 •

영역	내용	대상
경제	주로 부모의 사회경제적 상태나 지위로 인해 안정적인 일상의 돌봄이나 교육 환경을 제공받기 어려운 경우	기초생활보장 수급자(생계, 의료, 주거, 교육 급여를 받는 가구)나 차상위계층(중위소득 50% 이하의 저소득층이지만 기초생활수급자 대상에서 제외된 가구)에 해당하는 저소득 가정의 청소년 등
문화	문화적 차이나 이질성으로 인해 문화적 동화에 어려움을 겪음과 동시에 안정적인 일상의 돌봄이나 교육 환경을 제공받기 어려운 경우	북한이탈가족 청소년, 다문화가정 청소년 등
가정	가정의 구조적 문제, 부모의 신체적 결함, 보호자의 학대 또는 방임 등으로 안정적인 일상의 돌봄이나 교육 환경을 제공받기 어려운 경우	입양아, 한부모가정 청소년, 조손가정 청소년, 장애인 부모를 둔 청소년, 가정 밖 청소년, 가정학대 및 가정폭력 피해 청소년, 소년소녀가정, 범죄피해가정 청소년, 실종 청소년, 청소년(한)부모, 나홀로(돌봄) 청소년 등
학교	학교생활의 부적응, 학교생활에 내재하는 피해, 불건전한 또래 문화 등으로 안정적인 교육 환경을 제공받거나 조성하기 어려운 경우	학교 밖 청소년, 학교폭력 피·가해 청소년, 비행·범죄소년, 학교 부적응 청소년, 학업 중단 위기 청소년, 의무교육 단계 미취학 청소년 등
지리	자의적이지 않은 원인으로 도시와 분리된 지리적 문제로 인해 안정적인 일상의 돌봄이나 교육 환경을 제공받기 어려운 경우	농산어촌 청소년, 도시 낙후 지역에 사는 청소년 등

개인	당사자의 지적 능력이나 장애 또는 사회성 결여 등으로 일상생활의 어려움을 겪거나 교육적 학습 능력이 낮은 경우	장애 청소년(장애, 발달장애, 특수교육 대상자 등), 중독 청소년, 정신건강 위험 청소년(자살, 자해, 우울 등), 성매매 청소년, 또래에 비교하여 학업 성적이 현저히 낮은 청소년, 은둔형 외톨이 등

부모나 가정의 구조적 문제, 문화의 차이에서 오는 이질감, 학교생활의 부적응, 지역적인 문제가 주로 외부적 요인이라면 당사자의 지적 능력, 장애 또는 사회성 결여 등 내부적 요인으로 학교 밖으로 나가야 하는 청소년이 있다. 이들은 다양한 불이익으로 발생하는 어려움을 부정적으로 재가공하여 받아들이고, 돌파구를 찾기 위해 비정상적인 삶의 길을 걷기도 한다.

취약계층 청소년 발생 요인과 유형에 따라 맞춤형 지원이 요구된다. 이를 위해 성윤숙(2022)은 취약계층 청소년 전체에 대한 포괄적·생산적 지원을 위해 6개의 발생 영역별로 지원체계를 정비해야 한다고 말한다.

① 경제 영역 : 합리성에 기초한 재정적 지원, 구체적으로 지원 범위와 목적 등에 대한 합리성 여부 검토, 취약 청소년의 요구를 반영한 학생 맞춤형, 통합적 지원이 필요하다. 특히 2024년 청소년 활동 관련 예산이 삭감된 상태에서 보다 효율적인 재정 관리가 요구된다.
② 문화 영역 : 자립과 공존의 가치에 부합하는 다문화 학생 및 탈북 학생 지원이 요구된다. 구체적으로 의무교육대상 다문화 학생 영역 확대, 다문화지원센터 확대 및 개별 다문화 학생 맞춤형 지원 강화, 북한배경청소년의 적응 단계, 필요 및 요구에 따른 맞춤형 지원

확대, 북한배경청소년 관련 지원 기관과의 유기적 협력체계 마련 및 공존과 통합 지향적 다문화 이해 증진을 위한 정책 설계가 요구된다.

③ 가정 영역 : 포용과 실효성에 기초한 가정 내 교육적 취약성 개선이 필요하다. 공급자 아닌 수용자 중심의 적극적 포용 정책, 실질적 자립을 보장하는 '가정 밖 청소년' 지원 정책 그리고 연계성 있는 접근 강화가 요구된다.

④ 학교 영역 : 예방과 다양성의 수용에 기초한 교육권 보장이 요구된다. 세부적으로는 예방 지향적 정책 설계, 홈스쿨링 등 학교 밖 대안적 교육 기회의 확대, 그리고 학교 밖 청소년을 고려한 형평성 있는 정책 설계가 필요하다.

⑤ 지리 영역 : 공정, 합리성 그리고 전문성을 바탕으로 농어촌, 도시 낙후지역 교육 지원 등 지리적 취약 상태의 개선이 필요하다. '청소년 동반자'의 교육 및 활동 영역에 문화 및 지리적 영역을 포함시킬 필요가 있다.

⑥ 개인 영역 : 통합과 전문성, 합리성에 기초하여 취약 청소년에 대한 개별적·선제적 진단에 따른 대상 맞춤형 지원이 필요하다.

2022년 청소년 관련 지표를 보면(여성가족부, 2023), 정신건강 측면에서 청소년의 학교생활 만족도는 2020년(83.0%)에 비해 하락했고(73.4%), 초등에서 중·고등학교로 올라갈수록 감소 추세이다. 청소년 스트레스 인지율은 평균 41.3%로 계속 증가하고 있다. 또 우울감 지표(28.7%)도 2015년(23.6%)부터 지속적으로 증가하여 2016년(25.5%) 이후로는 청소년 4명 중 1명은 1년 기준 2주 내내 일상생활을 중단할 정도의 슬픔이나 절망감을 느낄 정도로 심각하다. 우리나라 청소년의 '삶의 만족도'는 OECD 주요 국가 가운데 최하위권에 속해 있다(통계개발원, 2022; 통계청, 2022). 그런데 지표조사의 대상을 취약계층 청소년으로 국한한다면 더 부정적일 것임을 쉽게 추론할 수 있다.

가정 밖·학교 밖 청소년은 코로나19로 인해 2020년에 규모가 일시적으로 감소하였으나 다시 증가하고, 다문화 청소년은 규모와 비중 모두 지속 증가 추세이다. 즉 가정 밖 청소년(9~19세, 가출 신고 기준)은 (2018년) 24,384명 → (2021년) 23,133명 → (2022년) 28,643명이고, 다문화 학생(전체 대비 비율)은 (2017년) 109,387명(1.9%) → (2021년) 160,058명(3.0%) → (2022년) 168,645명(3.2%)으로 나타나고 있다. 코로나19 이후 우울증 진료, 불안장애 등 청소년의 정신 정서적 문제는 계속 증가하는 추세이다.[71]

여기에 가정폭력·학대 피해 및 보호대상 아동·청소년, 가정 밖 청소년, 학교 밖 청소년, 범죄 가·피해 청소년, 이주배경 청소년 등을 더하면 정책 대상자로서 취약계층 청소년의 규모는 더욱 커진다.

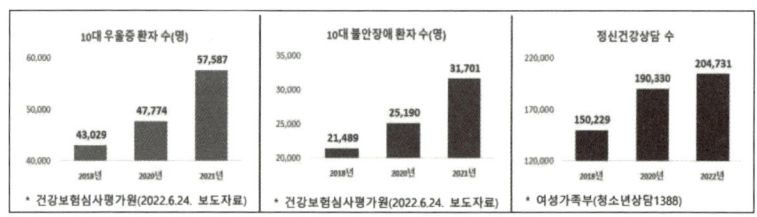

출처 : 제7차 청소년 정책 기본계획(2023- 2027)

제7차 청소년 정책 기본계획을 보면 10대 우울증 환자 수, 불안장애

---

71 건강보험심사평가원(2022.6.24. 보도자료), 여성가족부(청소년상담 1388)

환자 수, 정신건강상담 수가 지속적으로 늘어나고 있음을 볼 수 있다.

　따라서 이들이 사회 구성원으로 안착할 수 있기 위한 실질적 지원이 시급하다. 그렇지 않을 경우 개인 차원에서의 삶의 질 저하는 물론, 사회통합의 저해, 그리고 과도한 사회적 비용 발생을 초래하게 될 것이고, 더 나아가 사회의 잠재적 미래 자원을 잃게 될 수도 있다. 취약 '계층'은 엄밀히 보면 고착화된 특정 계층이 아니라 누구나 경험할 수 있는 취약 '상태'로 고정화된 계층 개념이 아니다. 다양한 발생 원인으로 인해 취약 상태에 처한 청소년은 언제든 상황은 개선되거나 해소될 수 있기 때문이다. 즉 불우한 환경과 조건을 극복하고 자신의 삶을 성공적으로 이끌 뿐만 아니라, 나아가 사회와 인류 발전에 공헌한 많은 이들을 볼 수 있고, 지금도 우리 주변에 존재한다.

　따라서 취약 상태의 청소년을 지원하고, 공정하고 평등한 기회와 조건을 부여해 준다면, 자신의 삶을 가치 있게 설계하고 발전시켜 국가성장 발전에 동력이 될 인재로 등장할 것이다. 한편 그런 잠재적 인재가 아닐지라도 존엄성과 인격을 지닌 인간으로서 청소년은 누구나 예외 없이 행복 추구 및 자아실현을 위한 권리를 누릴 자격을 지니고 있다고 생각한다.

2
학교 밖 청소년 상담 사례

여기에 등장하는 사례는 실제 학교 밖 청소년을 상담한 사례이며, 그 변화 과정을 기술하였다. 익명으로 처리하면서도 당사자가 자신의 사례라는 사실을 알지 못하도록 구체적인 상황을 피해 구성하였다. 그럼에도 이곳에 소개하는 이유는 학교 안 청소년의 사례와 큰 차이가 없다는 점을 보여 주면서, 동시에 한 명의 청소년의 삶에 뛰어들기 위해서는 우리 사회에서 많은 준비를 해야 한다는 점을 말하고 싶기 때문이다. 각 사례에 나온 상담사의 조언은 개인적인 의견이다. 개별 사례는 사안 → 상담사의 분석 → 상담사의 조언 순으로 엮어 간다.

A의 경우 : 가정경제의 어려움이 청소년에게 폭력으로 이어진 사례

[사안] A는 한부모가정이다. 경제적으로도 어려워졌고, 어머니의 부재를 자녀 탓으로 치부하고 급기야 아버지가 자녀에게 폭력을 가하기 시작했다. A는 아버지의 폭력을 견딜 수 없었으며, 삐뚤어진 정서로 자존감이 상실되어 부적응 학생으로 낙인찍혔다. 끝내 학교 밖 청소년의 길을 선택했다.

[상담사의 분석] 경제적 어려움을 청소년이 혼자서 극복하기 어렵다.

가정경제의 어려움에 동참하는 마음가짐으로 현실을 받아들이고, 자신의 삶을 꾸릴 수 있는 내면의 강인함을 키울 수 있도록 조언한다. 누구의 잘못도 아닌 주어진 현실임을 인지하고, 여건이 된다면 아르바이트를 하면서 세상을 경험하며 정신적인 강인함과 경제관념을 익히면, 지금은 어렵지만 차츰 나은 미래를 설계하는 데 밑거름이 될 것이다.

그리고 이런 어려움을 계기로 진지하게 가족 간 소통의 시간을 가지면서 역할 분담 및 극복 방안을 공유한다면 가족애를 느낄 수 있는 좋은 계기가 될 수 있다. 정신적인 성숙함을 경험할 수 있는 긍정적인 기회가 될 수 있으니 가족 간 대화의 시간을 권해 본다. 또 가능하면 부모 상담을 통해 생각을 공유할 수 있도록 시도한다.

[상담사의 조언] 폭력의 원인은 다양하지만 어떤 이유든 폭력이 허용되어서는 안 된다. 폭력으로 이어져 이미 극에 달한 상황이면 일단 단기간이라도 그룹홈 등 지역 시설로 분리하는 방법을 제시한다. 가족 간 대화 기술의 부족일 수도 있으니 가족 상담을 권유한다. 경제적 어려움은 나만 겪는 문제가 아니고, 더 힘들고 어려운 상황에서도 극복한 사례를 소개하면서 다소 마음의 여유를 갖도록 한다.

B의 경우 : 알콜의존자 집안에서 겪는 비상식적인 신체 접촉 및 폭행 사례

[사안] 부모의 알콜의존 증세는 바로 가족의 정신적인 피해로 직결되어 언어 및 신체 폭력, 심지어 성폭력으로 이어진다. 어린 자녀를 폭행하여 끝내 아동이 집 밖으로 뛰쳐나와 지역 주민이 신고한 사례도 있다. 이런 아동은 그룹홈에 위탁되어 끝내 입양을 가기도 한다.

[상담사의 분석] 알콜의존은 쉽게 치유되기 어려우니 일단 지역사회

도움으로 격리하는 것을 권유한다. 알콜의존자는 나름의 이유가 있다고 정당화하지만 자녀가 분풀이 혹은 비정상적인 흥분의 희생양이 될 수 없으니 격리해야 하고, 지역사회에서 운영하는 부모교육을 받은 후 상황을 보아 판단해야 할 것이다. 더구나 비정상적인 신체 접촉은 정신과 치료를 필요로 할 정도로 심각하게 받아들여야 한다.

[상담사의 조언] 쉽게 풀기 어려운 극단의 상황이므로 시간을 두고 부모의 변화를 면밀히 관찰한 후 원가정 복귀 여부를 결정해야 한다. 학생은 기숙이 가능한 대안학교 및 시설에 머물 수 있도록 방법을 제시하면서 지속적인 상담으로 정신적인 안정을 되찾을 수 있도록 도와주어야 한다. 신체 접촉의 경우는 평생 트라우마로 남을 수 있으니 지속적인 전문가의 치유 상담은 필수이다.

C의 경우 : 외모를 비하한 친구들로 인해 언어폭력으로 가해자가 되어 학교 밖을 선택한 사례

[사안] 여학생들은 외모에 민감하여 친구들이 한 말이 마음의 상처로 남아 대인기피증 혹은 등교 거부로 이어지기도 한다. 외모를 비하한 같은 반 학생들에게 가했던 언어폭력으로 인해 학교폭력 가해자가 되면서 학교 밖을 선택했다.

[상담사의 분석] 여학생에게 외모에 관한 평은 민감하면서도 당사자에게 큰 상처가 될 수 있다. 심할 경우 정상적인 학교생활이 어려워지기도 한다. 따뜻한 격려의 말이 필요하다. 사안에 따라 친구의 입장을 설명해 주고, 대화로 자신의 힘든 감정을 표현할 수 있도록 솔직함과 자신감을 일깨워 준다.

[상담사의 조언] 자신을 돌아볼 수 있도록 용기를 준다. 이런 말을 함

부로 한 친구가 경솔했음을 일깨워 주고, 당사자와 거리낌 없이 당시의 속마음을 대화로 풀 수 있는 중간 다리 역할을 한다. 서로가 상대의 입장을 생각하지 못한 잘못을 인정하고, 더 좋은 친구가 될 것을 약속하도록 한다.

D의 경우 : 소통이 안 되는 상황에서 느끼는 자만심이 고립을 불러온 사례

[사안] 어린 시절 지나친 경쟁심으로 삐뚤어진 경쟁의식을 갖게 되어 남을 무시하는 우물 안의 개구리가 되어 버렸다. 솔직한 자신의 모습을 드러내지 못하고 가면을 쓴 인물로, 마음속은 곪아 가는 안타까운 경우이다. 학교 밖에서도 다른 사람들과 쉽게 어울리지 못한다.

[상담사의 분석] 자신을 있는 그대로 받아들이고, 정직하고 솔직한 속마음을 드러낼 수 있도록 힘을 준다. 차분하게 경청하고 인정해 주어 마음이 평정을 느낄 수 있도록 한다. 거짓은 언젠가 들통이 나고, 진실을 숨기려 하는 불안함이 얼마나 힘이 드는지 일깨워 준다. 한 번의 거짓이 더 큰 거짓을 만들어 끝내 돌이킬 수 없는 상황을 만들 수 있음을 알려 준다.

[상담사의 조언] 자신의 마음을 정리할 수 있도록 시간 여유를 주면서 조금씩 다가간다. 먼저 상담자에게 속내를 털어놓는 연습을 한 후 차츰 친구들에게 솔직한 표현을 할 수 있도록 자신감을 북돋워 준다. 한 번의 시도가 중요하다고 용기와 희망을 주면서 시도할 수 있도록 환경을 만들어 준다.

E의 경우 : 원인을 주변 탓으로 돌리면서 난폭성을 나타내 외톨이가 된 사례

[사안] 주변 사람들이 자신이 원하는 대로 해 주지 않으면, 자신이 어울리지 못하는 이유를 남 탓으로 돌려 시비를 걸며 난폭한 행동을 한다. 점점 외톨이가 되니 엉뚱한 방법으로 분풀이를 하는, 어디로 튈지 모르는 무서운 성격의 소유자로 주변 사람들이 다 경계한다. 사회성을 키우지 못하고 점점 비정상적인 행동을 보여 끝내 정신과 치료를 받기도 한다.

[상담사의 분석] 난폭한 행동의 원인이 가정의 불화에서 시작되었다면 부모의 도움을 요청한다. 또 한편으론 어떨 때 화가 나는지, 왜 화가 나는지 차분하게 대화를 시도해 본다. 이때 말하는 상대의 표정 및 말투의 변화를 주시하면서 순간의 감정 변화를 읽어야 한다. 충분히 이해할 수 있다고 칭찬과 격려를 하면서 진정이 되도록 노력한다. 그러나 언제 돌변할지 모르니 정신과 약물치료를 병행하면서 조금씩 분노 조절을 할 수 있도록 면밀하게 관찰을 한다.

[상담사의 조언] 다른 사람들의 입장을 최대한 객관적으로 전달한다. 아무 이유 없이 난동을 부리면 주변 사람들은 영문을 모르고 불안해 하니 이런 행동은 잘못임을 일깨워 준다. 부모에게 원인이 있다면 부모의 어떤 점이 화가 나는지 대화로 실마리를 풀고자 노력한다. 부모 상담이 절실한 경우로 먼저 가정과 연계 지도를 한다. 부모 상담을 통해 상담의 방향을 잡고, 편한 마음으로 자신을 돌아볼 수 있도록 유도한다. 가정에서 있었던 일과 대응 방법 등 미리 상황을 파악하고, 잘못된 부분은 확실하게 인지하도록 짚어 준다. 순간적으로 모면하는 것은 올바른 자세가 아님을 일깨워 주면서, 진정성 있는 솔직한 자세가 중요함을 인지시킨다.

F의 경우 : 우물 안 개구리로 벽을 쌓고 사는 은둔형 사례

[사안] 외출을 꺼리고 모든 대화는 잔소리로 여겨 귀를 막고 사는 은둔형 청소년이다. 폭풍전야를 방불케 하는 집안 분위기로 모든 가족을 긴장하게 하여 가정을 황폐화시키는 경우이다.

[상담사의 분석] 가정의 분위기를 갑작스럽게 변화시키기 어려우니 우선 환경을 바꾸는 것부터 시도해 본다. 조심스럽게 야외 산책을 유도하면서 기분 전환의 기회를 만들어 본다. 그리고 원인은 무엇인지, 언제부터 시작되었는지 등 상황을 파악한다. 이 원인을 함께 공유하면서 방법을 찾고자 노력한다. 생각보다 어렵지 않게 해결의 실마리를 잡기도 한다.

[상담사의 조언] 은둔형으로 쉽진 않으나 상대가 원하는 것을 들어주면서 가볍게 변화를 유도한다. 평소 좋아하는 조건을 제시하면서 조금씩 다가가는 여유가 필요하다. 가장 다가가기 쉬운 가족이 대화를 유도하면서 거처하는 공간의 분위기를 바꾸는 것부터 변화를 시도해 본다. 가족과의 상담으로 반려동물을 활용하는 방법도 시도해 본다.

G의 경우 : 게임 중독이 만든 야행성 습관으로 정상적 생활이 어려운 외톨이 사례

[사안] 그저 심심해서 게임으로 시간을 보내다가 끝내 게임 중독자가 되어 정상적인 생활을 할 수 없어진 상황이다. 낮과 밤이 완전히 바뀌었으며 누구를 탓할 수도 없는 상황으로 치료를 요하는 지경에 이르렀다.

[상담사의 분석] 대화를 하는 순간만이라도 게임을 멈출 수 있으니 대화 시간을 조금씩 늘리면서 변화를 시도한다. 일단 게임 속 세상 이야기를 하면서 당근과 채찍을 적절히 활용한다. 자신도 누군가의 직접적인 도움이 필요하다는 것을 알고 있으나 가정 상황이 받쳐주질 못하니 안

타까울 뿐이다. 만남의 시간을 최대한 활용하면서 정기적인 대화로 자신의 삶을 돌아볼 수 있는 시간을 갖게 한다. 무엇보다 부모의 관심으로 적절한 관리 및 대화가 절실한 상황이다.

[상담사의 조언] 게임을 안 하는 청소년이 없을 정도이니 어느 정도 이해를 하면서 진로 방향을 생각하는 시간을 갖는다. 게임을 전문으로 하는 프로게이머가 될 것인가, 진지하게 고민하는 시간을 갖도록 한다. 자신의 게임 수준이 어느 정도인지, 앞으로 계속할 것인지 등 자신의 미래를 생각하는 시간을 함께 공유하면서 스스로 미래 설계를 해 나갈 수 있도록 유도한다.

H의 경우 : 부모와의 대화 부족으로 어린 시절의 상처가 치유되지 못한 사례

[사안] 다섯 살 때 당한 심한 체벌이 오랜 세월 가슴의 상처로 남아 언젠가는 아버지에게 복수하겠다고 운동으로 몸을 키우는 아이다. 조금만 건드리면 엉뚱한 곳에 비수를 꽂는 무서운 아이로 돌변하니 어떤 일이 벌어질지 아무도 예측 못하는 살얼음판이다.

[상담사의 분석] 일단 정신과적 치료를 병행하고 있는 상황으로 차분하게 하고 싶은 이야기를 털어놓을 수 있도록 분위기를 조성한다. 기분이 어떠한지 확인하면서 잠시라도 후련한 마음을 맛볼 수 있도록 유도한다. 자신을 거울 삼아 이유 없이 당하는 상대 입장, 즉 가족의 입장을 잠시나마 생각하는 시간을 갖게 한다.

[상담사의 조언] 부모 상담이 절실한 상황이다. 아이 역시 자신의 잘못은 모르고 혹은 다 덮어 두고 아버지에 대한 원망만 키우고 있는 상황으로, 어머니의 지속적인 관찰로 감정을 다스릴 수 있게 하는 일이 시급

하다는 생각이 든다. 자식을 바르게 키우고자 하는 아버지의 심정은 이해되지만, 상처만 남은 자녀의 입장을 이해할 수 있도록 대화의 물꼬를 트고자 노력한다. 이번 기회를 통해 가족 관계가 돈독해지는 계기가 되길 기대해 본다.

I의 경우 : 자녀의 적성을 무시하고 부모의 원대로 키우려는 욕심이 불러온 비극적인 사례

[사안] 청소년은 운동 등 예체능을 하고 싶으나 부모는 공부만 고집해 결국은 자괴감을 느끼고 비정상적인 상태로 자신을 내몰고 있다. 이젠 어떤 일도 관심이 없고 감정이 없는 투명 인간이 되어 끝내 학교 부적응으로 학교 밖을 선택했다.

[상담사의 분석] 정작 자신이 하고 싶은 것을 못하니 매사에 흥미를 잃어 가고, 부모와의 갈등은 더 깊어졌다. 무엇보다 부모의 사고 전환이 절실한 상황으로 부모 상담이 우선이란 생각이 든다.

[상담사의 조언] 자신의 감정을 표출할 수 있는 자기표현 능력을 키울 수 있도록 용기를 북돋워 준다. 자신의 생각을 당당하게 말하는 것이 자신과 부모를 위하는 일임을 강조한다. 가족 간 대화가 절실한 상황으로 가족 중 대화의 물꼬를 틀 수 있는 사람이 나서길 권한다. 이런 가정 분위기라면 불만을 가진 다른 가족이 있을 것으로 짐작된다. 가족이 함께 노력하는 자세가 절실하다.

J의 경우 : 이혼 가정의 부모 결손이 불러온 정서적 결핍이 있는 사례

[사안] 어려서 아빠 없는 아이로 불려 마음의 상처가 컸고, 그로 인해 또래에 끼지 못하다가 우연히 남의 물건에 손을 댄 일이 드러나자 끝내

경찰의 선도 조치로 처벌을 받는 상황까지 가 버렸다. 또 정서적으로 허전함과 공허함을 달래기 위해 게임에 손을 댄 일이 지금은 중독의 수준으로 전락하여 게임 안에서만 세상과 소통하고 있다.

[상담사의 분석] 부모의 관심과 사랑의 결핍으로 빚어진 사례로 정서적으로 허전한 상태를 도벽 혹은 게임으로 표출하는 경우이다. 청소년이 처한 상황을 이해하고, 지속적인 관심만이 그 마음을 치유할 것으로 본다. 본인이 잘못된 일임을 알고 있기에 다소 희망적이긴 하나, 힘들었던 만큼의 시간이 필요하니 상황을 이해할 줄 아는 능력을 키워 준다. 흥미 혹은 재미를 느낄 수 있는 운동, 악기 등 동적인 활동으로 심리적 스트레스를 풀며 관심사를 다른 곳으로 유도한다. 한부모가정의 아픔을 공감해 주면서 세상에 많은 이혼 가정이 있다는 현실을 대화로 공유한다.

[상담사의 조언] 결손가정의 아픔이 있기에 가족 및 주변의 손길이 절실하다. 허전한 마음을 치유하는 방법으로 반려동물을 키우는 방법을 권해 본다. 어머니의 역할이 중요한 가정으로, 자녀의 상황을 늦게나마 인지하였으니 현실을 받아들이고 함께 헤쳐 나가도록 힘을 모은다. 이런 가정이 우리만의 문제는 아님을 인지시키고, 함께 극복할 수 있도록 소통의 시간을 갖는다.

K의 경우 : 가출을 제외하고 어떤 행동이든 다 하는 막무가내 외동딸 사례

[사안] 남편의 폭력 및 폭언으로 이혼한 후 어머니가 혼자 생계를 유지하기 위해 애쓰느라 아이가 외로움으로 마음이 망가지는 것을 알아차리지 못하다가 학교폭력 사건을 겪으면서 아이 상태를 알게 되었다. 뒤

늦게 후회하며 휴직하고 아이의 상처를 치유하고 있다. 아이는 어머니와 대화를 거부하고 자신이 하고 싶은 대로 하는 막무가내 딸이다. 그나마 엄마가 불쌍해서 가출은 안 한다고 하니 다행으로 생각하면서 가슴앓이하는 모습이 안쓰러운 경우이다.

[상담사의 분석] 제자리까지 오긴 쉽지 않으나 포기할 수는 없으니 아이가 좋아하는 패션, 화장품 등으로 억지로라도 대화를 하고자 노력한다. 아이 역시 엄마의 입장과 어려움을 이해할 수 있도록 상담이 필요하다.

[상담사의 조언] 어머니가 적극적으로 상담에 임하니 희망이 보인다. 불량한 친구들과 분리하고자 이사를 결정하고, 대화는 안 하지만 그래도 함께 있는 시간을 조금씩 늘리면서 마음의 안정을 찾아가고 있으니 다소 희망적이다. 일단은 상황을 지켜보면서 귀가 시간을 체크하고 조심스럽게 다가가는 중이다. 공통 관심사로 대화의 물꼬를 트면서 쇼핑 및 식사 등을 함께 공유할 수 있는 공간으로 유도하고 있다.

L의 경우 : 지나친 외모 치장이 불러온 가족 간의 불화

[사안] 마음의 허전함을 외모 치장으로 해소하며 대리만족을 느끼지만, 부모와의 이해 충돌이 끝내 폭력으로 이어지는 극단 상황을 겪어 쉽게 치유가 어렵다.

[상담사의 분석] 요즘은 청소년의 외모 치장은 어느 정도는 묵인하고 이해해야 할 것이다. 시대 흐름을 감지하고 받아들이는 자세가 필요한데, 부모가 상담에도 응하지 않고 고자세로 버티는 상황이다. 부모가 반대한다고 화장을 하던 아이가 그만두지도 않는다. 결국 화장품을 외부에 감추어 두고 외출할 때 화장을 한다. 부모 이해교육이 필요하나 거부

하고 있는 상황으로 시간이 필요한 경우이다.

[상담사의 조언] 보수적인 부모의 마음을 아이가 조금은 이해할 수 있도록 설득 및 조언을 해 본다. 언젠가는 부모도 바뀔 날이 올 것임을 이해시키고, 불편하지만 어떤 대응 방법이 현명한지 함께 대화하는 시간을 갖는다. 또 화장을 왜 반드시 해야 하는지 자신도 돌아볼 수 있는 시간을 갖는다.

앞의 A~L의 경우 외에도 학교 밖 청소년에게 발생하는 문제 상황은 더 다양하다. 이러한 문제 상황은 심한 경우 그들의 생존과 직결되기도 한다. 이런 일을 겪은 학교 밖 청소년이 어떤 모습으로 성인이 될지 아무도 모른다. 도움의 손길이 필요한 곳에 혹은 시기에 우리 사회가 함께해야 할 것이다. 일시적 관심보다 지속적 관심과 지원체계가 절실하다.

3
학교 밖 청소년을 위한 지원

인간의 정체성은 유전자와 환경에 의해 결정된다. 그리고 둘 중 변화의 가능성이 높은 것은 환경이다. 청소년이 제일 먼저 접하는 환경은 가정이다. 부모가 제공하는 환경은 영향력이 적지 않고, 시기도 짧지 않다. 자녀의 행복을 원하는 부모라면 자녀의 참 행복을 위해 어떤 환경을 제공하고, 어떤 환경은 막아 주어야 하는지 진지하게 고민해야 한다.

청소년을 둘러싼 사회 환경도 영향이 크다. 우리는 청소년이 국가의 미래를 책임질 건전한 성장 동력으로 자라나길 기대한다. 그래서 많은 정책과 지원 시스템을 개발하고 막대한 예산을 들인다. 그럼에도 부정적 지표는 청소년의 삶에 지대한 영향을 미친다.

많은 사람들이 인구 감소를 걱정한다. 한 사람 한 사람이 다 소중하고 자신의 삶을 능동적으로 살아갈 수 있어야 한다. 이런 사회적 상황에 학교 안 청소년이라고 해서 특별히 보살피고, 학교 밖이라고 나 몰라라 하는 건 말이 되지 않는다. 더구나 취약계층에 속하면서 통계에 잡히지 않는 청소년이라면 더 특별한 관심과 지원 방식을 도모해야 한다.

안타깝게도 고등학교 단계 학교 밖 청소년 대상 연계제도 미흡 및 정보 부족 등의 문제로 학교 밖 청소년이 청소년지원센터에 대한 정보를 제공받은 비율은 41.8%로 절반에 미치지 못하는 상황이다(2021 학교 밖 청소년 실태조사). 이에 더해 은둔형 등 새로운 유형의 위기청소년이 증가하고, 기존 지원 정책에서 소외되었던 대상도 재조명되고 있어 지원 수요 확대는 절실한 현실임을 알아야 한다.

그런 의미에서 '청소년안전망(CYS-Net, Community Youth Safety Net)'을 재설계하여 실질적 지역사회 청소년통합지원체계로서의 '청소년지원망(CYS-Net, Community Youth Support Net)'을 제시하고 현실에 적용하는 일에 모두 동참하여 청소년이 행복한 나라가 되어야 한다. 청소년이 건강하고 균형 있게 성장할 수 있도록 참여 권리 보장 강화와 다양한 참여 기회를 확대해야 할 것이다.

학교 밖, 가정 밖 등 유형별 청소년 복지 지원체계를 강화하고, 새로운 소외 대상 발굴 등 정책 대상 범위를 확대해야 한다. 관련 지원 과제 추진으로 위기청소년 조기 발굴을 위해 '찾아가는 온라인 상담 서비스(사이버아웃리치)'와 '찾아가는 거리 상담(아웃리치)'을 강화해야 한다. 청소년유해환경감시단 등을 통해 인터넷 카페, SNS 등의 온라인 매체로 상담자가 직접 찾아가 위기청소년을 지원하는 상담 활동을 지속적으로 해야 할 것이다. 위기청소년 대상을 찾아가는 맞춤형 사례 관리 및 위기 수준별 상담 서비스 제공을 통한 정보를 통계 자료로 만들어 보다 나은 관리 시스템도 구축해야 할 것이다.

지역 청소년안전망을 통해 지역 내 위기청소년 사례 관리 지원, 아동학대, 가정폭력, 재소자 가정, 보호관찰대상 청소년, 자살사고사 유족 청소년 등 지역 내 민감한 위기청소년 정보 협업체계를 구축하여 발굴-진단-지원(상담, 보호, 의료, 자립 등)-위기청소년 복합문제 해결을 위한 기관

간 연계, 위기청소년 실태조사 등을 실시해야 할 것이다.

지역 내 위기청소년(청소년상담복지센터), 학교 밖 청소년(학교 밖 청소년지원센터), 가정 밖 청소년(청소년 쉼터), 인터넷 스마트폰 과의존 청소년(드림마을) 등 위기 유형별 지원 기관 간 연계를 강화하고, 비대면 상담 채닐(전화, 모바일, 사이버) 시스템 통합을 통해 위기청소년 사례 관리 및 상담 접근성 제고 등 청소년상담 1388 기능을 강화하여 적극 활용하도록 지도해야 한다. 또, 도서산간지역 거주 청소년 대상 서비스 지원을 위한 화상상담 시스템 구축 등 24시간 전문 상담 인력을 충원하여 상담 대기 시간 단축 등 이용자 편의 제고 및 빅데이터 기반 상담 제공으로 전문성을 강화해야 할 것이다.

청소년 사망원인 1위가 자살이 아니고, 아니 아예 원인 항목에서 사라질 날을 희망한다. 청소년 삶의 만족도가 OECD 국가 중 몇 위인지 관심 없이, 그래서 촉법소년 연령의 하향 조정에 무관심해질 날도 기다린다. 무엇보다 청소년이 스마트폰이나 온라인 도박, 약물 중독 등에 맹목적으로 빠지지 않도록 안전망을 설치해야 할 것이다. 삶의 의미와 가치 실현이 가정에서 시작되어 자유민주주의의 복지사회가 형식이 아닌 실제가 될 날을 맞이하기 위해 노력해야 한다.

첫째, 가정에서는 관심과 대화로 자녀를 지켜낸다.

둘째, 학교에서는 학생 주도적으로 자신의 역량을 발휘할 수 있는 학교 문화, 즉 협력적인 공동체 문화를 만든다.

셋째, 사회나 국가에서는 방향성을 잃을 수도 있는 이 학생들을 위해 방황하지 않도록 안전망이나 시스템을 구축해야 할 것이다.

학교 밖 및 취약계층 청소년이 사회 구성원으로 함께 성장할 수 있도록 가정, 학교, 사회, 국가가 모두 한마음이 되어 청소년과 소통하는 소통과 공감의 나라가 되길 소망해 본다. 학교 밖 청소년에게는 선(先) 안전망 구축, 후(後) 진로교육이 필요하다. 그들에게 안전망은 생존의 문제로 직결될 수 있기 때문이다.

이제 학교 밖 청소년의 진로교육을 함께 고민해 보기로 한다.

4
학교 밖 청소년의 진로교육

가. 학교 밖 청소년에게 진로란

진로교육은 청소년뿐만 아니라 모든 사람에게 필요하다. 그러나 가장 세심하게 신경을 써야 할 대상은 청소년이다. 그중에서도 학교 밖 청소년에게는 더욱 체계적이고 지속적인 진로교육이 이루어져야 한다.

학교 밖 청소년은 미래에 대한 불안감, 경제적인 어려움, 부모와의 갈등, 주위 사람들의 무시와 편견 등을 경험하는 것으로 나타났다. 사회와 단절되어 집안에서 은둔 생활을 했던 청소년의 경우 심각한 우울증을 경험하기도 하였다. 학교 밖 청소년의 생활 역량에 이들의 학교 중단 원인이 유의미한 영향을 미치는 것으로 확인되었다. 학교 중단이 발생하는 다양한 이유 중 개인적으로 명확한 목표가 있어 학교를 중단한 경우는 이들의 생활 역량에 긍정적으로 영향을 주고 있으나, 준비 없이 이루어진 학교 중단은 청소년에게 좋은 영향을 미치지 못한다.

해외에서는 학교 중단에 대한 고위험군 학생을 대상으로 기초생활기술 향상, 일 경험 촉진과 제공, 동기와 리더십 향상, 정서적 지지, 학교에서 사회로의 전환 과정의 지지 등을 제공하기 위한 프로그램을 운영한다. 이 프로그램을 통해 참여 학생들의 비행, 공격적 행동, 우울감에서 유의미한 향상이 이루어졌으며, 학교 중단의 상황에서 좀 더 신중하게 대처하는 효과가 있었다(이정자 외, 2019[72]).

학교 밖 청소년에게 진로교육은 맞춤형 지원과 생태 체계적 관점에서 접근해야 한다. 학교 밖 청소년의 진로 특성을 살펴보면 독립성이 높은 반면 진로 행동은 낮다.[73] 이들은 진로를 준비하는 과정에서 발생하는 비용적인 부담을 크게 느끼는 반면, 주변 성인과 진로에 대해 상담하거나 검사를 받는 활동은 소극적이다.

학교 밖 청소년의 진로는 검정고시 응시나 취업으로 획일적인 경향을 보인다. 또한 현재 「개인정보보호법」으로 인해 청소년의 정보가 학교 밖 청소년지원센터로 연계되지 못해 직접적인 정보 제공이 쉽지 않아 각종 정보에 접근할 수 있는 기회가 제약적이다.

학교 밖 청소년은 독립성이 강하다. 스스로 원하는 진로를 추구하려는 성향을 보이지만 여러 제약 조건에 따라 좌절되는 경우가 많다(노지혜 외, 2019). 사실 학교 밖 청소년에게 진로교육에 대한 진입장벽이 높다. 청소년 본인의 진로 행동이 낮기도 하지만, 관련된 정보를 얻기가 어려운 점도 한몫한다. 챙겨 주거나 도와주는 이도 없다. 이들은 독립적일 수밖에 없다. 따라서 학교 밖 청소년이야말로 주도성을 잘 발휘해야 한다.

---

72 이정자, 서희정, 윤명희, 학교 청소년과 학교 밖 청소년의 생활역량 비교(2019)

73 노지혜(2019)는 한국고용정보원이 개발한 청소년용 진로발달검사를 사용하고 있다. 이 검사는 5개의 하위변인인 계획성, 독립성, 태도, 자신지식, 진로 행동으로 구성되어 있다. 이 글에 사용된 진로 특성은 이 검사의 하위변인과 관련이 있다.

주도성은 '중심에 있거나, 이끌어 가거나 서로 협력할 수 있도록 부추기는 행위'를 말한다. 이 책에서 주도성은 다음과 같이 설명한다.

> **주도성이란**
> '어떤 일에 ①주체가 되어 ②이끌거나, 부추기는 행위'이다. 즉, 주도성이 있다고 말하려면
> [①-1] 그 사람이 어느 단체나 어떤 일의 중심에 있는지
> [②-1] 단체나 일의 목적을 달성하기 위해 이끌어 가거나 서로 협력할 수 있도록 부추기는지를 살펴야 한다.

독립성이 강한 학교 밖 청소년은 자신의 삶 중심에 있다. 다만 이들은 정보를 얻고 활용하는 법이 다를 뿐이다. 또한, 학교 밖 청소년이라고 하더라도 늘 학교 밖에 있는 것은 아니다. 학교 안에 있다가 학교 밖으로, 때로는 밖에 있다가 다시 안으로 들어간다. 학교 안으로 들어간다고 해서 문제가 해결되는 것은 아니다. 학습 격차나 학습 소외도 문제가 된다. 이러한 여러 문제를 해결하기 위해 맞춤형 통합 지원 방식이 필요하다.

그러니 이들을 위한 진로교육이야말로 세심하게 배려해야 한다. 무엇보다도 주도성을 잘 발휘할 수 있도록 설계해야 한다. 청소년에게는 자신의 진로를 찾아 도전하고 개척할 수 있는 동기부여가 중요하다. 호기심과 도전 정신으로 새로운 경험을 접하면서 높은 성취감에서 얻는 성공 경험이 중요하다. 가정 및 지역사회의 역할이 절실하다.

나. 주도성을 발휘하게 하는 진로교육

주도성은 자신의 삶을 선택하고 이끌어 가는 진로 역량이다. 학교 밖 청소년에게 필요한 역량은 자신을 둘러싼 부정적인 인식을 헤치고 나와 자신의 성장을 위해 구체적이고 가시적인 목표 달성 여부를 측정할 수 있는, 끝이 분명한 실제적이고 디테일한 목표를 만드는 것까지 발전하는 것이다. 또 지속적 학습으로 장애물을 극복할 수 있는, 더 나아가 발전의 기회로 삼는 성장 마인드셋을 갖추어야 한다. 이런 모든 과정은 학교 밖 청소년이 스스로 움직일 때 가능하다. 이런 점에서 학교 안 청소년보다 더 강력한 주도성이 필요하다.

학교 밖을 '선택' 한 행위는 실패가 아니다. 실패라고 할 수 없다. 다른 사람들이 좀처럼 가지 않는 새로운 길을 갈 뿐이다. 또한 이 길을 선택한 청소년이 다른 청소년에 비해 패배자도 아니며, 주도성이 매우 약한 존재도 아니다.

여기서 다시 『주도성』을 읽어 보자.[74]

모든 사람은 다 주도성이라는 씨앗을 품고 있다. 씨앗처럼 주도성은 적당한 조건을 만나면 꽃을 피우고 열매를 맺는다. 아이들도 마찬가지이다. 어른들의 짐작과는 상관없이 자신이 품었던 속성을 조건이 맞으면 마냥 풀어놓는다.

Margaret Vaughn은 '모든 아이가 주도성을 가지는 능력이 있다' 는 점에 주목했다. 다시 말해 모든 아이는 잠재적으로 주도성을 발휘할 씨앗

---

[74] 김덕년, 정윤리, 양세미, 최선경, 정윤자 외 4명(2023). 주도성. 교육과실천. p.33

을 그 속에 품고 있다는 것이다. 이 씨앗이 햇살과 적당한 물과 흙을 만나 발아하는 시기와 형태가 제각기 다를 뿐이지만 상호작용을 통해 그들이 품고 있던 열매를 고스란히 내놓는다.

주도성을 잘 발휘하게 하려면 '상호작용'이 중요하다. 학교 밖 청소년에게 특히 중요하다. 그러나 현실적으로 쉽지 않다. '실제 적용'하면서 '건설적인 비판을 수용'하는 피드백 시스템을 구축하는 것으로, 시행착오를 통해서 배우고 익히는 것이 더 많다는 조언이 여기에 알맞겠지만, 학교 밖 청소년과 상호 교류를 하기까지는 인내와 고통과 기다림이 따른다.

청소년 자신과 타인 모두에게 알려진 정보나 행동으로 의사소통이 원활하고 관계가 건강하게 유지되면 좋을 것이다. 한편으로 타인은 인지하지만 자신은 모르는 특성이나 행동 패턴, 즉 무의식적인 습관, 말투, 다른 사람에게 미치는 영향 등은 피드백을 통해 줄여 나가며 개선해야 한다. 여기에 덧붙여 잠재력, 숨겨진 재능, 무의식적 동기 등도 청소년 자신과 청소년지도사 등 성인들과 상담으로 탐색하고 개발해야 한다. 이런 가능성을 드러낼 수 있는 환경을 우리 사회가 만들어야 한다.

맺음말

가. 진로교육 방향 탐색하기

우리나라는 모든 국민이 평생에 걸쳐 학습하고 능력과 적성에 따라 교육받을 권리, 학습권을 「교육기본법」으로 보장하고 있다. 국가 교육과정에 따라 사회문화적 전통을 유지하고 발전시키며, 각 개인이 인간다운 삶을 살아갈 수 있도록 지역사회에 기반한 공공의 교육과정을 마련하여 초등 6년과 중학교 3년의 무상교육 기회를 평등하게 제공하고 있다. 고등학교 3년마저도 교육비를 국가와 지자체에서 재원을 마련하여 지원해 주며, 교과서와 급식비, 방과후 활동 교육비나 현장체험학습비도 전체 혹은 대상에 맞춰 예산을 지원하여 학습 기회를 제공하고 있다. 고도화된 기술 발전과 공동체가 함께 경험하는 사회문제를 같이 감내하고 해결하는 주체로 살아갈 현재의 학생들이 자기 삶을 스스로 계발하고, 지속적이고 다양한 교육 기회 안에서 도전해 가길 안내한다. 또한 자신과 공동체가 함께 행복한 삶을 누리도록 도움되는 학습을 깊게 확장하며 계속하기를 강조하고, 평생학습의 태도와 주체성을 갖고 주도적으로 실천하도록 하며, 모든 학생이 학교교육을 통해 사회 적응과 평생학습 사회를 준비하는 기본 역량을 함양할 수 있도록 해야 한다고 안내하고 있다. 이렇게 국가가 모두에게 교육 기회를 제공하고, 학생 자신과 공동체가 함께 행복하게 살아가는 사회를 꿈꾸며 교육에 대한 큰 계획을 세워 두고 모든 학생을 위하여 의미 있는 학습 선택을 대신하였다.

하지만 국가적 교육의 시간에 참여할수록 아쉽게도 중·고등학교에서 만나는 학생들은 학교에서 학습하는 행위를 수동적으로 인식하는 경우가 많다. 물론 학교가 위치하는 지역적 분위기나 어떤 과목인지, 수업 내용이 무엇인지, 성적 반영이 되는지 등 재학 중인 학생들의 인식에 따라 수업에서 보이는 태도가 다를 수 있으나, 학교를 의무적인 학습을 해야 하는 강제의 공간으로 인식하고 스스로 수동적인 자기 위치를 확인하고 행동하는 경우가 많다. 수업 중에 친구들과 떠들거나 수업 내용에 집중하지 못하고, 방과후에 참여하는 학원 숙제를 해결하기 위해, 혹은 지난밤에 무슨 일을 하느라 그렇게 피곤해졌는지 피로를 풀기 위해 깊이 숙면하는 학생도 있다. 학교에 있는 시간을 형식적 참여의 과정이라 여겨 졸업을 위해 버티다가 시간과 에너지가 소모되어 불편해지면 마침내 학교를 그만두는 학생도 있다.[75] 사회계약에 따라 부모님의 손에 이끌

---

[75] 특성화고와 일반고에서 20년 넘게 근무하면서 도대체 중학교 교육이 어떻게 되어서 학생들이 이럴까에 대해 궁금해 했던 적이 있었다. 방학 중 연수 때 중학교 선생님들과 때로는 초등학교 선생님들과 만나게 되면 나의 수업 중 학생들이 보이는 갖은 무례와 무지에 대해 질문하면서 발견한 것은 선생님들은 최선을 다해 가르치고 있다는 것과 학생들은 그 지도에 따르지 않은 경우이며, 적어도 초등학교 때 보이는 학생들의 태도는 잘 보이기 위해, 잘하기 위해 애쓰고 있음은 알 수 있었다. 최근 중학교에 발령이 나서 4년 정도 근무하였는데 함께해 보니 그 무례와 무지가 무엇인지 조금은 알겠고, 그 학생들을 변화시키려면 설득과 이해의 시간과 신뢰가 매우 중요하다는 것을 알게 되었다.

려 그냥 시작된 공부인지라 왜 해야 하는지, 학교에 다니는 것이 자신에게 어떤 도움이 되는지, 무엇을 공부해야 하는지, 어떻게 공부해야 하는지 그들이 고민하며 선택하지 않았기에, 어쩌면 자기 삶의 고민이 시작되었다면 존중받지 못한 자기 모습을 측은하게 여기며 수동적인 태도를 보이는 것은 당연한 결과인지도 모른다.

학습에만 수동적이면 다행이다. 학생들은 살아온 시간 속에서 자기감정을 살피고 관리하며 타인과 공감하며 배려하는 의사소통에도 수동적이다. 최근의 학교에서 드러나는 학생의 출석 기피, 폭력적이거나 무관심한 행동, 무책임, 존중과 배려 부족으로 드러나는 갈등 등의 문제에서 학생들은 지극히 수동적이며 스스로 해결할 의지를 갖지 않는다. 친구나 교사, 부모 등 다른 사람들에게 도움을 요청하여 해결하려 한다면 그나마 다행이고, 문제를 회피하다가 통제력을 잃어 다른 문제적 행동을 더 한다. 포용적이고 협력적인 사회적 관계를 학습하는 장으로 학교를 제안할 때 자신이 선택한 공간이 아닌 곳에서 전혀 새로운 관계를 매년 만들어 가야 하는 두려움은 가히 폭력적이기까지 하다.

배움을 위해 다니는 학교가 회피의 장이 되고, 학생에게서 학습은 더 이상 의미를 잃고 역시 피하는 대상이 된다. 학습의 문제와 사회정서의 문제가 얽혀 공존하고, 자기 문제에 대해 수동적인 학생들에게 동기를 만들어 주도권을 돌려줘야 하는 난이도 높은 과제가 교사가 해결해야 할 문제가 되었으며, 학교교육과정을 통해 해소되어야 한다. 이를 위해 미국과 영국에서는 학생들의 정서 문제 해결을 도와 학교에서 학생의

주도적 학습 참여가 가능하도록 돕고 있다.[76]

우리도 학습과 공동체 관계 안에 존재하는 스트레스와 불안을 낮춰주는 삶의 도구로서 정서지능을 함양하는 학습을 수업 안에서 시행할 필요가 있다. 학생들의 학습 주도권을 돌려주기 위해 학생들이 잠시 멈춰서 학습이 무엇인지, 왜 필요한지에 대해 스스로 답을 찾도록 교사는 진지한 질문을 하고, 대화하고 성찰하도록 안내해야 한다. 기존의 자기 경험을 가지고 학습에 임하여 새로운 학습의 의미와 새로운 배움을 찾고, 기존 지식을 앎과 배움으로 통합하여 삶의 실천으로 이어가도록 도움을 주어야 한다. 학습자가 자율성을 발휘하여 학습을 통해 성장하는 존재임을 믿고 학습을 지속할 수 있도록 지지해 주어야 한다.[77] 의무교

---

[76] Steve Sheward, Rhena Branch (2013). 동기촉진 진로 상담과 코칭. 김장회, 정영숙, 최경희 역. 학지사. pp.205-227.

[77] 정민승(2020). 배움의 독립선언, 평생학습. 살림터. p.17.
성인을 대상으로 하는 안드라고지 교수법은 학습자를 존중하며 학습자의 경험을 존중한다. 학습자의 자율성을 믿는다. 안드라고지 교수법은 학교에 잘 임하지 않는 성인을 대상으로 개발된 교수 방법으로 페다고지에 적용하면 성취수준이 올라간다. 페다고지에 적용되고 있는 자기주도학습은 1970년대 터프(Allen Tough)에 의해 개발된 성인 대상 학습 프로젝트의 결과물이다.
들로르(Jacques Delors)는 「학습, 그 안에 숨겨진 보물(Learning: the treasure within)」이라는 보고서에서 삶과 존재를 지탱하는 배움의 네 기둥을 말한다. ①모르는 것을 알아가는 지식학습인 '알기 위한 학습' ②섬세한 개인적 역량을 함양하여 일할 수 있는 능력을 갖추는 '~하기 위한 학습' ③자기 중심에서 타자 중심으로 성장하는 '함께 살기 위한 학습' ④스스로 노력하여 자신을 행복하고 온전하게 만드는 '존재를 위한 학습', 일생에 걸친 배움을 잘 꾸리려면 배움도 분별하는 것이 중요하다. 학습의 본래적 가치를 잃어 가는 현장에서 삶-앎-존재-공유의 가치를 회복하는 평생학습이 실현되어 소외되고 분절된, 소유에 집착하고 경쟁적인 삶을 변화시켜야 함을 강조한다.

육의 관성에서 벗어나 자유로운 의사결정과 실천, 온전한 자립이 가능하도록 도와야 한다.

평균수명 140세를 바라보는 미래 세대를 위한 진로개발역량을 키워주기 위해 우리는 어떠한 교육을 제공해야 할까? 교육부는 진로교육 활성화 방안에서 생애 진로교육 개념을 강조하고 있다. 진로교육은 이제 더 이상 단순한 직업 선택을 위한 과정이 아니라, 개인이 평생에 걸쳐 자신의 삶을 설계하고, 공동체와 함께 성장하는 과정으로 자리 잡아야 한다. 생애 진로교육을 이야기할 때 평생교육론에서 중요하게 다루는 페다고지와 안드라고지의 개념[78]을 이해해야 한다.

다음은 놀스(Malcolm Knowles)가 정리한 페다고지와 안드라고지 개념을 비교한 것이다. 여기서 이 둘을 이분법적 개념으로 구분 짓는 것이 아닌 연속선상에서 이해하면 미래 진로교육의 방향을 설정하는 데 도움이 된다.

---

78 김신일 외(2009). 평생교육개론. 교육과학사

• 페다고지와 안드라고지 개념을 비교 •

	페다고지	안드라고지
학습자	의존적	자기 주도적
교사	권위적	동기부여자, 안내자
학습 지향성	교과목 지향	생활 중심적, 성과 지향성
교육 방법	교사 중심적 수업	학생 중심적 수업
학습 방법	강의식, 암기 중심	경험 기반, 문제해결 중심
동료의 중요성	학습 자원의 동료 덜 강조	동료는 중요한 자원
지식 습득 방식	주입식 학습	자기 주도적 학습
학습 동기	외적 동기(점수)	내적 동기(자기계발, 필요성)
학습 구조	정해진 커리큘럼	개별 맞춤 학습 가능

즉, 안드라고지의 5가지 핵심 원리인 학습자의 자기주도성(self-concept), 풍부한 경험(experience), 학습 준비성(readiness), 문제 중심 학습(problem-centered), 내적 동기(internal motivation)를 반영해 역량 교육에 초점을 맞춘 진로교육이 필요하다. 평생학습자로서의 미래 세대에게 필요한 진로교육을 위해 더 이상 '진학 상담만이 아닌 생애 진로교육'으로, '직업 교육만이 아닌 역량 함양 교육'으로 그 패러다임이 전환되어야 한다. 그러기 위해서 진로교육의 내용과 방법 측면에서 좀 더 다양한 학습 경로와 유연성을 확보해야 한다. 궁극적으로 진로교육은 특정한 연령대에서 끝나는 것이 아니라, 전 생애에 걸쳐 개인이 변화하는 환경 속에서 성장할 수 있도록 돕는 지속적인 과정이어야 한다. 따라서 학습자 중심의 자기 주도적 학습 경험을 제공하고, 학교교육과 평생학습 시스템이 연

계될 수 있도록 사회 전반의 교육 체계가 변화해야 한다.

나. 진로교육을 위한 제언

(1) 모든 방향을 돌아볼 수 있도록 지원

초등 진로교육을 주도성의 렌즈로 바라본다는 것은 사실 초등 진로교육을 바라보는 교사가 주도성을 발휘한다는 의미이다. 그렇기에 초등학교 진로교육을 위한 제반은 교사의 주도성을 확대하는 방향으로 제공되어야 한다.

먼저, 초등학교 교사의 진로교육 역량 확대를 위한 교육 및 연수가 필요하다. 초등 교사는 진로활동을 담임 교과로 가르치지만, 교육대학교의 교육과정에도 진로교육에 대한 체계적인 교수법이나 교육과정에 대한 교육은 부족한 실정이다. 또한 현재 진로교육 연수는 진로전담교사를 대상으로 주로 운영되고 있다. 교사가 진로교육을 주도적으로 구성하기 위해 교사의 역량 강화를 위한 재교육이 필요하다. 그러나 의무연수 등으로 규정하여 시간 채우기식 연수로 전락하는 것은 실효성이 없다. 주도성의 렌즈로 바라본 진로교육 사례 등을 바탕으로 실제 교육과정 운영에서 교사의 관점을 바꿔 줄 수 있는 실제적인 연수가 필요하다.

재정적인 지원 또한 절실하다. 「2023 초·중등 진로교육 현황 조사」에서 학교 진로교육 활성화를 위한 필요 요소 중 초등학교급의 3위로 꼽힌 것이 '진로교육 관련 예산 및 환경 지원'이다. 초등학교 학생 1인당 평균 예산은 2.56만 원으로 중학교의 7.90만 원, 고등학교의 6.14만 원에 비하면 턱없이 적은 수준이다. 초등학교에서 주로 진로교육 예산을 집행하는 학년이 5-6학년임을 고려하면 1~4학년 학생을 위한 진로교육 예산은 거의 없는 셈이다. 예산은 교사가 계획한 수업 및 활동을 실제로 구현하는 중요한 요소이다. 교사의 주도적인 진로활동 구현을 위해 교사가 행사 활동 외 자율적으로 활용할 수 있는 진로교육 예산을 확보해 주어야 한다.

학교 교육공동체의 인식 개선도 중요하다. 교육 환경은 교사의 인식 변화만으로 이루어지지 않는다. 학생 및 가정에서도 진로교육의 목표와 방향을 공유하고, '반드시 직업 체험을 하러 가거나 산출물이 만들어져야 진로교육이다.' 라는 오해에서 벗어나야 한다. 또한 직업에 대한 편견이 자리 잡지 않도록 초등학생의 직업관에 큰 영향을 미치는 가정 및 미디어에서 다뤄지는 잘못된 직업관 등에 대한 교육도 필요하다. 이를 위해 학교 교육공동체가 모여서 진로교육에 대한 담론을 나누고 의견을 공유하는 자리를 가질 수 있다.

마지막은 지역 교육지원청이나 지자체 혹은 진로교육센터의 지원이다. 학생들이 더 많은 맥락과 상황을 경험하게 하기 위해서는 학생이 살고 있는 지역에서의 교육이 필요하다. 그러나 학교에 있는 교사들은 그 지역에 살고 있지 않는 경우가 많고, 일정 연수가 지나면 학교나 지역을 이동하게 된다. 이러한 상황은 교사 개인의 역할로는 지역과의 지속적인 상호작용 및 교육 환경 구축을 어렵게 하는 요인이다. 따라서 지역 교육지원청, 지자체 또는 진로교육센터가 지역 기반 진로교육 자원을 구축하고, 이를 학교와 연결하는 역할을 확대해야 한다. 경기도에서 운영하는 경기공유학교,[79] 경기이룸학교[80] 등도 이에 해당한다.

초등학교 시기의 진로교육은 교사가 학생에게 방향을 가리키는 것이 아니라 학생이 일어나서 모든 방향을 돌아볼 수 있도록 지원해 주는 것이다. 문제는 세상의 변화 속도가 너무 빨라 교사에게도 낯선 방향을 보도록 해 주어야 한다는 점이다. 이 글을 읽은 모든 어른이 학생들을 위해 먼저 한 발을 내딛어 보는 주도적인 사람이 되길 바란다. 그리고 주변에 더 많은 주도적인 사람들이 당신의 뒤를 지지해 주길 응원한다.

(2) 진로교육은 협력이 답이다

2022 개정 교육과정[81]이 도입되면서 각 교과에서도 진로교육을 할 수 있도록 진로교육 방향의 변화가 이루어질 것이다. 그런데 진로교육을 교과마다 개별적으로 책임지고 하는 것은 각 교과 교육에서 다뤄야 할 다양한 내용을 가르쳐야 하는 교과 교사들에게 부담으로 작용할 수밖에 없을 것이다. 이러한 문제점을 해결하기 위한 방안이 각 교과 교사와 진로교사와의 협업이 아닐까 한다. 2023년도 「초·중등 진로교육 현황

---

79   지역사회와의 협력을 기반으로 학생 개인의 특성에 맞는 맞춤 교육과 다양한 학습 기회를 보장하기 위한 학교 밖 교육활동과 시스템을 포괄하는 지역교육 협력 플랫폼 (2024 경기공유학교 운영계획 발췌)

80   학생이 희망하는 주제를 학교 밖 자원과 연결하여 학생의 자율적 도전과 주도적 성장을 지원하는 학교 밖 교육활동 (2024 경기이룸학교 시행 계획 발췌)

81   2022 개정 교육과정은 교육부가 2022년 말에 고시한 국가 교육과정

조사」[82]에 따르면 교과 연계 진로교육 실시율은 초등학교는 94.1%, 중학교는 78.0%, 고등학교는 65.9%로 이루어진다는 결과가 나타났다. 즉, 진로교육을 교과와 연계하는 경우의 비율은 초등학교에서 고등학교로 학교급이 올라갈수록 더 낮아지고 있음을 볼 수 있다. 고등학교는 입시라는 중요한 이슈로 인해 교과 연계로 진로교육을 하는 것에 어려움이 있기 때문이다.

 진로연계교육의 사례를 교과별로 살펴보면 초등학교와 중학교는 과학 교과(초등학교 43.5%, 중학교 44.0%), 고등학교에서는 사회와 도덕 교과(24.1%)에서 주로 실시되고 있다. 이 외에도 예술(음악, 미술), 영어 등의 교과에서 교과 연계가 이뤄지고 있는 경우가 있는데, 수학이나 체육 등의 교과에서는 이뤄지는 경우가 적은 편이었다. 즉, 교과 연계 진로교육에서 교과 간의 편차가 있음을 볼 수 있다. 물론 교과의 내용 특성상 쉽게 진로와 연결할 수 있는 교과가 있기도 하고 그렇지 않은 교과가 있을 수밖에 없다. 예를 들면, 수학 교과의 경우에는 진로에 대한 내용을 교과 내용과 연결하는 것이 힘든 경우이기 때문이라고 할 수 있는데, 일부 진로 선택 과목에서의 연결이 아닌 경우라면 수학 교과 내용이 끝난 후 읽을 거리로 수학과 연관된 직업이 소개되는 경우가 진로교육의 사례로 접할 수 있을 정도이다. 흔히 교과 연계 진로교육을 실시하는 방식을 살펴보면 교과와 관련된 직업을 소개하거나 직업 관련된 교과 내용을 탐색하는 활동이 이루어지고 있는 상황이다.

---

82 문찬주 외(2023). 초·중등 진로교육 현황조사. 한국직업능력연구원.
  국가 수준에서 학교 진로교육 정책이 현장에 적용되는 실태를 파악하기 위하여 2007년부터 매년 조사하는 국가 승인 통계이다.

대부분의 중·고등학교에는 진로전담교사가 배치되어 진로교육을 하고 있다. 진로전담교사는 진로교육의 컨트롤 타워로서의 역할을 하고 있지만, 학교에 따라서 진로교육에 대한 인식의 차이와 교사 간의 협업 체제 구성의 미비로 인해 진로를 교육하는 방향이 서로 다르게 흘러가는 경우도 있다. 진로 수업이 아닌 타 교과수업 시간에 이루어지는 진로교육은 담당 교사나 교과에 따라 진로교육에 대한 입장의 차이는 분명히 존재할 것이다. 그런데 진로 현황조사를 살펴보면 진로교육을 실시하거나 진로 정보를 제공하는 주체는 다양하다. 특히 담임교사와의 긴밀한 연계를 통해 진로에 대한 정보를 듣는 경우도 있고, 학교에서 여러 교과수업과 활동을 통해 진로와 연계된 여러 가지 정보를 얻게 된다. 학교 각 구성원의 마인드의 차이를 줄일 수 있는 방법은 협력적인 교육체계를 통해 더 효율적인 진로교육의 힘을 발휘할 수 있도록 하는 것이다. 점점 진로교육이 중요해지고, 급변하는 직업 세계에서 자신의 꿈을 위해 주도적인 진로 설계를 해야 하는 학생들을 위해서는 발걸음을 맞춰서 함께 걸어가는 진로교육이 필요할 것이다.

따라서 각 학교별로 진로 연계 교과 운영팀 구축을 통한 협의체를 활용하여 교과 연계 진로교육의 방안을 마련하고 개선할 수 있도록 하는 방법을 제안해 볼 수 있다. 각 교과 교사와 진로전담교사와의 협업을 통해 미래 사회에 필요한 새로운 직업에 접근할 수 있는 활동을 마련할 수 있도록 교과 교육이나 자율교육과정을 통한 시도와 우수 사례 발굴 등 협업과 나눔의 방법을 마련하는 것도 좋은 시도가 될 것이다. 또한 전환기 교육이 중요해지는 시점에서 학교급 간의 연계를 위한 초·중등 교사의 정보 교류를 확대하는 방안도 마련되면 좋을 것이다. 이러한 노력과 더불어 교과별 진로 선택 과목에 따른 진로 분야 연계 활동을 연구하고,

다른 교과의 사례를 벤치마킹하여 교과에 적용할 수 있도록 변용해 보는 방안을 진로교사와 각 교과 교사의 협력으로 찾아가는 것을 제시해 볼 수 있다.

(3) 진로 결정 상태 진단을 통해 주도성 발휘를 돕자

진로에서 주도성을 발휘한다는 것은 스스로 진로에 대한 주체가 되어야 한다는 것이다. 자신의 진로를 탐색하고, 결정하고, 준비하고, 적응하기 위해 주체적으로 행동하고, 진로 목적을 달성하기 위해 협력적으로 대응해야 한다는 것이다. 그런데 진로를 탐색하고 결정하기 위해 준비해야 하는 고등학교 시기에 진로의사결정 상태에 따라 진로 탐색 및 준비에서의 차이가 크다는 것을 생각해 볼 필요가 있다. 진로를 미결정한 경우도 있고, 진로 결정 상황인 경우에도 진로의사결정 유형(직관형, 의존형, 합리형)에 따라 진로 탐색 및 준비에 대한 개인차가 존재할 수밖에 없다. 이러한 다양한 학생들에게 진로를 지도하는 방법은 각 유형별로 다양화 되어야 할 것이며, 개인 맞춤형으로 다르게 접근할 필요성이 있음을 인지해야 할 것이다. 하렌(1979)[83]의 의사결정 유형을 바탕으로 진로의사결정 유형을 다음과 같이 제시해 보고자 한다.

---

[83] Harren, V. A. (1979). A model of career decisionmaking for college students. Journal of Vocational Behavior, 14, 119–13.
의사결정을 할 때 합리적 전략 또는 정의적 전략 사용 정도와 자신의 결정에 책임지는 정도에 따라 합리형, 직관형, 의존형으로 나눈다.

진로의사결정 유형	진로의사결정 유형의 이해
의존적 유형	1. 자신의 진로 결정을 타인에게 투사 및 전가하며, 사회적 인정에 대한 욕구가 높음. 2. 다른 사람의 도움을 적극적으로 수용함으로써 진로 결정과 관련된 불안을 감소시키려고 하지만 실패의 위험성이 상대적으로 증가함.
직관적 유형	1. 자아나 문제 상황에 대하여 감정적으로 대응하며, 진로를 결정할 때도 직감을 따르는 유형임. 2. 자신의 결정에 대해서 책임지며, 개인의 진로 결정이 빨라서 상황에 따라 적응이 쉽지만 결정에 대해 실패할 가능성이 높음.
합리적 유형	1. 자신의 상황에 대하여 정확한 정보를 수집하고 현실적으로 평가하는 유형임. 2. 진로 결정 시 보다 장기적인 전망을 가지고 논리적으로 결정하기 때문에 실패할 확률이 낮지만, 의사결정하는 데 시간이 많이 걸림.

또한 진로 미결정[84] 유형의 경우, 그 미결정에도 다양한 상황이 존재

---

[84] 김하늬, 손은령(2020). 대학생의 진로 미결정 관련 변인 간 메타분석. 진로교육연구. Vol. 33, No. 4, 43-68.
진로 결정 상태를 결정과 미결정의 이분법적으로 구분하는 것이 진로 결정 개념의 시작이었다. 이후 발달주의적 관점에서 진로 미결정을 성격적 결단성 부족과 발달단계상 정보 부족으로 인한 미결정으로 구분하였다. 현재는 진로 미결정은 다차원적인 복잡한 구인으로 인해 아직 진로를 구체화시키지 못하고, 결정하지 못한 상태를 의미하는 것으로 변화하였다. 필자는 진로 미결정 상황을 부정적으로 바라보기보다는 개인의 내·외적인 환경적 특성으로 인해 결정을 유보하거나 보류한 상태로 정의하고자 한다. 고등학생은 발달단계상 진로 정체감이 아직 확립되지 않은 시기이므로 결정을 하거나 아직 결정을 하지 못한 상황 모두가 존재할 수 있는 시기이다.

한다. 물론 청소년기의 특성상 정체성이 확립되지 않은 경우가 있을 수밖에 없으며, 여러 가지 어려운 현실적인 문제나 진로 장벽 등의 문제들이 진로를 결정하는 데 걸림돌이 될 수도 있다.

  각 학급에는 다양한 진로 결정 상황에 놓인 학생들이 뒤섞여 있다. 이러한 학생들의 진로에 대한 이야기에 공감하고 진로 방향을 안내하는 것이 교사에게 주어진 사명 중 하나일 것이다. 진로의사결정 유형의 특징에 따라 주도적인 진로 선택 및 준비를 도와야 하는 것이 교사의 진로교육에 있어서의 과제가 아닐까 한다. 즉, 진로의사결정 유형별로 진로 문제를 해결하기 위한 주도성 함양 교육을 다르게 적용할 수 있도록 유형화하여 교육 방법을 마련해야 할 것이다. 고교학점제를 통한 진로 선택의 자율성을 학생들이 주도적으로 이끌어 갈 수 있도록 지도하고, 어떻게 교육과정을 구성할 것인지에 대한 고민과 대처도 필요하다. 2022 개정 교육과정의 목표에 합치하는 고등학교 교과목 선택 지도를 위해 구체적인 매뉴얼을 보급하여 학생들이 주도적으로 진로 관련 교과를 선택하도록 도울 수 있는 가이드라인을 제시하는 것도 중요할 것이다.

(4) 다양한 진로교육 인프라를 활용하라

  진로교육에서의 어려움 중 진로 탐색에서의 한계를 생각해 볼 수 있다. 매년 실시되고 있는 진로 현황조사 결과에 따르면 2007년부터 2023년까지 중·고등학생의 1순위 희망 직업은 '교사'이다. 학생들이 많은 시간을 보내는 학교에서 매일 만나는 교사를 희망하는 것은 어쩌면 당연한 결과일 수도 있다. 또한, 가족이나 친척 등 지인들에게서 소개받는 직업으로 나가는 경우도 많다. 바로 경험을 통한 진로 선택이 아닐까 한다. 미래학자들의 이야기 속에서 미래 진로로 제시되는 목록과는 사뭇 다른 현존하는 직업에 매여 있는 경우가 허다하다. 불확실성이 더욱 팽배해지고 있는데, 한 번도 접하지 못한 진로를 선택하기는 매우 어렵다.

흔히 진로교사들이 사용하는 직업 카드의 경우도 제시하는 직업 목록의 한계에 대한 아쉬움이 남는다. 현재 우리나라의 직업이 15,000개가 넘어가는 상황인데, 각 분야에 대한 이해를 갖춘 인재들을 키워 내기 위해 요구되는 능력이나 자질을 보여 주기에는 한계를 느낄 수밖에 없는 안타까운 실정이다. 물론 그 모든 직업을 직접 경험해 볼 수는 없고, 지금 있는 직업이 미래에는 어떤 변화가 있을지에 대해서 장담할 수도 없다. 그렇다면 이러한 직업에 대해 학생들이 주도적으로 탐색할 수 있는 능력을 어떻게 키워 줘야 할지에 대해 고민과 대책 마련을 해야 할 필요가 있을 것이다.

또한, 요즘 학생들은 소셜미디어나 인공지능을 활용하여 진로 탐색을 하는 경우가 많은데, 이런 경우에 거짓 정보를 무분별하게 받아들이지 않도록 하는 교육도 필요하다. 검색한 정보들이 모두 정확한지에 대해서 확인할 수 있는 절차적 접근도 중요하며, 직업인을 만날 수 있는 기회나 현장에서 직접 경험할 수 있는 기회를 제공하는 것도 필요하다. 그러나 이런 기회를 만드는 것이 학생 개인의 노력으로는 진입 장벽이 너무 높다. 한편 새로운 분야로 접근할 수 있는 루트를 마련하는 데 학교 현장은 너무 협소하기 때문에, 미래 사회의 직업을 접할 수 있는 학교 밖의 자원을 연계 활용하는 방안 마련도 고려해 봐야 한다. 진로교육의 범위를 확장해 다양한 경험을 할 수 있는 학교 내·외의 체험처 발굴 및 교육에의 적용에 대해서도 방법을 강구해 볼 필요성도 느껴진다. 이 경우에 지역에 따라 지역사회의 자원 활용에서의 차이가 나타나는 문제도 있다. 이를 도울 수 있도록 학교 내·외의 관계 기관이나 체험할 수 있는 직업처를 찾아 줄 수 있기 위해서는 단위 학교보다 더 큰 규모의 협의체로의 확장적 접근 방법이 뒷받침될 수 있어야 한다.

외국의 사례에서 보면 전환기 교육을 통해 학생들에게 이런 기회를 가질 수 있는 국가 차원의 노력이 보여진다. 우리나라도 학교급 간 전환 교육을 연계하려는 노력이 시도되고 있는 부분은 긍정적인 방향이라는 생각이 든다. 특히 우리나라는 현재 대학 진학률이 80%에 육박한다. 이러한 비율은 고학력 시대인 우리의 단면을 보여 주는 것이고, 이는 고스란히 취업난으로 이어지며, 학과와 미스매칭된 일자리를 찾아나서야 하는 청년들을 키워 내는 악순환이 반복된다고 볼 수 있다. 고등학교 졸업 후 취업을 목적으로 입학하는 특성화고의 선발에서의 어려움은 늘어나고 있으며, 특성화고를 졸업한 학생들의 대학 진학률도 만만치 않은 것에도 주목해 봐야 할 필요가 있다. 전환기 교육을 통해 실제적인 직업에 대한 경험을 작게는 몇 주, 또는 몇 개월의 기회가 효과적으로 적용된다면 다양한 진로를 선택하는 데 도움이 될 수 있을 것이다.

이러한 부분을 학교만의 고민으로 남겨 두지 말고 각 지역의 진로지원센터와의 협업을 통해 폭넓은 진로체험 교육을 실시할 수 있는 장을 마련하는 것도 고려해야 할 것이다. 그런데 지역별로 진로지원센터의 편차가 크다. 특히 정보 소외 지역으로 분류되는 경우에는 더욱 진로를 탐색할 수 있는 여건이 부족한 실정이다. 따라서 학교에서 요구하는 진로 분야를 체험할 수 있는 기회의 확대를 위한 교육부처 및 각 시도교육청의 주도적 참여를 통한 진로체험 및 진로교육의 접근성에 있어서의 열린 기회 마련을 위한 노력이 요구된다. 학생들이 원하는 시점에서 원하는 정보에 접근할 수 있도록 하는 것을 통해 진로 주도성을 키울 수 있는 여건을 만들어 줘야 한다.

지역과의 연계가 빛을 발할 수 있도록 지역사회에도 역할을 부여할 필요가 있다. 지역의 인프라 구성에서는 지역 간의 차이가 분명히 존재한다. 이러한 부분을 해결할 열쇠로 에듀테크 활용을 제안해 본다. 현재 디지털 도구가 수업 현장에 도입되는 시점에서 진로교육에서의 지역 편차를 줄이고 쉽게 다가갈 수 있도록 온라인 도구 및 인프라 구축을 활용하여 협업하는 방법도 고려해 볼 수 있다. 진로 정보 소외 지역 학생들을 위해 지역 간 편차를 줄이기 위한 협력적 지원의 장을 마련할 수 있도록 인접 시도가 연계할 수 있는 방안을 마련하는 노력도 중요하다. 진로교육 활성화를 위해 정부 차원에서 지역 기여도에 대한 인센티브가 주어지도록 하는 정책적 지원도 긍정적인 방향이라 할 것이다.

다. 모든 교육은 진로교육이고 모든 교사는 진로교사이다

「2022 초·중등학교 교육과정 총론」에 '진로'라는 단어가 50여 회나 등장한다. 2022 개정 교육과정은 '진로교육과정'이라 불러도 무방할 정도이다. 이미 자유학기제하의 진로 탐색 영역이나 창의적 체험활동의 진로활동, 고교학점제, 진로 연계 학기 등 진로교육의 다양한 장(場)은 충분히 마련되어 있다. 진로교육의 범교과적인 특성을 고려해 창의적 체험활동 및 다른 교과 등과 연계하여 학교교육 전반에서 다루어질 수 있을 것이다. 그런데 실제 교육 현장에서는 사회의 빠른 변화 속도를 교육과정이나 지역사회가 따라가지 못하고 있는 실정이기도 하다. 앞으로의 직업 사회에서는 지금처럼 개인과 직업을 유형화하여 서로를 연결 짓는 PEF(Person Environment Fitting) 방식은 더 이상 통하지 않을 것이다. 이는 전 세계적으로 창업이나 창작 교육이 주목받고 있는 이유이기도 하다. 그래서 진로 결정 자기효능감이 중요하다. 이를 위해 충분한 자기 이해를 바탕으로 창의적인 아이디어를 다양하게 발산할 수 있는 프로그램을 구성할 필요가 있다. 이는 2022 개정 교육과정 중 학교자율시간의 등장 배경이며, 학교에서 학생들에게 실제 필요한 것을 구성해 가르치자는 것이다. 교과의 핵심 아이디어를 중심으로 무엇을 배워야 하는지, 문제해결 과정에서 어떠한 학습 전략을 사용해야 하는지, 학습 과정에서 어떤 자세와 가치를 길러야 하는지를 유기적으로 연계해 수업을 구성해야 한다. 또한 학생들이 '무엇'을 배웠는지가 아니라 '어떻게' 하였는지에 초점을 맞추어 교과의 핵심역량을 길러 주는 데 중점을 두고 수업과 평가를 설계해야 한다.

• 교육과실천이 펴낸 상담 책 •

그림책 아이 심리상담
그림책사랑교사모임 지음

다양한 심리상담 이론과 그림책을 유기적으로 연결하여 교육 현장에서 실제로 적용할 수 있는 구체적인 사례와 지침을 담았다. 아이들의 심리적 문제를 해결하고 성찰할 수 있도록 돕는 책!

상담을 돕는 상담책
김지영, 김신실 지음

상담을 앞둔 선생님들의 막막함과 두려움을 덜어 주고, 보다 효과적인 상담 활동이 이루어지도록 도울 목적으로 기획되었다. 이를 위해 저자들은 십수 년간 학교를 비롯해 다양한 현장에서 전문상담교사로 일하며 쌓아 온 상담 지식과 노하우를 아낌없이 펼쳐 낸다.

교사 상담소
송승훈, 고성한 지음

수업, 학급운영, 행정업무, 관계, 민원, 무기력, 육아, 퇴직… 오늘도 닫힌 교실에서 혼자 괴롭고 외로운 선생님께 드리는 맞춤 상담과 동행 그리고 교사 상담 노트.

교사를 위한 회복적 생활
송주미 지음

저자는 '교사는 자신의 교육 철학을 세우고 이를 실천하는 존재로서 역할을 다할 때 회복한다' 며 교사 상처의 근원을 살피고, 내면 치유로 회복하기, 공동체에서 함께 회복하기, 철학으로 회복하기의 방법들을 구체적인 사례를 통해 알려준다.

교사의 고민에 그림책이 답하다
그림책 아틀리에 36.5 지음

교실에서 마주하는 24가지 고민을 쉽고 재미있게 풀어낸 그림책 해법서
24가지 고민은 그림책 수업의 다양한 활동 사례를 공유하는 '그림책 수업 용기 북돋우기', 아이들의 어지러운 마음을 보살피고 어루만지는 '마음의 어려움 다독이기', 주변과 좋은 관계를 맺고 행복한 교실을 만드는 '관계의 어려움 보듬기'로 구분했다.

알기 쉬운 민원 대응과 교권 회복으로 살아남기 77
김연희, 이정희, 김학선 지음

악성 민원으로 상처받고 교육 활동을 침해받는 선생님들께 이 책을 바칩니다. '교육 활동 보호'를 위한 법과 제도에 대해 얼마나 제대로 알고 계시나요? '77가지의 교육 활동 침해 사례와 대응법' 으로 든든하게 나를 지켜 주는 책.